続 日本建築空間史

History of Architectural Space in Japan

空白その形と空間

安原盛彦
Yasuhara Morihiko

鹿島出版会

続　日本建築空間史——空白その形と空間

History of Architectural Space in Japan, Second Series
—The Void, its Shapes and Spaces

法隆寺西院　北東角より

目次

（註）本文中、太字の図番号は図版をその近辺に掲載、細字は前出、ないし他の章、項に掲載している。

序章

○無と有のはざまに

○無と有のはざまに

歴史のはじめは世界においても、突然、語られ、書かれ、あらわれる。つまり何もないところからあらわれてくる。歴史のはじめ以前は空《くう》である。

ビックバンから初めて宇宙があらわれてきたという説もその前はどうだったのかと考えると、人間の意識の中でイメージが湧かない。「ない」というイメージである。「ない」ことは形やスペースと結びついていない。存在しないことの形を問うことはできない。

宇宙が膨張しているという説もどこに向かって膨張しているのかと問うとそれは何もないところに向かってとしか考えつかないが、「何もないところ」とは「ところ」ではない。「何もない」のである。つまり「何もない」に向かって膨張するとは、膨張しようがないのではないかと、自然科学の専門家でない者は考えてしまう。「宇宙」は一つの固有名詞になってしまうのかと。

宇宙の起源を研究する科学者達はそのアプローチに次元を越えた、あるいは異次元のイメージを探っているのだろう。

宇宙（Space）は圧倒的にわからない部分を含めながら研究されている。人間が獲得してきたわずかな知でその無限に向かおうとしている。つまりわからない空を無限にもちながら人間は知を先に進めようとしている。

地球に目を向けても科学は膨大な、無限の空を包含し、つまり人間の知の届かない無限の空白を含みながら探求が進んでいる。

場合によっては地動説から天動説への知の変換のように天空、天・地のイメージを全く変えてしまうことにも出会う。科学ばかりではない。文化においても、その他の分野においても同じである。

人類が空《そら》を宇宙として意識し始めたのがいつからかはわからないが、その頃から人間の空間意識が宇宙と通じ合うこと、それを形として表現することをどこかで求めていたろう。まさしくそれは空《くう》を形にすることであった。つまりそれを人工物（artifact）として表現したかった。それが人間という存在の発生かもしれない。天と地をどう表現するかがあらわれてくる。ローマのパンテオンはその時代、人間がなした一つの頂点であったろう。

現世界に戻ると、「ない」ことは「ある」ことと関わってはいない。それが、存在が「ある」ことと「ない」ことの基本的な違いである。

ないことはあることと関わっていないが、あることはないことと関わっている。例えばゼロ（零）はないことであるが、あることと関わっている。「0、1、2、3……」は「0」がないと「1、2、3……」は始まらない。ゼロという概念が必要であり、それが「ある」ことを理解することとつながってゆく。無と有（存在）の間の議論は手に余る。

空間を扱う本著では「空白」という言葉を使った。それは「ある」ことと「ない」ことの間の概念である。それを提示することで「ない」ことについて書くことが可能となる。

「空白」というむずかしいテーマに入り込んだ。どうアプローチしてゆくかであるが、私が取り上げるのは、その形と空間である。空白の形、空白の空間を問題にしたい。そこに書ける可能性がある。

日本の空間を考える時、国が初めてあらわれてくるあり方を見てゆく必要がある。倖い日本には『古事記』『日本書紀』（記紀）という歴史書が残されている。その初めを見てゆきたい。それはないことからあらわれてくるからである。

前著『日本建築空間史―中心と奥』（鹿島出版会、二〇一六）も『西洋建築空間史―西洋の壁面構成』（鹿島出版会、二〇〇七）も『続西洋建築空間史―壁から柱へ』（鹿島出版会、二〇〇九）も通史的に時代を経ながら記してきた。本書もできるだけ通史的に時代をたどっている。

前著『日本建築空間史』では「中心と奥」について書いてきたが、そこに空白についても記した。空白を語る時、中心を語らずに済ませることはできない。空白の中からの最初のあらわれは中心をあらわすことであるからだ。ただし記・紀、聖書で各々のあらわれ方が異なる。記紀、聖書においても最初にあらわれる、あるいは表現される一つは中心である。

最初の中心以前は空白である。それは「奥」でもあるが「奥」を意識するには主体が先にあることが必要となる。[*1] 見る主体、語る主体にとっての「奥」である。

主体の出現も歴史が書かれる以前であり原始と結びつく。絵の出現も自分が見たもの、想像したものを描くという点で主体（視点）が関わってからのものである。形についての表現は主体を離れてはあり得ない。

「中心の喪失」が言われ始めて久しいが、現代になって中心が喪失していったのであろうか。むしろ、初めから中心は空白を含みながら存在したのではないか。すでに記したように歴史における初めの一つは中心である。

中心という概念は生じた時から完全なものではなく、その中にすでに空白が含まれ、さらに言えば空白の中に中心という概念、形が生まれてきたのではなかったろうか。

＊1　『源氏物語』においては「奥」はその場面の主語、あるいは主体から見て、対象方向の側、またその向こう側という意味で使われることが最も多いこと、それは方向性としての「奥」であり、一方「端」は主語、主体の位置にかかわらず外部空間に近い場を示すことであることを拙書『源氏物語空間読解』（鹿島出版会、二〇〇〇）及び拙論・博士論文「『源氏物語』における寝殿造住宅の空間的性質に関する研究」（東北大学、二〇〇一）で詳述している。

一万年以上前、縄文時代、あるいはそれ以前、人が住んでいる部分はわずかであった。その他のほとんどが山や森林であった。そこは人にとって空白であった。そのように人は空白に囲まれていた。海もあったが人が漁をする部分はわずかであった。舟がつくられるまでは漁の場は海辺であった。そこから沖の海を人々はどう見ただろうか。海も空白である。人にとって知覚されない部分は空白であった。その空白は存在として認識されるのではなく何かがあるのではないかと感受されていたろう。こうした意味では空白は原始と結びつく。そこに人は住みつく。

中心という形、また概念はいつどのように発生したのだろうか。想像するしかないが、最初は空白であったが、何か人間にとって必要不可欠と考えるもの、ことに出会って、それを他のもの、こと、から識別しようとして感じ取られていったのではないか。それが次第に文化や文明を発生させる。つまり形を生む。

今でこそ、中心の喪失が言われて久しいが、かつて中心は求められ、しかも熱烈に求められた時代があった。それを存在させようとする空間の形や形式があらわれてくる。中心が求められていたからである。しかもそこに人間の膨大なエネルギーが注がれる。権力がかかわってくる。それは他と識別できる形としてあらわれる。

中心は求められたが、それは空白、空洞をも内包しながらなされたのではなかろうか。中心の空白、空洞は、はじめからあった空白を思い起こさせ拡大、あるいは空虚化への志向性を保持する。

はじめからの空白は存在の恐怖と背中合わせであったろう。人はその空白を少しでも埋めようと努めたにちがいない。そのとき知覚、認識する概念としても中心性や奥性が、方向性を伴ってあらわれてくる。それは空白を埋める形でなされていった。それはまた空白を含んであらわれてきた。

主体があらわれた後、奥性は次第に空白化*2をも内包してゆく。それは日本の建築空間が生み出した空間性である。

ここで取り上げることは、空間であり形についてである。形から日本における空白ということが、どう捉えられていたかを考えてみたい。形、空間をもった空白である。空間（建築、庭など）*3を問うてゆくとどうしても空白に突き当たるからである。歴史を突き詰めてゆくとすべての初めは空白の中からあらわれてくるように思う。

空白を意識するのは人間であり、その感性、知性である。形をもった空間を意識するのも人間であり、その感性、知性である。

それは形のあるものの見え方、見方についても記すことである。見え方、見方は五感を通じた感じ方のこと、人間の感性、知性がとらえたもののことで、見え方はそこに普遍性に導く論理性を強く持ち、見方は主体と関わった論理性をもつ視点である。見え方、見方で記す。これらが相関した時、空間史観（歴史観）があらわれる。

五感に関わる感性はそれぞれの感覚が単独にあるわけではなく、相互に係わり、浸透し合って感じとられてくる。現在、人は五感に関わる感性を相互に交感し感じ取る感性を減じつつあるが、例えば平安時代の『源氏物語』には五感を駆使し、知性を精妙に働かせ、感じとる空間や人物が、文字を通じて徹底して表現されていた。

中心性などないと言われている時代でも中心はつくり続けられている。中心そのものをつくるというより、中心という概念が空間づくり、空間解釈にいまも利用されている。形、つ

＊2　空白と空白化との違いは次第に述べてゆくが、本書第三章「宗教建築における中心性と空白」の「奥の院という方法」「山」「空白化という方法」の節でまとめて記す。

＊3　日本の絵画、絵巻物、墨絵、掛軸、書などにも空白があらわれる。

まりプランニング（配置、平面）、立面、断面、空間などにさまざまに利用される。

　空間をつくろうとする設計者は白紙に最初の線をひく。形によって何か大切なものにたどりつこうとする一歩である。これは白紙という空白に描かれるが、主体がするイメージ、その定着化の過程となる。つまり空間をつくり出す線は最初から空白を含んで引かれるのである。

　文学においては、最初に白紙に文字を書くことは形をつくることではない。空白に向けて言葉をつくりだすのである。それは空白の中の最初の言葉から始まる。言葉も空白を含んで書かれてゆく。同じ白紙のうえでなされることであるが大きな違いがある。

第一章　日本の歴史の初めにあらわれる空白

○古代史にあらわれる中心性そして空白―『古事記』
○三角平面の構築物
○空白と中心
○空白から柱へ
○家屋文鏡の中心の空白

蚕の社

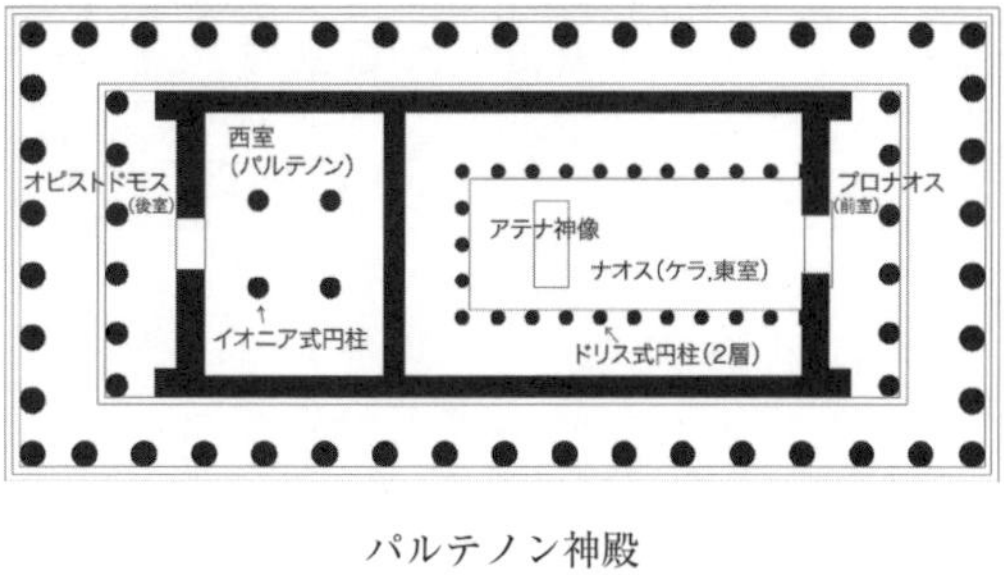

パルテノン神殿

○古代史にあらわれる中心性そして空白―『古事記』

『古事記』（七一二）は現存する日本最初の歴史書である。空白について語るにはこの『古事記』冒頭にある天地があらわれてくるあり方について記すことが必要である。そこに日本の空間の特性があらわれているからである。

「天地」という空間があらわれる。序章に示したように、それはないことからあらわれてくる。『古事記』は、

「天地《あめつち》初めて発《ひら》けし時、高天原《たかまのはら》に成れる神の名は、天之御中主神《あめのみなかぬしのかみ》。次に高御産巣日神《たかみむすひのかみ》。次に神産巣日神《かみむすひのかみ》。この三柱《みはしら》の神は、みな独神《ひとりがみ》と成りまして、身を隠したまひき」＊1

と「天地初めて発けし時」で、はじまる。次第に日本があらわれてくる経過が記されてゆく。最初に「天地」が分かれあらわれてくる時、つまり「天」と「地」とが同時にあらわれてくることが想定されていると考えられる。「高天原」には神があらわれた。つまり「天地」のまえには何もない、というよりも述べられていない。空白から生じてくるのである。

「高天原」が先にあったとも考えられるが、すると冒頭の「天地初めて発けし時」の「初めて」（傍点筆者、以下同）という言葉がなぜ最初の「天地」という言葉のすぐ後に置かれたかが気にかかる。「天地」を「初めて発」いた存在が明記されていない。

『日本書紀』には、

＊1　『古事記』からの引用文は「岩波文庫　古事記　倉野憲司校注」（一九七八）をもととしルビなど加えている。

「天先《ま》づ成《な》りて地後《のち》に定《さだま》る。然《しかう》して後に、神聖《かみ》、其の中《なか》に生《あ》れます」

とあって、まず「天」が成って、後に「地」が定まり、その後に神が生まれたことが明記されている。天地が先である。「神聖」が天地を創造したのではない。天地がどこからあらわれたかはその前、冒頭に、

「古《いにしへ》に天地未《いま》だ剖《わか》れず、陰陽《めを》分《わか》れざりしとき、渾沌《まろか》れたること鶏子《とりのこ》の如《ごと》くして、溟涬《ほのか》にして牙《きざし》を含《ふふ》めり」

と記されていて、「渾沌」とされているが、この天地が分かれていない「渾沌」（混沌）の前は何も記されていない。やはり空白から生じてくるのである。このとき『日本書紀』では「神聖」はまだあらわれていない。

『旧約聖書』では最初から存在するのは唯一神である。神は一神で「はじめに」神が「天と地」をつくったことがはっきりと示されている。『旧約聖書』（創世記）冒頭には、

「はじめに神は天と地とを創造された。地は形なく、むなしく、やみが淵のおもてにあり、神の霊が水のおもてをおおっていた」（日本聖書協会訳）

In the beginning God created the heavens and the earth. Now the earth was formless and empty, darkness was over the surface of the deep, and the Spirit of God was hovering over the waters.

とあって、「はじめに神は天と地とを創造された」と極めて明解である。『旧約聖書』では神は唯一はじめから存在していたのである。神が中心である。空白から生じてきたのではない。記紀と聖書とでは神の存在性が異なる。それは日本の空間性と聖書における空間性の違いでもある。

旧約聖書のこの冒頭のすぐ後に「神は〈光あれ〉と言われた。すると光があった」とある。つまり「天と地」が神によってはじめに創造された時、「地」にはすでに「darkness」（闇）があった。その後に光を神が存在させたのである。光より闇が先であった。

「天」と「地」と「神」に関して『日本書紀』は「天先づ成りて地後に定る。然して後に、神聖、其の中に生れます」と明解である。『古事記』はわかりにくく、あいまいである。天・地・神の発生において『古事記』と『日本書紀』では明らかな違いがある。

『古事記』で最初にあらわれる「成れる」神は「三柱の神」である。最初のあらわれは中心をあらわすことである。空白から中心が生み出される。

最初の神であるが、一神ではなく三神である。一神（唯一神）がすべてを支配する形ではない。このはじめが三であることが重要なことを意味しているのではないか。わざわざ「三柱の神」と記される。

この「三柱の神」も「独神」であったのですぐに「みな独神にて身を隠して」しまう。「独神」は唯一神を意味するのではなく男女対偶の神ではないことが言外に意識され表現されている。

この三神の位置を、その記憶力で過去の出来事の口述を元明天皇から託された稗田阿礼《ひえだのあれ》は文字化以前、どう頭の中にイメージしていたのだろうか。神の名前ばかりでなくその位置関係である。位置関係も形である。

冒頭「天地初めて発けし時」とあるように、この三神は何もないところからあらわれてくる。このとき、「天地」の「地」は続いて記されるように、

「次に國稚《くにわか》く浮きし脂《あぶら》の如《ごと》くして、海月《くらげ》なす漂へる時《とき》」

とあるように、「國」ではあったが「地」とはとても言えない状態であった。そしてその「漂へる」中から「葦牙《あしかび》（葦の芽）の如く萌《も》え騰《あ》がる物によりて成れる」次の二神があらわれるが、この「葦牙《あしかび》（葦の芽）の如く萌《も》え騰《あ》がる物」もどこから来たのかわからない。この二神も「独神」であったためすぐに「身を隠」す。

このときの国の「漂へる」状態は後に男・女神であるイザナギとイザナミが国生み（「国《く》土《に》を生み成さむ」）をする時の状態「漂へる國」と同じ状態である。

最初にあらわれる「三柱の神」は「國稚く浮きし脂の如くして、海月なす漂へる」中からではなく、「高天原」にあらわれる。

この三神は訓み下し文に「この三柱の神は、みな独神と成りまして、身を隠したまひき」と「みな」とあり、原文には「並」とあって、同等な扱いがなされていると考えられる。高御産巣日神は天つ神（高天原系）で神産巣日神は国つ神（出雲系）である。天之御中主神については『古事記』にも『日本書紀』にも最初にこの名前があるだけでその事績について何

も記されていない。

この三神という表現は三神以前の混沌から天地が生まれたことの表れではなかろうか。日本に伝わる最古の正史である『日本書紀』（七二〇）冒頭にも神名は異なるが「凡《すべ》て三神《みはしらのかみ》ます」とあって、やはり神は三神ではじまる。

その前、『日本書紀』冒頭には既述したように「古に天地未だ剖れず、陰陽《めを》分《わか》れざりしとき、渾沌れたること鶏子の如くして、溟涬《ほのか》にして牙《きざし》を含《ふふ》めり」と、神があらわれる以前に「混沌」からその兆しがあらわれたことが記されている。

しかしこの三神も三が一列で並ぶか三角で並ぶかで意味や構成が変わってくる。形や位置は存在における意味に重要な影響を及ぼすのである。それは当時のシンボル性の差や価値観の軽・重をすら示す。空間があらわれるとはそうしたすべてが眼前することである。

寺院建築に安置される仏像の場合、一列に並ぶと本尊が中心で両脇が脇侍《きょうじ》となる。本尊が下がると三角構成で奥が発生し奥が本尊の位置となる。本尊が前に出た場合は奥性より本尊の正面性が強調され別の中心性があらわれる。

それはすでに、建築物（金堂、本堂）に本尊の位置によって中心軸線（方向性）が生じているからである。この中心軸線（礼拝軸）は外部にも内部にもある。普通は内・外一直線で通っていることが多い。本尊が安置された母屋《もや》の中心の柱間を通る。

先程の『古事記』の「三柱の神」はまだ「天地初めて発けし時」であるため、地上での方向性がない。つまり軸性がないから三角構成となっても奥は発生しない。中心の神はまだ示されていない。

三つの柱が一列で並べば偶数間（二間）となり中心の柱（主神）ができる。それを天之御中主神とするかだが、『古事記』制作当初、三神は三角状に並び同等神のイメージであったのではなかろうか。その中心の三角の空《くう》からこの三神が生まれた、との表現ではないか。「三柱の神」とは三体そろって中心を形成する。わざわざ「三柱《みはしら》の神」と記すことの意味するところである。最初は天地に軸性がないからである。

つまり三神の柱が一列（偶数間、二間）に並んで真ん中の主神を強調していたのではなく、三角の各頂点に立って同等神とされ、かつその三角が中心を形成していたと考えられる。その三角の中は『古事記』にも、その存在が記されていない空白である。

『古事記』でその三角の空を生成の始まる中心とした。『古事記』の世界はそこから始まっている。空白の構成が、国があらわれる前に表現される。三角が造形化され、構成化されている。

つぎにあらわれる神は「二柱《ふたはしら》の神」（宇摩志阿斯訶備比古遅神《うましあしかびひこぢの》、天之常立神《あめのとこたちの》）である。二つの柱の間は空である。ここにも中心がない。

空間論、空間史は、現実にあらわれたものであっても、イメージにあらわれるものであっても、形にあらわれてくるものを対象にした分析、空間読解が欠かせない。

この主要な神の三角構成は『古事記』の冒頭だけではないことも意味性を深めてゆく。最初の三に深い意味がこめられていることを示している。

つまり冒頭に記された天地開闢《かいびゃく》のしばらくあとの伊邪那岐命《いざなぎのみこと》（イザナギ）の身体（顔）にもあらわれる。イザナギとイザナミは、いまだ地上とは言えない「漂へる國」から最初に地上の島（「淤能碁呂島《おのごろじま》」）を生んだ男女の二神である。そのイザナギが「国土生み」のしばらくあと、「三はしらの貴き子を得つ」時、これも「三はしら」と三体の柱（神）があらわれる。

つまり天照大御神《あまてらすおほみかみ》があらわれるのはイザナギの顔の「左の御目《みめ》を洗ひたまふ時」であり、月読命《つくよみのみこと》は「右の御目を洗ひたまふ時」、建速須佐之男命《たけはやすさのをのみこと》は「御鼻《みはな》を洗ひたまふ時」とそれぞれにあらわれる。両眼と鼻で三角形を形成する。

日本の神話は身体性あふれる物語でもある。この物語も天照大御神の位置はイザナギの身体の中心軸線（正中線）からすれば左に寄っているから中心ではなく、「三柱の貴き子」は三柱の位置からいってこの時点ではまだ平等神で、その中心の三角はイザナギの身体の一部（顔）であるから、明らかにイザナギがこの生成での主（中心）であることの表現である。構成としては『古事記』冒頭の「三柱の神」が囲う三角と同じである。しかしここには冒頭の「三柱の神」と異なって三角の中心が表現されている。この時点では神話（歴史）が進み中心がすでに存在しているからである。顔（左眼・右眼・鼻）であらわされるイザナギである。

三角形には中心軸線がない。三つの頂点があって中心はその頂点が囲う三角形の中である。そこにイザナギの顔がある。形における生成の優れた構成表現である。

天照大御神（アマテラス）、月読命（ツクヨミ）、建速須佐之男命（スサノヲ）という「三柱の貴き子」において、天照大御神が中心となるのはアマテラスが籠った「天《あめ》の石屋戸《いはやと》」の神話を経て、スサノヲの高天原追放からである。つまりそこでは存在というよりも『古事記』における物語性の進行から中心があらわれてくる。

○三角平面の構築物

『古事記』では柱は神として扱われている。あるいは神は「三柱《みはしら》の神」のように柱として表現されている。このことについては次々項「空白から柱へ」で詳述する。ここでは三角構成でも柱が三本で三角を形成している形あるものについて記す。

前項で『古事記』冒頭に記された最初に生み出される神「三柱の神」が三角構成であることを示した。

その後、イザナギが「三《み》はしらの貴き子を得つ」時も、つまりアマテラス、月読命《つくよみのみこと》、スサノヲを得る時も、この三神はイザナギの身体（顔）から三角構成（両眼、鼻）であらわれてくる。優れた概念の具現化、造形化である。三角の中心にイザナギがいる。ここでは中心が明確に表現されている。

『古事記』冒頭の最初の三神では、その中心は何も表現されていない空白である。つまり中心はその空白であった。この三神もすぐに「身《み》を隠《かく》」す。また空白となる。その後の「二《ふた》柱《はしら》の神」も二神で二柱の間、中心が空いていてやはり空白である。『古事記』冒頭からここまでの五神は「五柱《いつはしら》の神は別天《ことあま》つ神」、つまりはじめの特別な神と記されている。その神々の間が空白である。

蚕《かいこ》の社《やしろ》（京都市）という三本柱の鳥居（三柱鳥居、図1）が現存している。屋根はない。三柱だけの構成である。『古事記』に記された三角構成を見立てたかどうかは不明だが、実際に構築物として、つまり形として存在している。

図1　木嶋座天照《このしまにますあまてる》御霊《みたま》神社（通称、木嶋《このしま》神社、蚕《かいこ》の社《やしろ》）一八三一年再建、京都（写真筆者）

三柱《みはしら》鳥居は何を意味するのか。それはそこをまっすぐに通ることを拒絶している。三本の柱であるからまっすぐには通り抜けられないのである。

普通の二本柱の鳥居は、いわば間口は一間（奇数間）であり、その間を通ることが前提とされている。人はそこをいつでも通り抜けることができる。間を実際に通らなくてもその先に神の存在が暗示されている。

二本柱の鳥居はその先が求められているのであり、そこが中心ではない。何らかの存在が先に、奥にあることが暗示されている。二本柱の鳥居には奥をつくること、奥へ志向することが意図されている。奥への方向性が示される。それが二本柱という形で示されている。

しかし三本柱の鳥居は通ろうとしても通ることができない。二本の柱の間を通れたとしても動きはその先の一本の柱に遮られ横に曲がってしまう。中心軸線が通らないのである。そこから判断しても三本柱の鳥居はその三角の場こそが中心と暗示されている。二本柱の鳥居とは異なっている。人がアプローチすれば、柱が邪魔をし、そこで止まらざるを得ないのである（参考図、図10-1）。

視線や動線は止められ、先はそのまま通ってはいかないが、それは柱で構成されているのであって、壁で閉鎖されているのではない。三本の柱で構成されているから隙間がある。いわば現代でいう三本柱のピロティであって視線や人の動きをいったん透過させるが、そこで、つまりその先の柱で止めるという空間構成をもつ。

見え方は二本柱の鳥居と同じで止まった視線からは左右対称形である。しかし人が歩く、動線という視点から考えると左右対称ではなくなる。三本柱の鳥居はいったん中に入ると真っすぐには出られない。このような左右対称形は見え方が左右対称で同じでも異なった意味を生じさせる。シンメトリーに見えるものが、動線という視点、あるいは透過視線という見方を入れると左右対称でなくなる。

つまり三柱鳥居は一般的な二本柱の鳥居とは異なり、人を通すためにあるのではなく三角の中心に志向させる特性をもっている。その三角形の場所、空間が中心的な場として志向されていることを暗示、表象しているのである。視覚的には柱だけ立った視線が抜けてゆく透明な中心性と言える。

後記するように平地の空白に築かれた古代仏教伽藍《がらん》配置は、平地における限定された矩形の敷地の中で表現される。平面形での仏教理念のあらわれである。回廊に囲われた中庭の中に、建物と庭とが配置される。庭は空白として抽象化された矩形の形の中で表現される。つまり回廊に囲われた矩形の空白の中に建物を点在させ、残りを庭とすることで表現している。庭は点在化されかつ連続している。

空白化である。地と図があらわれる。配置や位置が重要性を帯びる。

それは回廊に囲われた庭全体の中にさらに建物が置かれることで庭が意図性をもって空白化されているのである。空白の重層化である。

このことは平安貴族の住まいである寝殿造においても基本一町四方（約百二十メートル角）の外周全周を囲うのは築地塀であるが、その土塀に囲われた空白（庭）の中に建物が点在し、それらが渡廊によってつなげられている。庭は区画、開・閉され形のうえで空白として残される。ここにも貴族達の五感に地と図、その逆転として空間が意識される。

古代仏教伽藍配置が宗教概念の実現化であるなら、三柱鳥居は神々の世界を地上にあらわしたシンボルとも言えそうである。『古事記』冒頭、最初にあらわれる神は「三柱の神」である。柱は神をシンボライズした。その三本の柱で三柱鳥居は構成されている。概念を実在化している。

三本柱の鳥居には屋根はないが、三本柱で屋根を掛け、囲い取っている建物がある。粉河《こかわ》寺三角堂（図2-1、和歌山県）である。壁はなくその内部に柱を背にした千手観音像が安置されている。この観音像には柱を背負うことで強い中心性、正面性が表われ、この場合、三角は拘束性とも呼べる強さを帯びてくる。

普通、仏教寺院建築で本尊の真後ろに柱を背負うものはほとんど見当たらない。間口は奇数間である。母屋《もや》・庇《ひさし》構成における軸線は母屋（奇数間）の真ん中の柱間を通る。この中心軸線上に柱は立たない。

この三角平面の建物（三角堂）では日本の空間認識の一つの概念である「間《ま》」、「間口《まぐち》何間《けん》」という概念ではこの空間を把握しきれない。一間社《いっけんしゃ》（堂）でもない。

粉河寺三角堂は、中心に仏像があることで中心を際立たせ、三柱鳥居（蚕の社）の見えない中心性に対し、見える中心性を造形化している。

一方、西欧、ギリシャ・アテネのアクロポリスの丘の上にあるパルテノン神殿では、この礼拝軸（中心軸）方向である外観正面・背面とも七間の奇数間で中心の間口はあいているが、内部空間のナオス（東室）には、アテナ神像の真後ろに、つまり中心軸線上に柱が立って神像の後ろを塞いでいる。背面は四間の偶数間である（図2-2）。正面（東西軸方向）を向いてはここだけ偶数間にしている。もしアテナ神像がなければこの中央の柱が中心性を帯びてしまう。柱を拝する空間となる。*1

この中心の柱は、パルテノン神殿内でも柱間（スパン）がもっと長いところもあるので構

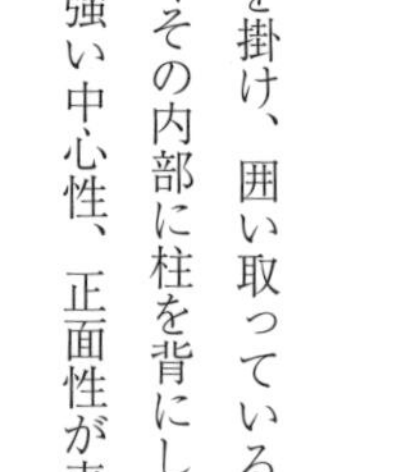
図2-1　粉河寺三角堂（写真筆者）

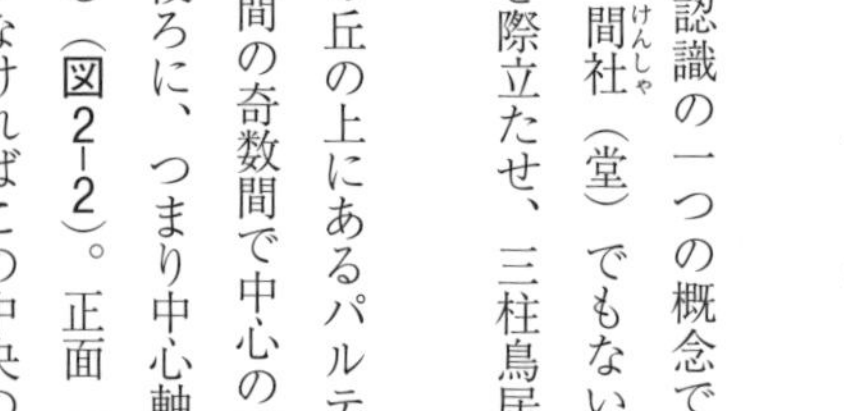

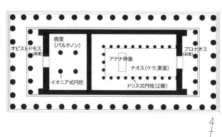

図2-2　パルテノン神殿平面図　前四四七～前四三二年（作図）

*1　拙書『続西洋建築空間史―壁から柱へ』（鹿島出版会、二〇〇九）の「神室の壁」参照。

造的に必要な柱ではない。奇数間にしようとすればできるのである。それをしていない。そこに意図性を感じ取ることができる。

現在、アテナ神像がないため、この中心の柱が強調され、創建時と異なる見え方がされてしまう。アテネ（アテナイ）の守護神は女神アテナである。アクロポリスの丘の上は聖域であり、パルテノン神殿はそのアテナ神像を安置するための神殿であったとも言われる。その場合、現在のアテナ神像という中心の喪失が、別の中心（柱）を引き寄せその空間を構成させてしまう。形の違いは構成における意味の違いを生む。

ミケナイの獅子門（前一三五〇～三〇頃、**図2-3**）は、「ミケナイ市」（ギリシャ）の城塞の門であり、このまちを護っていた。浮き彫りであるが向かいあった二頭の獅子の間に一本の柱が立つ構成である。つまり中心に柱が彫られ、それも一本だけそこにある。ここでは柱が拝されている。*2 柱が中心であり神とも扱われていたと考えられる。

奇数間、偶数間はさまざまな影響を空間に及ぼす。

図2-3 ミケナイの獅子門（日本建築学会編『西洋建築史図集』彰国社、一九八一）

*2 拙書『続西洋建築空間史—壁から柱へ』（鹿島出版会、二〇〇九）の「日本建築の中心にある柱」参照。

○空白と中心

かつて日本の陸地の大部分が自然林で覆われていた。国がつくられ始めると場所が選ばれ重要な集落が拓かれてゆく。

世俗権力また宗教勢力は、その集中化がはじまった古代以前から、日本の国土の空き間《ま》に中心という場を求め設置し、さらに次々と次元を変え中心をつくり続け、全体化に近づけようとしてきた。そのことは一方で、それ以外の空間を中心から外し、距離をおき、空けることであった。全体は見えていない。空白としてとらえられ、その空白を埋めてゆくことがなされてゆく。それは空白（空洞）を包含し、それを保守しながら全体をとらえようとすることでもあった。全体化である。

『古事記』、『日本書紀』冒頭の「天《あめ》の御柱《みはしら》」を「淤能碁呂島《おのごろじま》」に立てることは、そのことを暗示、象徴している。柱による中心化がその他の空白を空白のまま存在させているのである。柱が支配の象徴としてあらわれる。それが柱という、空間を構成するのに必須な現実の建築部材・部位によってなされていることが重要である。柱が神を象徴し、かつ空間を表現している。一本の柱が立つことはその廻りの空間を引き寄せる。

空白と柱については次節「空白から柱へ」で詳しく触れる。

国生みの初めに場・空間（場所、空間）の重要さの根本が記される。記紀は歴史を遡行し、日本という場・空間ばかりでなく、時間を含めて全体化を図ろうとする。歴史のはじめは空白からはじまり、そこから全体化をいかに獲得するかが、個々の場所で問い続けられる。個々の場の歴史がはじまる。

「奥」という概念は中心性を受け入れ、空白化（空洞化）をも受け入れてゆく。それは空間の全体化ともいえる。ただし、それは空間の全体ではない。空白を受け入れながら全体化をはかることである。

しかし空白はいつまでも残ってゆく。しかもそれは逆転する継起をも含んでいる。いつか空白が拡がり、全体をものみこんでゆく可能性をも潜めている。その可能性を含めて歴史は動いてゆく。

○空白から柱へ

日本では柱を立てることが神聖なこととされた。柱そのものが神ともされ、神の宿る依代《よりしろ》ともみられた。その柱の廻りを巡って国生みがなされたと『古事記』にはある。

日本の神々による国土の歴史は一本の柱を立て、地上に現わすことから発している。『古事記』の国生み（「国土《くに》を生み成さむ」）冒頭に、

「天つ神 諸《もろもろ》の命《みこと》もちて、伊邪那岐命《いざなぎのみこと》、伊邪那美命《いざなみのみこと》に〈この漂へる國を修《をさ》め理《つく》り固《かた》め成《な》せ。〉と詔《の》りて、天《あめ》の沼矛《ぬぼこ》を賜《たま》ひて……天の浮橋《うきはし》に立《た》たして、その沼矛を指《さ》し下《お》ろして畫《か》きたまへば……その矛の末《さき》より垂《しただ》り落つる鹽《しほ》、累《かさ》なり積もりて島と成りき。これ淤能碁呂島《おのごろじま》なり。その島に天降《あまくだ》りまして、天の御柱《みはしら》を見《み》立《た》て、八尋殿《やひろどの》を見立てたまひき」

とある。神々が最初の男・女神と言えるイザナギとイザナミを選んで、「漂へる國」を「理《つく》り固《かた》め成せ」と詔を下す。「漂へる國」とは『古事記』冒頭の「天地《あめつち》初めて発《ひら》けし時」の「地《つち》」の始まり、つまり「國稚《くにわか》く浮きし脂《あぶら》の如《ごと》くして、海月《くらげ》なす漂へる時《とき》」の状態である。この「漂へる」混沌にイザナギとイザナミが「天の浮橋」から「天《あま》つ神」から賜った「天の沼矛」を下ろしてかきまわし、そこから初めての陸地である「淤能碁呂島」がつくられる。*1

この一本の柱「天《あめ》の御柱《みはしら》」を「淤能碁呂島」に立てる行為は、どこかに、はじめて中心を置くことである。この「物語」における、天上ではなく地上での空間はここから始まる。

*1 淤能碁呂島《おのごろじま》は地上に存在する陸地（島）であり、神（イザナギ、イザナミ）が存在させた。しかしそれ以前の「天地《あめつち》初めて発《ひら》けし時」の「地」はまだ「國稚《くにわか》く浮きし脂《あぶら》の如《ごと》くして、海月《くらげ》なす漂へる時《とき》」（『古事記』）、「古《いにしへ》に天地《あめつち》未《いま》だ剖《わか》れず、陰陽《めを》分《わか》れざりしとき、渾沌《まろか》れたること鶏《とり》子《のこ》の如《ごと》くして、溟涬《ほのか》にして牙《きざし》を含《ふふ》めり」（『日本書紀』）の状態であり混沌ではあったが、そこに存在していた。「牙を含め」て存在していた。混沌もないのではなくあることの表現である。それゆえイザナギとイザナミが「天《あめ》の沼矛《ぬぼこ》」でそこをかき回すと島ができた。しかしその混沌を存在させた主体が記紀に書かれていない。混沌の前は空白である。

地に柱を立てるのである。それが日本となる。そこ以外は空白である。

ここに地上での場・空間的中心をはじめて示し、その意味を暗示している。「天の浮橋」は天上と地上の間に浮いてかかる橋である。神が地上に降りてくる時に渡るとされる橋である。まだ地上ではない。天と地との間に浮遊して架けられた。日本の歴史に浮遊ということ、その浮遊の形（橋）が初めて描かれる。「天の浮橋」は天照大神《あまてらすおおみかみ》の孫である邇邇芸命《ににぎのみこと》の高千穂の峰に天孫降臨《てんそんこうりん》する際にも天と地（葦原中国《あしはらのなかつくに》）の間に浮遊してあらわれる。

最初の島「淤能碁呂島」に初めて立てられたのが「天《あめ》の御柱」と柱であることは象徴的である。柱が神聖視されている。そして「八尋殿」という建築空間が立てられ、ここでイザナギとイザナミによる国生みがなされる。

『日本書紀』には「淤能碁呂島を以て、国中《くになか》の柱《みはしら》として」とさえ記され、柱を中心に置くこと、その柱が「国中の柱」として「国」の中心であることが直接表現されている。そのことによって、柱の中心性が象徴される。場・空間がいかに重要かの根本が国生みの初めに描かれる。

記紀（『古事記』、『日本書紀』）には、日本の中心を示そうとする意図が見えている。次々に次元を変えた中心をつくり続け、全体化に近づけようとする。権力者の国づくり、歴史づくりである。それは歴史を遡行し、つまり時間を含めて全体化を図ろうとする。

イザナギ（伊邪那岐命）とイザナミ（伊邪那美命）は、日本神話における「独神《ひとりがみ》」ではない男・女の「二柱《ふたはしら》の神」である。最初の夫婦の神といってよい。この二神が交わうことによって国が生まれる。『古事記』にあるこの「天の御柱」の廻りを巡ってから交わうことによって国生みを始める。イザナギがイザナミに向かっていう。

「國《くに》土を生み成さむと以為《おも》ふ。……『吾《あれ》と汝《いまし》とこの天の御柱を行き廻《めぐ》り逢《あ》ひて、みとのまぐはひ為《せ》む。』とのりたまひき。かく期《ちぎ》りて、すなはち『汝《いまし》は右《みぎ》より廻《めぐ》り逢《あ》へ、吾《あれ》は左より廻り逢う』と詔りたまひ」

と記されている。この「天の御柱」ばかりでなく、同じ『古事記』にしばしばあらわれる「底つ岩根に宮柱ふとしり」の柱も、その意味することは家を建てるために柱が建てられたこと以上に、柱を建てること、柱自体に大切な意味、目的がもたせられていることを表している。柱が周辺の空間を治めることが暗喩される。空白の地に柱が建てられることが重視され、支配の象徴となる。

建物の構造的な力を担わない中心の柱が存在する。伊勢神宮内宮・外宮正殿の床下地面に埋められた心の御柱（堀立柱）である。

また偶数間（二間×二間）という柱間をもち、正面中心に柱を見せ、かつ平面中心に棟まで達しない中心の柱（心の御柱）をもつ出雲大社本殿（図3）、神魂《かもす》神社本殿（図4-1）がある。柱に建物を支える以上の意味が持たせられ、そのことを象徴するかのように中心に立っている。しかもこの柱が他の柱と較べ最も太いのである。構造的に必要な太さを越えている。その建物の最大径の柱が中心を象徴する。

神魂神社本殿は出雲大社より古式を残しているとされるが、この建物中心の柱（心の御柱）は棟木を受けず梁の下で止まっていて構造の主要部と関わっていないといわれる。中心に柱が存在することに意味があったと思われる。柱は神の降臨の際の依代《よりしろ》ともされてきた。

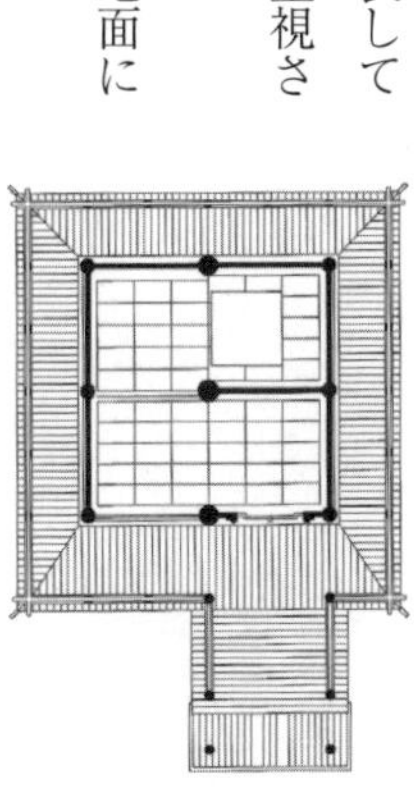

図3　出雲大社本殿（一七四四年造替）平面図（作図）

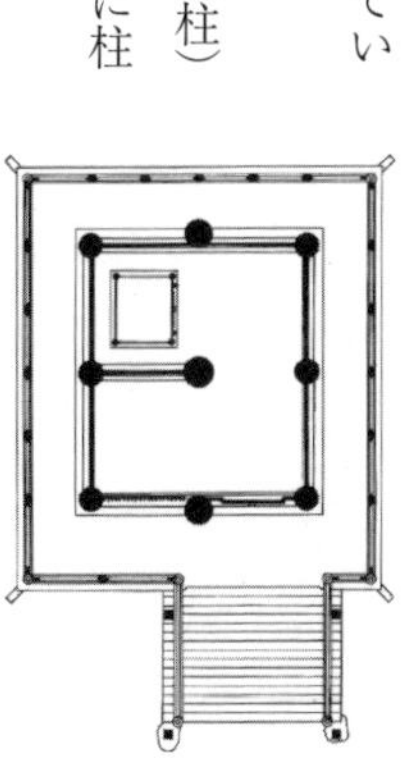

図4-1　神魂《かもす》神社本殿、一五八三年再建（稲垣栄三『原色日本の美術16巻　神社と霊廟』小学館、一九六八年）

柱を立てることが柱の神性を、また生《せい》のエネルギーを、政治的には支配の象徴を表現していたと考えられる。

中心性には、真ん中が空いている空間がある場合（三本柱の鳥居・蚕《かいこ》の社《やしろ》、寝殿造の寝殿、対《たい》における母屋・庇構成の母屋空間など）と、中心に柱など実際に物《ぶつ》がある場合の中心性（出雲大社本殿や神魂神社本殿の中心柱、五重塔の中心柱など）がある。

出雲大社本殿では奥（神座）へは中心の心の御柱を廻ることになる。中心柱に対し右回りと左回りの平面がある。中心柱に対し出雲大社は右回りで神魂神社は左回りである。こうした両方の平面があることは、大社造の平面には真ん中の柱（心の御柱）の中心性が重視されていることのあらわれが見える。しかも構造とほとんど関わっていないにもかかわらず、既述したようにこの中心の心の御柱が最も太いのである。出雲大社本殿の内部は奥に行くことより、中心の柱が拝されている可能性が考えられる。

そこから『古事記』にあらわれる伊邪那岐命・伊邪那美命の天の御柱を巡る行為、二神がおのおの廻る方向（左・右）を違えてなされた動きまで思い起こされ、それを擬《ぎ》しているかにも見えるが、それはこれらの建物がつくられた意図の可能性である。すでに引用したように『古事記』には伊邪那岐命がいう言葉に「汝《いまし》（イザナミ）は右より廻り逢へ、吾（イザナキ）は左より廻り逢はむ」とある。

いずれにしても建物の中心に柱を置くことで平面形に回転という運動を起こさせている。平面、立面における左右対称性が「奥」に到達する動線という視点を入れると左右対称にはならないことの表れである。そこでは動線という動きは回転に変わっている。

イザナギ、イザナミは一本の柱の廻りを回っているのである。奇数本の柱がある場合（間《けん》で言えば偶数間となる）、中心を通過しようとすればそこに柱が立っているため通過することができず、中心の柱の廻りを回るという回転の動作を引き起こさせる。左右対称ではなくなる。見方によって動的な空間が発生する。偶数間の中心の柱にはそうした意図性をもたせることもできる。

ただし、神は人間と違い向拝（拝殿）や入口（扉）から歩いて出入りするわけではない。神社建築における向拝、木階、板戸の存在は一種の擬人化である。神を人間に擬して人間に理解させる方法である。神はドアを開閉しない。神の降臨は、天から一気に中心の柱、あるいは中心の空間に向かうとイメージされていたのではなかろうか。垂直性が見てとれる。神社神殿の内部空間の中心性があらわれる。外観は人間のためにある。内部は何もそこにないことが表現される。

神社建築ばかりでなく宗教建築の形づくりは擬人化であることが多い。人のように神・仏が動き、生きているかのように造形化される。出入口、窓などがあることはその典型である。そこで人は理解できない存在である神・仏を理解できるかのように感じ取るのである。

墓は違う。出入口がないこと、そう造形化されることで、死を介することで理解を離れ、理解を超えたシンボルとして表出される。中心に柱をもつ塔（五重塔、三重塔）は元々仏舎利が安置された釈迦の墓（インドのストゥーパ）がシンボライズされている。その心柱の下（心礎）には釈迦の骨（仏舎利）が安置されている。その中心の柱が拝される。

諏訪大社の御柱《おんばしら》祭の柱は、七年ごとに八ヶ岳や霧ヶ峰から伐り出された樹齢二百年以上の樅《もみ》の木を神社の四隅に立てる（式年造営御柱大祭）。この柱は自然の中に立っていたところを切り倒された後、人に引かれ動き暴れ廻り、最後にやっと垂直に立てられ静止する。

この柱も荷重を担っていない。一本一本が独立して立てられ四本で四隅（四角形）をもつ結界を形成する。[*2] これなど動くのは柱の方であり、人は柱に従い、巡って動いているといってよい。

柱が自然の状態から断ち伐《き》られ、樹木という自然ではなく柱という概念化された象徴にまで達し、静止して定立するまでの過程すべてが祭や行事に現前される。

既述したが、伊勢神宮でも正殿の建物を支える柱ではないが、中心の地中に一本の心の御柱が埋められている。この柱が拝されていたことが考えられる。

一本の柱の記述については西欧にもある。『旧約聖書』「創世記」に、

「ヤコブは……まくらとしていた石を取り、それを立てて柱とし」（日本聖書協会訳）

とあり、さらに、

「またわたしが柱に立てたこの石を神の家といたしましょう」（日本聖書協会訳）

と刻まれている。一つの石を立てることが柱となり、それが「家」（神殿）を表象化している。つまり西欧、西アジアにおいても一本の柱が空間を、聖なる空間を表象化する。

『旧約聖書』では偶像崇拝が厳しく諌《いさ》められている。像をつくることは許されなかった。柱は像ではない。

＊2　四本の樹木、柱については、次節に記すが家屋文鏡に四本の樹木、四本の柱が描かれている。また地鎮祭の時、四隅に立てられ注連縄《しめなわ》で結ばれる青竹の四本柱がある。この内側が神の降臨（降神）する場とされる。

「主をまつる一つの柱がある」（日本聖書協会訳）とも記される。柱を神、最も尊きものの象徴とすることで拝するシンボルとした。柱は偶像崇拝を超える方法であった。

西アジア、ヨーロッパで柱がその存在性と意味性を増してゆく。西欧が柱に固執するのはこうした偶像崇拝を避けるという背景もある。さらに近代、ル・コルビュジエの「ピロティ」という概念にまで貫いてくる。*3

組積造である壁から組積造の柱（図4-2）へ、そして近代の柱へと変遷してゆく。こうした柱への重視が拙書『続西洋建築空間史』のサブタイトルを「壁から柱へ」とした一つの理由である。

既述したように日本でも柱は重視される。やはり柱は神に譬えられている。世界の多くの民族の間で柱が信仰の対象とされてきたことが知られる。具体的な像ではなく、柱という抽象的な形をした建築構成部位（要素）が神として受け入れられていることに注目する必要がある。つまり加工され、人間の手が加えられた造形物である。その柱の立つ姿に、天と地と人をつなぐイメージが重ねられたと考えることも可能であろう。

○家屋文鏡の中心の空白

古墳時代の家屋文鏡《かおくもんきょう》*1（四世紀頃。奈良県佐味田古墳から発掘、図5-1）に描かれた四つの建物も、四本の樹木も、地（土、地面）を中心にして、天（鏡の外周方向）に向かって立

図4-2　ギリシャ・アテネのアクロポリスのプロピライア（前四三七〜四三二）、柱脚（手前側イオニア式柱、向こう側ドリス式柱、左側が中央通路）（写真筆者）

*3　『続西洋建築空間史―壁から柱へ』（鹿島出版会、二〇〇九）の第十章「近代・現代建築の造形と空間構成」の「ル・コルビュジエ」の節、参照。

*1　家屋文鏡については拙書『日本の建築空間』（新風書房、一九九六）の「家屋文鏡」の節、参照。

って描かれている。

四つの建物が地上に接している部分は、鏡の中心を四角に囲ったその各四辺に接している。いわば、その中心に描かれた四角は地盤面（グラウンド・ライン）だ。四つの家、四本の樹木がたつ地面の線が描かれている。土が中心にある。

つまりここに描かれた四つの建築物（家屋）の図も重要であるが、全体の中の中心が描かれていることも重要である。図として中心という概念が描かれた最初の図であろう。

その中心、土の正方形の内側四隅に丸形の突起があり、四本の柱の表象とも見える。そう

図5-1　家屋文鏡、四世紀頃（日本建築学会編『日本建築史図集』彰国社、一九八〇）

表現すること、つまり柱が立ち、囲うことでここ鏡の中心が神聖な場であることを象徴している。

鏡の何重もの円形縁取りの中の最中心部にも円形（山）が内包されている。正方形と円が中心を重ねる場である。神の降臨する場が想定されていることが考えられる。正方形と円とが中心を共有する。

家屋文鏡の中心の正方形は地、土がイメージされ土を中心として表象化されていると考えられる。家は土の上に建てられるからである。土の上に立てられた四つの建物は、すべて屋根を天の方向である円形鏡の縁方向（外周）に向けて建ち、ここに描かれた建物はすべて天と地とに方向づけられ配されている。

その鏡の最中心部の円形はこんもりと盛り上がったふくらみがあり、半球が埋め込まれたような形をしていて表象化された大地、山（須弥山《しゅみせん》＊2）のようでもある。しかし、何も描かれてはおらず空白である。大地が空白との表現にも、その大地の空白から建物、樹木が生れ出たとの表現にも見える。この山は鏡の反対側の何も描かれていない鏡面に開けられ開口（穴）とも考えられ、そこから鏡面側からの光を呼び込む太陽を象徴しているのかもしれない。そこに日の光を浴びた大地と家と樹木が描かれる。鏡の表・裏が相関、貫入してとらえられている。

家屋文鏡は鏡が円形であることで外形の円の方向へは天を表わし、中心が地を表わし、全体で天地の間《はざま》という場を描いている。円は中心を一点もつがため、その中心性を表象化しやすい。ここでは地（土）であり、鏡面側からの光も考えられる。つまりこの家屋文鏡は天・地上・地と世界をあらわしていることになる。

＊2　仏教が入る以前と考えられるが、山を神聖視する見方は縄文時代にもあったと考えられる。山にはなかなか近づけなく、山頂へはもっと近づくことがむずかしく、遠くから眺めるだけということが多い。山へはいったん入り込むと出てくることも難しい。人はしばしば山の中で迷う。山は四季で、折々で、姿、形を変える。

四つの建物を仕切る四本の樹木もこの中心の正方形に根づいて立っている。その意味でもこの正方形は土の抽象化と考えられる。樹も建物もしっかりと地（土）に根づき、そこ、鏡の中心から立ち上がる。この鏡の図は人が土と接していた時代のものなのだ。そこには土を中心に位置させることで土への畏敬の念が描かれている。樹という自然物と建物という人工物（artifact）がこの鏡の中で共存している。そうした時代であった。

またそこに世界をあらわす概念（理念、円、正方形、天・地）と地上の世界（家屋、樹木）のあり方とが併存し描かれている。

そしてその正方形の地の中に内接する山のように盛り上がる円は何も描かれていなく空白である。地（四角）の中に空白がイメージされている。しかもその円は正方形（地）の中を、四本の円柱[*3]とおぼしき柱形が四隅に位置し、囲われた聖なる領域を示しているかに見える。そこからすべてが生まれたとの表現にも見える。

それが形として描かれていることが重要である。日本で初めて図に描かれた天地発生とかかわる空白ではなかろうか。空白が形をもって描かれている。空白の形である。

さらに家屋文鏡は鏡である。光を集め、光があることでそこに姿・形を映し出す。光の中心ともなる。光を反射し遠くに光をもたらすこともできる。光が世界を照らし出す。

また鏡面側からの光を、反対側の中心の円（山）から、あるいは鏡全体から透過させ、その中心の円は光（太陽）をも象徴しているかもしれない。空白と光とが重なる。一方で鏡面は自分の姿をもたない。他を映し続ける。つまり鏡面は形の決まらない形をもつのである。いわばどんな形にもなり得る。これも空白の形である。

その四つの建物の中には、地に接した竪穴住居ばかりでなく、地から浮いた床をもつ高床

＊3　四本の柱が聖域を示す例は、本書では相撲の土俵、諏訪大社の御《おん》柱《ばしら》、地鎮祭の注連縄《しめなわ》で囲った四本の竹柱などをあげた。塔や堂の四天柱もある。

の建物が描かれている。それは天と地との間に床が浮遊する具体的な形である。高床には大切な農作物（米）を貯蔵することや神の降臨や高貴な人がいる場をも象徴するとともに、浮遊という意識も込められていたであろう。

後年あらわれる曼荼羅《まんだら》では大日如来を中心とした構成をとるが、両部（両界）曼荼羅にも正方形と円とが中心を重ねる造形が表れる。中心部の重視が表象化される。両部曼荼羅には同じ大日如来という中心をもちながら全体との関係を表す二つ（両部、両界）の表し方（形）があることを示している。同じ大日如来が中心でありながら二つの視点が表現されている。

密教・教王護国寺《きょうおうごこくじ》灌頂院《かんじょう》（一六二九再建）には中心軸線と直交する向かい合った両部曼陀羅壁があり、その間の空間がある（図5−2）。主要軸線が直交し両部曼陀羅壁という二焦点が向かい合う。その間《あいだ》には中心を挟んで空白がある。新たなる交差軸である。その間で密教の儀式、授戒などがなされる。空間における新しい形式である。

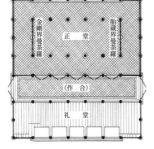

図5−2　教王護国寺《きょうおうごこくじ》（東寺）灌《かん》頂院《じょういん》（八四三建立、一六三四再建）（日本建築学会編『日本建築史図集』彰国社、一九八〇）

第二章　間面記法と空白

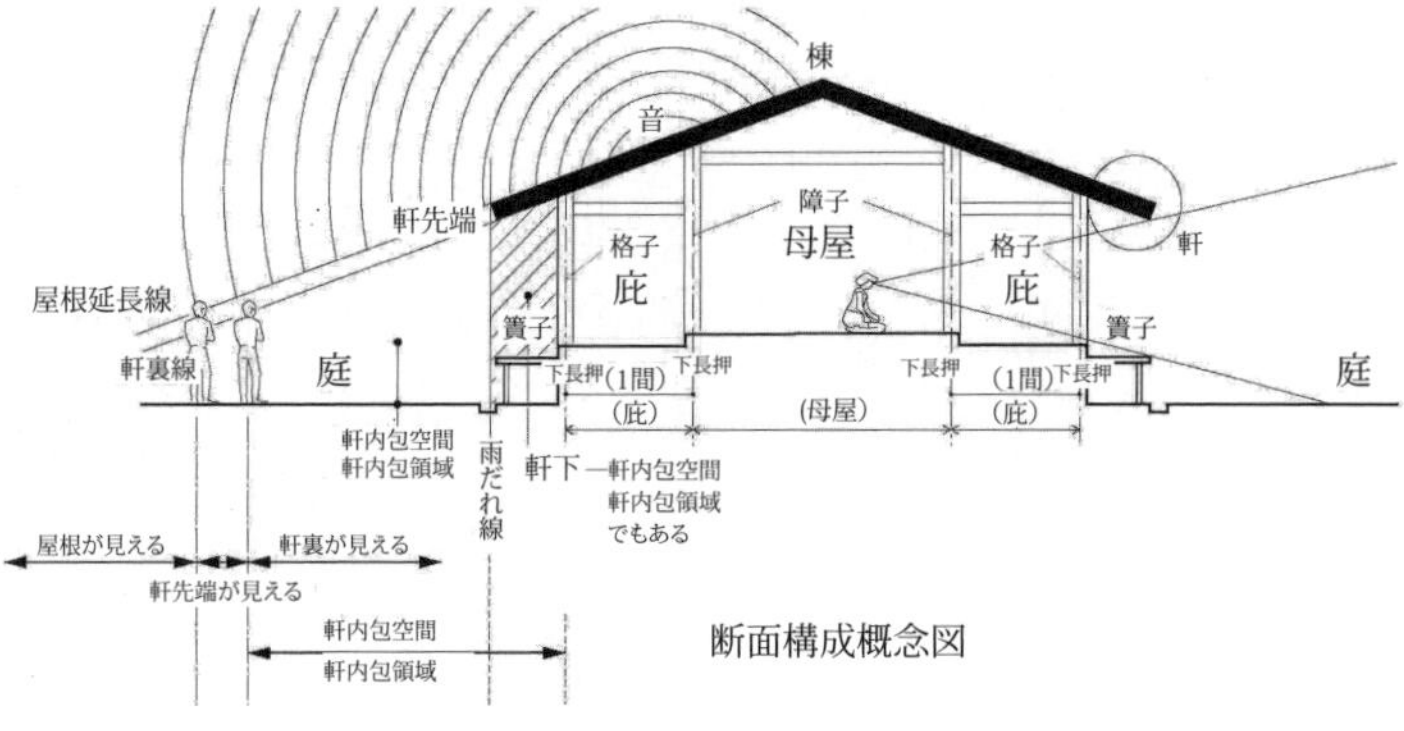

断面構成概念図

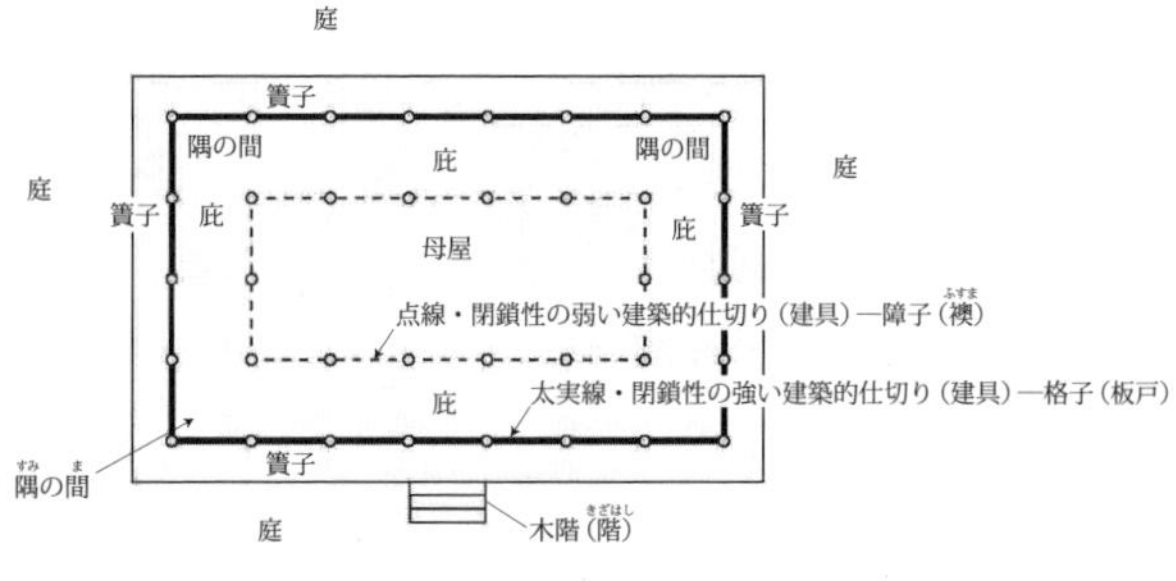

寝殿造の構成（母屋・庇・簀子・庭構成）

○住居における中心性――竪穴住居

古代からの日本建築の空間について考えてきた。空間史である。最も古い建物形式といえば竪穴住居である。縄文時代、今から一万年も前にあったと考えられる建物である。以後、ずっと住み続けられ、近世まで住まわれていた例があったとも言われる。

これほど長い間、住み続けられてきた住居形式は他にはない。しかもここには隠された空間がない。建物構成物（柱、梁、屋根、土間）がすべてそのままに露出し、構成されている。その露出した内外を日常、人々が使い、見て生活する。

竪穴住居の屋根に天井をさらに内側に張ることはない。屋根が天井である。逆にいえば現在、普通になされる屋根や外壁の室内側にさらに天井や壁を張ることの意味が考えられる必要がある。その極端な例が後に記す二重殻ドームにあらわれる。

開口部は、出入口と煙を抜く小さな穴が上の方にあっただけで、昼でも暗い闇が漂う空間であったと想像できる。

こんなにも古い建物である竪穴住居で一般的になる四本の柱で囲われた中心性があらわれてくる（**図6**）。中心部（core）と周辺部（peripheral area）が発生する。つまり日本の建築空間には一万年前から中心という概念が添われてあり、それが受け入れられ建築空間に形式化、空間化されていったと考えられる。

四本の柱にいたる前には、中心に一本の柱で、あとはそれに垂木（丸太）を寄せ掛け、枝

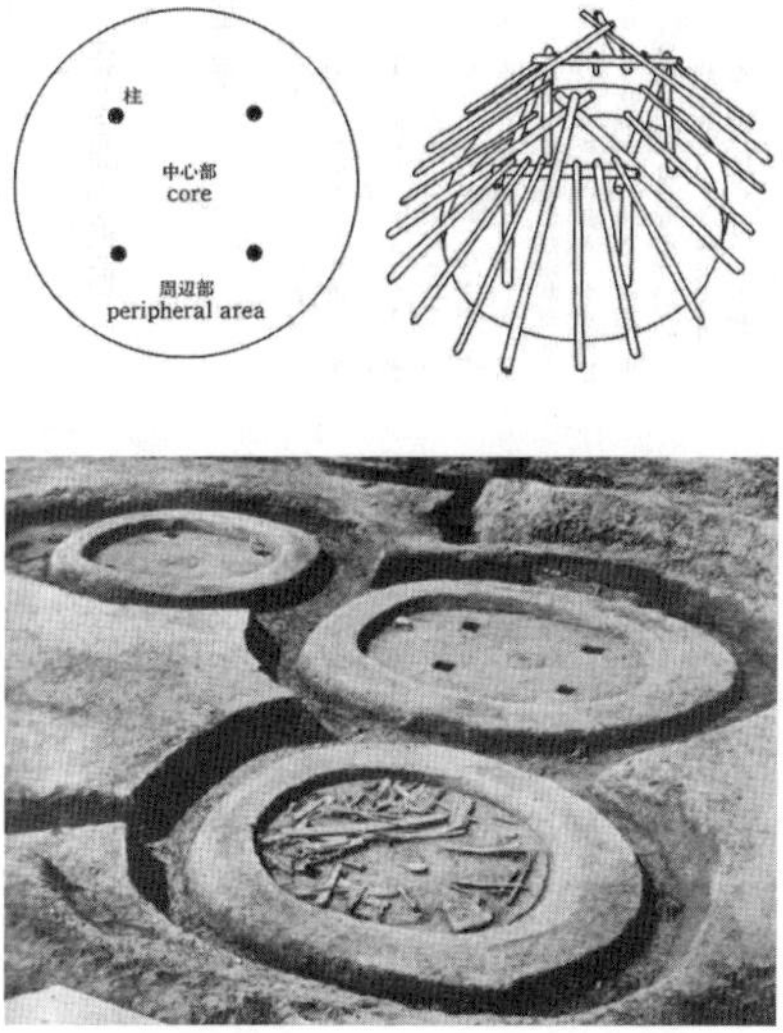

図6　竪穴住居想定概念図（平面、スケッチは作図）（写真は以下）登呂遺跡（一世紀頃、弥生後期）（日本建築学会編『日本建築史図集』彰国社、一九八〇）

や葉や草で屋根を葺き、円形のスペースを囲いとることも出て来たであろう（図7-1）。囲いとられた空間は、広いスペースはとれないが、つくる作業は時間も労働力も少なくてすんだ。

現在でも農家が冬の雪囲いや稲掛け（稲木）などに使う皮を剥いた丸太を、一本の垂直の丸太や自然の立ち木に平面円形に立て掛け、陽に曝しているのを見かける（図7-2）。丸太を平積みにして曝せば陽に当らない部分が多く、雨水も溜まり、菌や虫がわき、木が腐りやすくなるからである。

柱の場合、中心に一本の柱をもつ小さな円（円錐）形の空間が囲いこまれている。一本の柱が屋根を支え、雨や風が入り込むことを防いだ。その囲われた空間は人を襲う獣の侵入をも防いだ。

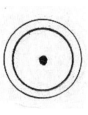

図7-1　柱が一本の場合（作図）

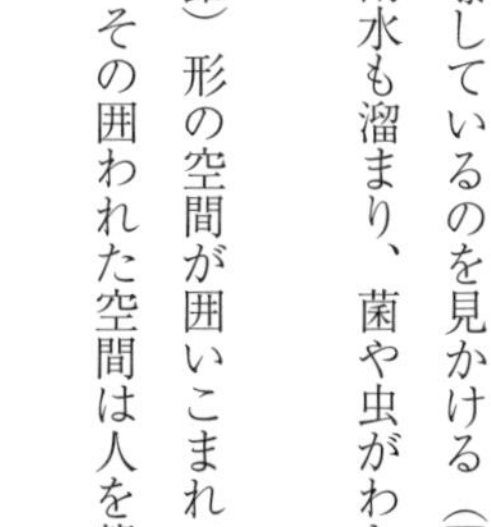

図7-2　柱が一本の場合（自然木を利用した場合）（写真筆者）農家では子供達のかくれんぼ遊びの格好の隠れ場所となる。

その中心の一本の柱はそこに囲われた内部空間の中で、強くその存在を主張しているように人々には見えたであろう。柱が家全体を支えるシンボルに思われてくる。そのことは、その空間をつくるため、最初に場所を選び、一本の柱を立てることが必要で、その行為は神聖な意識を人々に植え付けたであろう。自分達を風雨から守る安全なスペース（シェルター）をつくり出した。自分達の身をまもることと柱とが結びついてゆく。

中心の柱は一時的である場合は自然の樹木が利用されたこともあったろう。そのとき、その一本の樹木は生をもつ神聖な存在として扱われていったとしても不思議ではない。

狭い内部のスペースを拡げるためには、その柱が二本になりそこに棟木を渡し、さらにそれに屋根葺材を受ける垂木を掛けてゆく方法も採られたであろう（図8）。子供が増え、また成長してゆけば、それまでより広いスペースが求められる。

内部スペースが拡がり外観間口も広くなる。平面矩形などのスペースができ、建物に二本の柱が並ぶ軸線と二本の柱の間《あいだ》という異なった軸が生じる。つまり実在物（柱）の存在による軸線と空き間による軸とである。二本の柱と柱の間に距離（空白）が発生し、その空白を理解するのに内部空間に柱間という概念（感覚）が生まれる。そこでは中心という意識はまだ起こりにくかったであろう。外部から柱は見えていない。奥が意識されてくる。

その時でも一本柱で形成されていた時の一本柱の強い象徴性は忘れられてはいなかったであろう。象徴としての柱と柱がつくり出した実際に使えるスペースが合体してゆく。二本の柱の間に空白ができ、広い空間がつくりだされる。内部空間に立ち上がる柱はその空間性から家族をまとめ、支える象徴とも見えたであろう。屋根が囲い取っている空間を柱が支えている力強さが見えている。

図8　竪穴住居（柱が二本の場合）
（作図）

方向によって二本の柱に、柱と柱を結ぶ線と二本の柱の間（柱間）という違いが発生する。二本の柱の間（柱間）方向に出入口をつくったであろう。すると建物構成の中心軸と人の動きである動線とが一致する明快な構成となる。正面性が発生する。奇数間（一間）であり、中心軸の発生である。

現代でも稲の収穫時の稲掛け（稲木、図9）は基本的に二本の柱（丸太）を立てその二本の柱の間に丸太を渡すことから始まる。二本の柱をつなぐ梁が発生する。この二本の柱だけでは乾燥させるため稲をかけた後では横風に弱い。二本のそれぞれの一本柱を二本の斜めの丸太で支えれば強度が一段と増す。するとそこに切妻ができ、屋根の形となる。しかもそれは家族という少ない労働力でつくることができた。稲掛けから家という空間が獲得される契機である。順序はさまざまであったであろう。稲ばかりではない。それ以前は食料や屋根葺き材の乾燥などに使うための身近な自然材を使ったシンプルな架構があらわれたことが考えられる。

図9　稲掛け（稲木）（写真筆者）

二本と四本の柱での構成の間に三本でつくられた空間ができたかもしれない（図10－1）。柱の本数による発生の順序は場所によってまちまちであったろう。

三本の柱の空間に立ち会った時、新しいそれまでにない空間を体験したであろう。それは一本と二本の空間の特性が一体となった空間性があらわれたからである。三本柱では、二本の柱の間を通ることはできてもその先に一本の柱が立ちアプローチする人間の行く手を遮るからである。そこで、一本と二本の空間とは遥かに異なった三本で形成される空間の特異性に気づいていったであろう。直進する動線がそこでは否定される。中心軸が柱に遮られ通ってゆかず、軸性がそこで止まる。三角スペースの部分に中心性が強くあらわれる。また三角

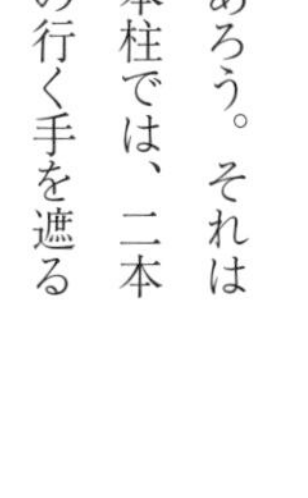

図10－1　柱が三本の場合（作図）

平面は人が寝るにも、物を置くのにも効率的でない。デッドスペースが生じる。住む空間としては使いにくい。

三本の柱で構成される実際の空間については第一章の「三角平面の構築物」の項で詳述した。いずれにしても日本は三本柱という空間構成を獲得したのである。

四本の柱で構成された時、四本の柱は縦・横方向に柱間という形、概念を生み出し、一《ひと》間《ま》(一間四方)という四本の柱に囲まれた最小の平面四角のスペースをもつ空間(空間単位)を生み出す。そこが中心部(中心空間、core)となり、その周りに周辺部(周辺空間、peripheral area)を生み出す(図6)[*1]。それは二方向に軸線を生み出し、それが交わる部分が中心空間となる。交差軸の発生である。

四本柱の場合、その四本の柱をたてることは、まずそれら柱によって囲われた中心部をつくることである。それから屋根を支える細い部材を組み、その上を屋根葺材で覆い周辺部を含めた内部空間がつくられてゆく。この柱で支えられた中心空間(後に母屋《もや》と呼ばれるようになる)が強く意識されてゆく。

日本では家はそのほとんどが木造であったから柱を立てなければ家は建ち上がってゆかない。柱が先である。柱が屋根や上部床の荷重を支える。

西欧や西アジアの組積造では壁を煉瓦や石の一つひとつを下から積んでゆく。壁が先である。壁の空間に柱やその象徴性が求められるのはその後である。壁の空間と柱の空間では空間性が異なる。

日本にも校倉造《あぜくら》という木を横に積んでゆく構法もあるが木材を多く使うこと、その伐り出す労力が多く必要とされることからも一般的には竪穴構法が採られたと考えられる。

*1 このほかにも六本柱、八本柱などの空間の特性については、拙書『日本建築空間史—中心と奥』(鹿島出版会、二〇一六)の第一章「竪穴住居」の「竪穴住居の空間構成」の節に詳述している。六本以上になると奇数間、偶数間をどう使い分けるか、あるいは象徴化するかの問題が発生する。

柱によって中心部を囲うという行為、空間性があらわれる。出入り口は柱間の軸線位置につくられ、そこが正面となり、その入口を入り、中心空間（core）を通った先の突き当りが「奥」となる。中心空間（core）から曲がった先も奥となる。雁行構成の兆しである。主体のアプローチにつれ建物に入口、中心、奥という空間構成があらわれる（図10-2）。

中心に柱で囲われた空間（後に母屋と呼ばれる空間）があらわれ、人々はそれに気づいてゆく。それは外光が直接入らない空間であった。しかもそこは竪穴住居の中心に位置していた。暗い、あるいは闇の空間であった。闇と中心空間とが関わってくる。日本の建築空間の底流にあるものだ。

竪穴住居という形式を縄文時代以来、一万年、あるいはそれ以上という長い時間にわたってつくり、住み続ける中で、人々はそうした多様なことを感じ、考え、気づいていったであろう。次節で記す間面《けんめん》記法《きほう》があらわれてくる、あるいは受け入れられる兆しでもある。

中心の暗い空間に明かり（自然光）を採り入れる方法も可能性として学んでいったであろう。自然光は主には出入り口の開閉がそれを兼用した。日本はそのほとんどが温帯である。雨が多い。雨を防ぐことを前提としての明かり取りである。

採光以前に、中で食事や暖をとる必要性が発生したことで火を焚くことによる高い場所からの換気（排気）がまず必要であった。煮炊きの火は初めの頃は屋外でなされ、後に内部に入れられたといわれている。冬は室内を採暖する必要もあった。火が室内に入れられたことで人々の生存に換気が必須となる。

開口としてまず求められたのは出入口以外では換気（排気）で、その結果開けられた穴から自然光が入ってくることに気がついていったのではなかろうか。

図10-2　入口・中心・奥（作図）

形では竪穴住居の形における切妻部分の最上部や入母屋形の切妻部分が利用されたであろう。その部分は雨をさえぎるため棟木を利用した軒が出ていたからである。それは小さな開口部であったため、明かり取りとして闇を照らすには遥かに届かないほんのわずかな自然光であった。闇の中での光、光の差を意識し始める。明るい太陽の光は昼間、外で求められた。

後に記述してゆくが日本では建物高所からのトップライトやトップサイドライトによる採光はほとんどあらわれることがなく、それが主要な、あるいは空間の見え方を決定づけるような採光とはならなかった。そのことが日本の建築空間を特徴づけてゆく。

○間面記法という中心性

間面《けんめん》記法《きほう》という考え方、見方は、縄文時代、弥生時代を経て人々が竪穴住居に長い時間をかけて住んできた結果、柱で支えられた中心空間（core、図6）を意識した時、その兆しがあらわれてきたと考えられる。平安時代の寺院建築や貴族の住まいである寝殿造を表現する時に使われた。

日本建築の平面を昔、どう表記していたのかは平面の見方、空間の見方と大きく関わっている。「平面表記法」である。日本建築の平面を平安時代どう表記していたかというと、例えば「五間四面」（図11-1、唐招提寺金堂）というように「間《けん》」と「面《めん》」とで表現した。その意味は母屋が間口五間でその母屋に庇が四方向に付いているということである。日本建築は木造で、平面矩形が一般的である。

表記の仕方が間面記法となってゆく経過は、五間在四面庇《ひさし》→五間四面庇→五間四面の

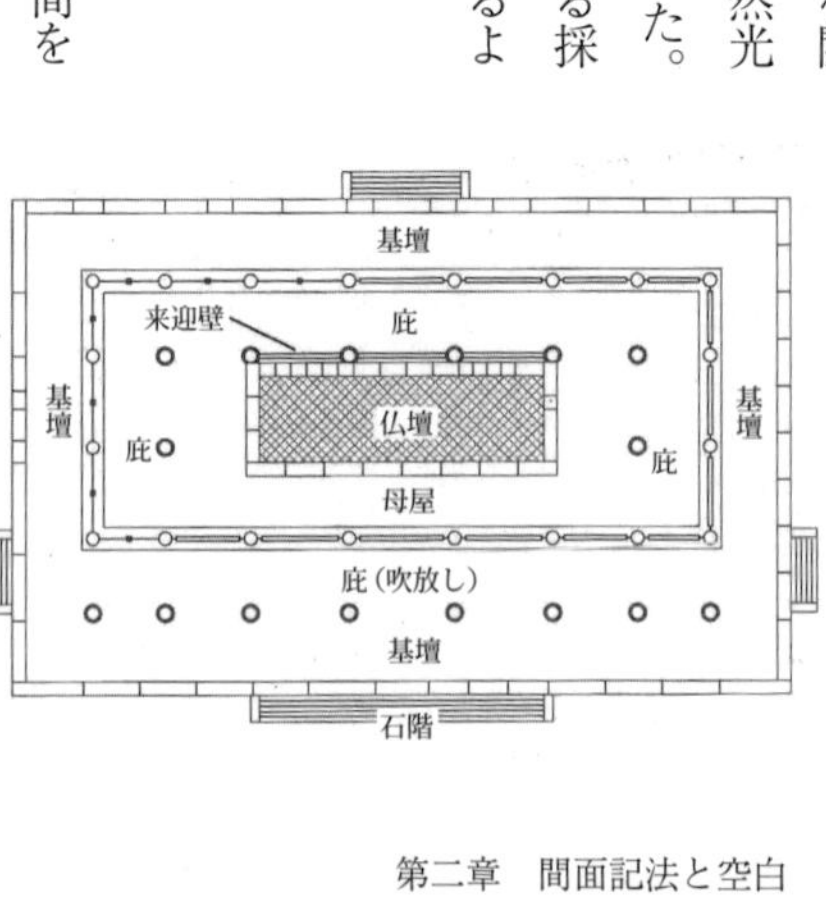

図11-1　唐招提寺金堂、七七〇年代、平面図（作図）

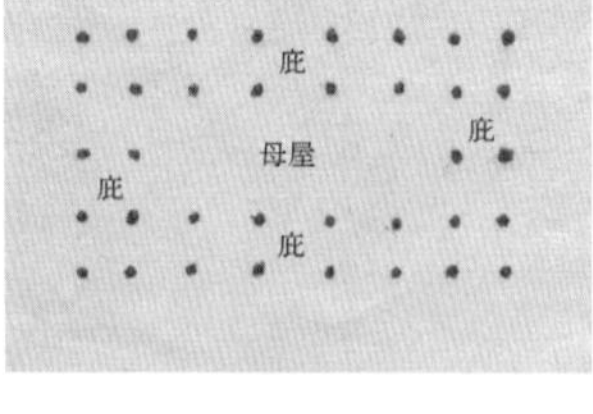

間面記法　五間四面（作図）

ように略されていった。その意味は「母屋五間在四面庇」ということであった。

一方、奈良時代の「平面記法」は、例えば法隆寺金堂（図16、図18）は「金堂二重長四丈七尺五寸廣三丈六尺五寸」（法隆寺資財帳）とあって建物全体（外形）の桁行・梁間の丈尺（長さ）をもってするのが普通であった。

つまり平安時代、「間」は母屋《もや》（身舎《もや》）の長手方向の間口であり、「面」は庇《ひさし》（廂）の付いている「面」の数（東・西・南・北）をあらわし、それは矩形平面であるから多くて四面である。この記法は日本の建物の大きさ、平面的な関係を表現するのに使われていた。間面記法と呼ぶ。

間面記法については、間と面がどこの何を指しているのか、江戸時代以前から忘れ去られていた。

平安時代の貴族の住居形式を「寝殿造」（**図11-2**）と呼ぶのは、日本最初の住宅史の概説書で江戸時代の末に書かれた『家屋雑考』（一八四二）からきているといわれる。*1 沢田名垂《さわだなたり》による平安貴族の住居空間の優れた概念化と言える。

しかしこの書の中でも間面記法、間と面とがどこの何を指しているかに関しては間違って書かれている。江戸時代、すでに間面記法は正確に理解されてはいなかったのである。

それを昭和になって足立康博士が『中古における建築平面の記法』（考古学雑誌、昭和八年）という記述の中で間面記法について解明された。極めて優れた論考である。

間面記法があらわれたことは間面記法によって平安時代以降、建築物が空間性を伴った表現で示すことができるようになったことを意味する。規模や大きさを示すだけでよいなら奈良時代の実際の長さを示す記法で十分表現できたはずである。間面記法も一間の長さが時代

図11-2　「家屋雑考」寝殿造の図、一八四二年（『新訂　故実叢書・家屋雑考』沢田名垂、明治図書出版、一九五一）図では寝殿、対の後ろ（北側）また東・西門、南側の築地塀が省略されている。

*1　太田静六『寝殿造の研究』（吉川弘文館、一九八七）

によって大体決まっていたから大きさや奥行は曖昧であったが大体は把握できた。しかし私は間面記法が「平面表記」や大きさを示すばかりでなく、さらなる意味をもっていたと考えている。

この記法で注目すべきは「五間四面」の「五間」も「四面」も中心にある母屋を基準として記されていることである。母屋の間口が五間で母屋の四面に庇が付いていることを表記している。つまり母屋が中心として表現されている。

また間面記法で表された建物はその空間を母屋と庇に分節してイメージされることになる。このとき建築の見え方、見方、考え方、方法、つくり方も確かな、手がかりのあるものとなった。一つの建物を分節して表現できたことが重要である。

間面記法は中心を概念的にとらえることのできる記法でもあった。しかも中心が概念だけではなく形のうえでもイメージできるようになった。寝殿造の空間〈寝殿、対《たい》〈対の屋とも言われる〉〉を母屋・庇・簀子・庭構成（図11-3）としてイメージできるようになったのである。寺院建築（金堂、本堂）では母屋・庇・基壇・庭構成として把握された。

空間が貴族の意識の中で母屋と庇を識別し分節化できたことは母屋だけの中心空間から母屋+庇という構成の中で中心性をとらえることができるようになったとともに、その場の奥性が深化したことをも示している。母屋を庇が囲うことで母屋の奥性が明確に示された。庇空間に囲われた奥に母屋空間がある。中心が空間構成と密接にかかわってきたのである。それは空間性を深めることになった。[*2]

奥性については紫式部が『源氏物語』の中に「奥」をそのディテールに至るまで言葉で克明に描いている。[*3]『源氏物語』は『物語』とあるので物語性が強調されやすいが、その空間

＊2　間面記法を空間性と関わってどうとらえるかについては拙書『日本建築空間史—中心と奥』（鹿島出版会、二〇一六）の第五章「古代建築と中心」の「間面記法と中心性」の節で詳しく記した。

＊3　拙書『源氏物語空間読解』（鹿島出版会、二〇〇〇）、拙論・博士論文「『源氏物語』における寝殿造住宅の空間的性質に関する研究」（東北大学、二〇〇一）、拙書『源氏物語 男君と女君の接近—寝殿造の光と闇』（河北新報社、二〇一三）参照。

図11-3　寝殿造の寝殿・対の構成
（間面記法で五間四面）
・母屋・庇・簀子・庭構成
・寝殿造の建築空間（寝殿、対）の

性も詳しく書かれている。紫式部は現代人が忘れてしまった場所、空間に対する感性を保持していた。それは当時の貴族には当然のこととして身についていた感性であったが、それを現代人が理解することが難しくなってきているのである。

さらに言えることは、間面記法には、母屋は間口だけ示され、奥行方向の間数《けん》が表示されていない。母屋の奥行を表記しないことは母屋の奥行方向を空白や奥にしたことを意味する。つまり間面記法は中心や空白や奥を含み込んで表現されている記法なのである。それは空間

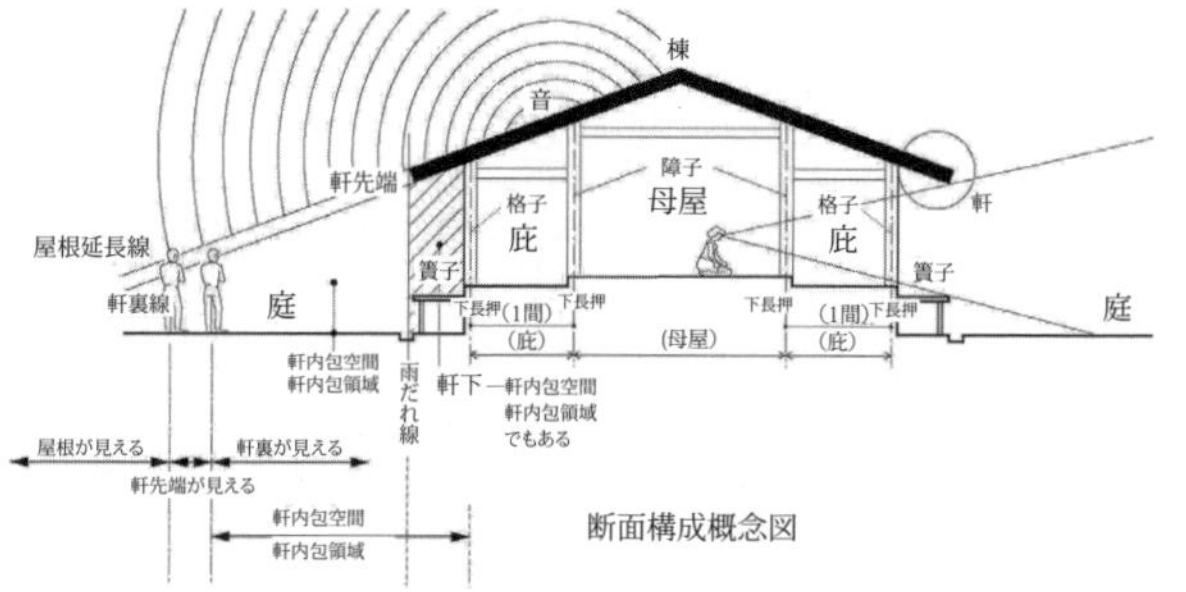

断面構成概念図

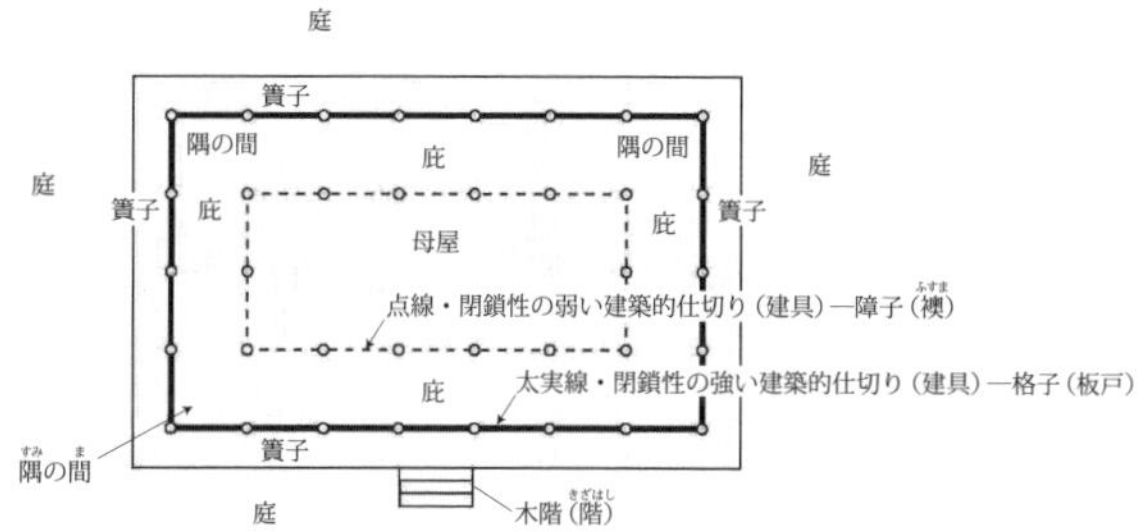

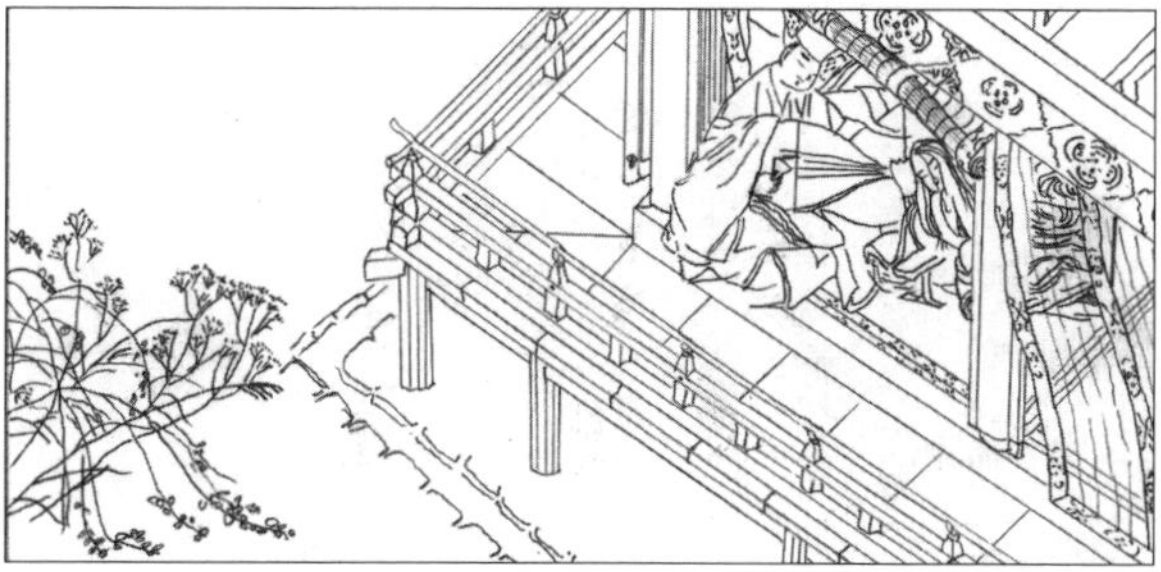

建築的仕切り（建具）

—「庇《ひさし》」のコーナー部分を仕切ると「隅《すみ》の間《ま》」とも呼ばれる。「隅《すみ》の間《ま》」には二方向から光や風が入る（図11-4）。人目に触れ易いが外の自然を感取できる場でもある。

・軒内包空間・軒内包領（断面構成概念図及び平面構成概念図）（二図共作図）

—屋根延長線と軒裏延長線が及ぼす影響を概念化した。軒をもつ日本建築の空間や領域の把握に有効と考えられる。寺院建築では基壇上に建つため土間となる場合が多い。簀子を基壇にすると寺院建築の母屋・庇・基壇・庭構成概念図となる。木階は石階となる。

図11-4　「宿木三」（『源氏物語絵巻』徳川美術館蔵）（作図）

「宿木三」については拙書『源氏物語 男君と女君の接近—寝殿造の光と闇—』（河北新報社、二〇一三）の第七章「風を見る」の節に詳述している。寝殿や対のコーナーの位置を占め、二方向から光や風が抜けてゆく隅《すみ》の間《ま》にいる匂宮と中の君が描かれる。その揺らぐ関係が表象化されている。ここにはゆらぐ簾《すだれ》や草花などを通して見えない風（空白）が描かれる。

の奥行をも表現している。さらに間面記法の「間」が母屋の間口を示すことは間面記法が正面を象徴的に示していることのあらわれでもある。間面記法は日本の空間表現の方法なのである。それは空白をも含み込んだ日本の空間に対する表現方法であった。

この「間面記法」を獲得することによって、日本の建築空間が変化してゆく仕方も、方向性を帯び、そこから豊かに、繊細複雑になった。恐らくこのとき、和様は日本の様式として、空間として確実に歩き始めたのだ。

しかもそれは母屋の廻りを庇が囲うという母屋を外部から切り離し、直接、自然光を入れない中心性をあらわしていた。光が直接には届かない母屋という闇の空間が中心にあらわれたのである。庇は外光が直接入る空間である。寝殿造の内部空間における母屋・庇構成は光と闇が関わって空間が表現されている。闇がイメージだけでなく空間、その構成と関わってあらわれたことが重要である。間面記法は日本における空間理解の方法でもあった。当時の貴族達はこの間面記法、母屋・庇構成という空間構成を頭に入れ、身体に感じながら寝殿造の中を移動していたのである。それは光と闇とを感じ取りながら移動してゆくことでもあった。

間面記法が概念として理解された時、その母屋という中心空間の存在ゆえ、闇も否応もなく空間の中心、背面、上部、下部に添うようにあらわれる。『源氏物語』においてもさまざまな男君、女君の物語の舞台（空間）はしばしば闇と関わってあらわれてくる。『源氏物語』を読む時、この母屋という中心空間に外光が直接入らないことをとらえておくとその物語性の内容が理解しやすくなる。

そして間面記法はその中心に母屋があること、その母屋の奥行が表記されないことで奥に

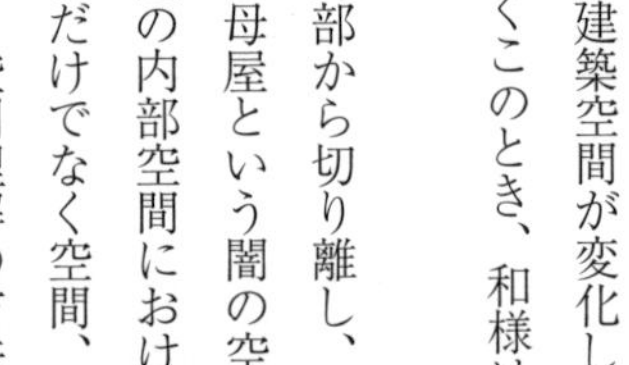

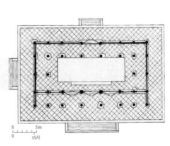

図11-5　興福寺東金堂《とうこんどう》、平面図（一四一五再建）（日本建築学会編『日本建築史図集』彰国社、一九八〇）

空白をかかえていること、それによって人が測り知ることのできない奥という闇をかかえていることを示した。つまりそれを、間面記法においては記さないことで示したのである。ここでの空白、奥は記さないことであった。

闇が、寝殿造の母屋空間周辺の生活の中に、寺院建築ではその寺の本尊を安置した母屋空間周辺に息づいてゆく。そしてそこが、その廻りが空白化してゆく。

後記してゆく寝殿造の寝殿、対の母屋空間が、次第に儀式・行事のため空けられ、日常生活では使われなくなってゆき空白化する。また寺院建築では金堂（本堂）の来迎壁、北庇、二重以上の閉ざされた空間など、さまざまな方法が考え出され、空白化がなされる。そこに闇を呼び込み、日本の空間が表現されてゆく。

○『源氏物語』と闇

ここで『源氏物語』の中に描かれた闇についていくつかの例を示し、その空間性がいかなる状況であったかを少しく触れておきたい。

物語は寝殿造の中である。光源氏は「螢《ほたる》」の巻で、母屋の暗闇の几帳の陰にいる女性の姿を兵部卿《ひょうぶきょう》の宮（螢宮《ほたるのみや》）に見せるのに、その暗がりに螢を飛ばしている。六条院、夏の町の西の対《たい》に、光源氏によって住まわされた玉鬘《たまかずら》の姿が螢の光の中に浮かび上がる。見ることの極地が描かれる。[*1]

玉鬘は、「なにがしの院」で、光源氏と一緒にいて、闇の中からあらわれた物の怪《け》に襲われ不幸な死を遂げた夕顔の娘である。つまり夕顔と玉鬘という母と娘の物語は、闇を介して

＊1　拙書『源氏物語　男君と女君の接近―寝殿造の光と闇―』（河北新報社、二〇一三）の「闇の中の螢―玉鬘《たまかずら》」「明滅する光」の項に詳述した。

紫式部によって関係づけられ進行させられていた。闇という空間がこの二つの物語の共通媒体なのである。これらの場面では闇が物語に強い枠組みを与えている。

『源氏物語』は物語性と空間性とが密接に関わりあって構成されている。単なる心理小説ではない。その空間性とは光（視覚）の空間であり、闇（五感）の空間である。

『源氏物語』にはその主人公の名前「光源氏」からも想像されるように光の当たる世界が描かれる。しかし往々にして闇が空間を占めることが表現される。つまり闇という見えない世界、視覚に頼り切ることが出来ない世界で物語が進行し『源氏物語』に光の当たる世界とは別の空間性を与えている。

それは外光による視覚的透明性とはかけ離れている。壁が少なく外回りはほとんど開口部の柱・梁で構成される寝殿造の空間では、その透明性は視覚と通じ合う世界で成立すると考えられがちだが、紫式部は物語に闇を描くことで、視覚だけでなく五感を駆使して感じとる空間の透明性を言葉で表現し、描いたのである。[*2]光と闇とが相関し合い、空間性と物語性が合わさり表現されている。

平安時代は、有史以来では、現在に至るまで最も長く続いた時代である。約四百年間である。これより長い時代は有史以前の弥生時代と縄文時代だけである。ちなみに江戸時代で約二百五十年、中国の唐で約三百年である。この長い四百年に渡って国風の貴族文化が深化していった。今から四百年前は江戸時代の初めである。それほど長い間、「和」が醸成されていたことをイメージすれば、平安時代がいかに長い時間かが想像できる。

建築の世界では寝殿造について記せば、敷地の大きさが同じ、方位も同じ、機能も同じ、建物形式も同じ、しかも平安時代に限っても四百年間以上つくり続けられたのである。徹底

＊2 『源氏物語』における「闇」や「奥」については拙書『源氏物語空間読解』（鹿島出版会、二〇〇〇）及び『源氏物語 男君と女君の接近—寝殿造の光と闇—』（河北新報社、二〇一三）に詳しく触れている。

して洗練化されてゆく。「和」である。[*3]

○寝殿造から書院造へ

平安時代の貴族のすまいである「寝殿造」は現存していないが、平安京（図23-2）の中は、一町四方の敷地を基本としている[*1]（図11-2）。一町（四十丈）四方とは、約百二十メートル四方（約四千三百坪）の大きさで、その中に寝殿《しんでん》、対《たい》（對《たい》、対の屋）など高床の建物群とそれらをつなぐ同じ高床の渡廊《わたろう》（渡殿《わたどの》、廊《ろう》）があり、広い南庭と池（南池）がつくられ、その周りを土塀（築地塀《ついじべい》、築地《ついじ》）で囲われていた。

その土塀には東・西に門があり、南側には門はなく、東門と西門をつなぐ土塀が囲う平面コの字型部分は南庭として樹木、石、流水、池、小山、白砂など自然を取り込んだ作庭がなされていた。

つまり南庭は、寝殿造の敷地の半分ほどを占め、東門と西門が築地塀でつなげられ、南側をおおむね平面コの字型に築地塀で囲い込まれた大きな庭であった。いわば南庭がポケットを形成していた。南庭に外から直接入る門はない。南門のないことが寺院建築の伽藍配置と寝殿造の建物・庭配置との決定的な違いであった。

寺院建築では南門（南大門）が中心の門でありメインアプローチとなり、そこから中心の建物（塔、金堂、本堂）に近づくためアプローチの左・右が領域として分割されやすいが、寝殿造では南門はなく、東門と西門の間の南側は一体的に囲われた庭となる。いわば庭空間が敷地全体の間口（約百二十メートル）いっぱいに拡がって存在する。広い東門、西門が時

＊3　拙書『源氏物語 男君と女君の接近—寝殿造の光と闇—』（河北新報社、二〇一三）の第二章「寝殿造という知の空間」の「四百年間の洗練」の節、参照。

＊1　寝殿造の敷地は、『中右記《ちゅうゆうき》』（平安時代の院政期、一〇八七から一一三八年までの中御門《なかみかど》右大臣・藤原宗忠の日記）という男性貴族の日記に「如法一町家」と記されている。平安京に一町四方の敷地が拡がっていたことに付いては拙書『日本建築空間史—中心と奥—』（鹿島出版会、二〇一六）第八章「寝殿造」の第1節「平安貴族住宅の建物・庭構成」に詳述している。この寝殿造を京（京都）の四方を路に囲われた百二十メートル四方の敷地に復元できないものだろうか。「和」を感じとるには是非ともあって欲しい空間である。

期や儀式・行事によって正門となり、北側には東・西門に較べて小さな門を開けた。

庭については同時代、平安時代後期の作といわれている庭づくりの書『作庭記』[*2]に詳しく説明されている。冒頭近くから「一町の家の南面にいけをほらんに」と当時の位の高い貴族としては一般的であったと考えられる「一町」四方の寝殿造という屋敷が想定され、作庭について書かれている。それは寝殿造における庭の作り方であり、庭の見方についてであった。

主要な居住空間である寝殿や対は母屋・庇・簀子・庭構成で形成されていた。

図11-2では上が北、下が南で、その敷地にいろいろな建物や庭が配置されているが、庭を含めたその全体を「寝殿造」と呼ぶ。『家屋雑考』（沢田名垂、一八四二）には「寝殿造といふは、一家一構の内」とあって、「寝殿造」とは建物だけを指すのではなく囲われた敷地内（屋敷内、一町四方）全体を指すことが記されている。これは沢田名垂によって名付けられた「寝殿造」という言葉の概念化（定義）と言ってよい。

沢田名垂が寝殿造について定義した「一家一構の内」は、すでに『古事記』にその兆しが書かれている。当時、家をどう意識したかについては、応神《おうじん》天皇が詠んだという国見（国土を誉める）の歌、

「千葉《ちば》の葛野《かづの》を見れば　百千足《ももちだ》る　家庭《やには》も見ゆ　国の秀《ほ》も見ゆ」

に、すでに家を「家庭《やには》」と、「家」と「庭」とが別れて意識されている初源を見る。寝殿造の形態が生まれるにあたって言葉においてもこうした下地があったのである。

平安時代の「寝殿造」では、婚姻形態が妻問婚であり、家を主に女性が伝領《でんりょう》したことに

*2 『作庭記』の内容については、拙書『源氏物語空間読解』（鹿島出版会、二〇〇〇）、拙論・博士論文「『源氏物語』における寝殿造住宅の空間的性質に関する研究」（東北大学、二〇〇一）、拙書『源氏物語 男君と女君の接近—寝殿造の光と闇』（河北新報社、二〇一三）、『日本建築空間史—中心と奥』（鹿島出版会、二〇一六）参照。

よって、多くの家が女性の空間として扱われた。女性が寝殿、対の中心（母屋）を占めることになり、中心性が強くあらわれる空間となった。

寝殿や対《たい》の母屋には、始めは主に貴族の女君が住み使用した。夫ができても婿取りであるから女君はその寝殿あるいは対の母屋に居続けた。

妻問婚であるためそこは男君が女君に接近してくる場でもあった。そのためそれをさえぎる「建築的仕切り」（建具）や「室内的仕切り」（調度、簾《すだれ》や几帳《きちょう》など）、「身体的仕切り」（着物、薫物《たきもの》、化粧、身体など）が何重にも重ねられ内部空間を構成した*3（図11-3）。

それら仕切りは心的距離をもつくりだす。つまり仕切り（建具、簾や几帳など）は男君の侵入や視線をさえぎるとともに、男女の間に心的距離をつくり出す装置であり道具でもあった。

儀式ではなく日常生活において中心領域の拡大、縮小が、仕切りなどを配置、存在させること、仕切りの開閉、仕切りを「鎖す」（内側から施錠する）などの行為によって起こっている。「鎖す」という言葉からは、女君からの拒絶、施錠によって奥を深めることが表現されている*3。

平安時代、寝殿、対の母屋は日常生活ばかりでなく、さまざまな儀式・行事にも使われたため次第に普段は空けられておかれるようになった。

中心空間である母屋は奥まっており、自然光も風も直接は入らず、人目にも触れにくい、暗い空間であった。次第に庇という自然光や空気（風）が直接出入りする空間に女君達は日常、住むようになった。そこは自然や季節の変化を、五感を通して感じ取れる明るく、生活にも都合のよい場であった。

*3 「仕切り」については拙書『日本建築空間史—中心と奥』（鹿島出版会、二〇一六）の第八章「寝殿造」の章、及び拙書『源氏物語空間読解』（鹿島出版会、二〇〇〇）の第一章「源氏物語の建築空間」の「仕切り」の節、及び拙書『源氏物語 男君と女君の接近—寝殿造の光と闇』の第三章「寝殿造の建築空間構成」（河北新報社、二〇一三）、拙論・博士論文「『源氏物語』における寝殿造住宅の空間的性質に関する研究」（東北大学、二〇〇一）に詳述している。

しかし一方でその場所は外部に近い「端近《はしぢか》」となり、女君が男の視線（垣間見《かいまみ》）に曝されやすい空間に住むことになったことをも意味していた。女君たちは警戒する。

そして中心部（母屋）は儀式・行事の時に使われ、日常生活では使われなくなってゆき普段は空白として残されてゆく。

また寝殿造は建物を見る見方と庭を見る見方を重ねて見る見方を表現することで成立している。この「地」と「図」は、図を見る時は地が空白となり、地を見る時は図が空白に見えてくるというあり方でもある。寝殿造とは観察者（viewer）がそれら庭や建築空間を「地」とも「図」とも自ら読んでゆく空間となる。そこには観察者の意識の常なる反転が伴われている。[*4]

時代が古代（中古）から中世へと大きく変わってゆき、住居においても、貴族の時代の寝殿造から次の武士の時代の書院造（図13-1、図30）へと建物のつくり方、庭のつくり方が大きく変化する。婚姻形態も妻問婚から嫁入婚に変わる。この時代になると女性は自分が見たことのない男の空間に嫁入りするのである。嫁入り前には女性（嫁）はその男が住んでいる空間を知らない。嫁取り後も男（武士）は家に居続ける。

平安時代、寝殿造では女君の家に男君が通うのである。そしてその場所（寝殿造）に婿入りする。女君はそこに居続ける。それゆえ女君はその家を知悉《ちしつ》していた。男君も通う内に女君の空間を知ることになる。

武士の時代の書院造では、寝殿造の儀式・行事と日常生活が同じ場でなされたのとは異なり、対面や接客の空間を日常の場から独立させ、その場が重視された。そこに日常生活がはみ出してゆくことはなくなった。

＊4 「地と図」については拙書『日本建築空間史―中心と奥』（鹿島出版会、二〇一六）の第八章「寝殿造」の「光源氏による寝殿造の方法化」「一町の家」「寝殿造の総合化」の項、参照。

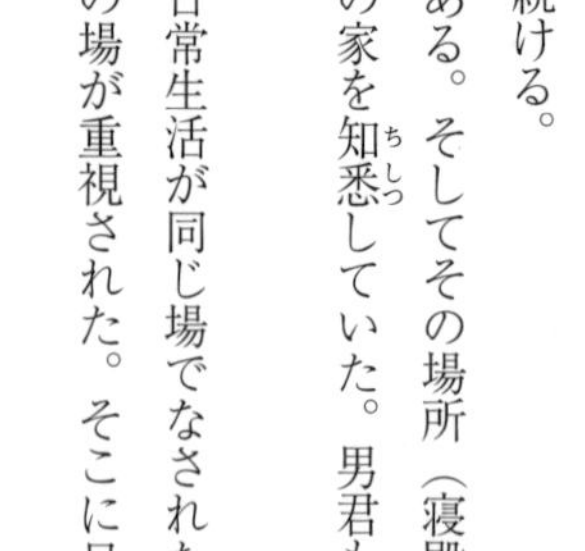

図12-1 園城寺勧学院客殿、平面図、一六〇〇年（作図）

自分より位の上の人を招くために、書院造の中に上座（上段）がつくられた。そこに書院、床《とこ》の間《ま》、上段など建築構成部分に手間をかけた密度の高い場づくり、空間づくりがなされた。そこが中心部となる。つまり儀式・行事のとき、位の下の人を招く貴族の時代の寝殿造とは空間が変わるのである。

母屋自体がなくなったのだ。母屋と庇の区画や区分はなくなり、ほとんどすべての室が外部に面し、寝殿造の母屋空間のような外部に面しない室はなくなる（光浄院客殿、図13-1）。書院造が沢田名垂《なたり》（『家屋雑考』、一八四二）によって「明きを旨としたるもの」と表現された理由である。自然光が直接入り、室内が明るくなった。日本の住宅建築空間において五百年以上にわたって形成され続けた母屋・庇構成（寝殿造）を破った書院造はそうした意味で空間の革新であった。

貴族の時代の寝殿造から武士の時代の書院造への空間性における決定的な変化は、寝殿造の中心空間である母屋空間が空洞化し、さらに消失したことにある（図11-3→図12-1→図13-1）。このことは住まいにおける主空間において空白がなくなってゆく過程でもある。それには妻問婚（貴族の時代）から嫁入婚（武士の時代）への変化が大きく影響しているが、書院造（『匠明』殿屋集・屋敷図、一六〇八、図30）では女性が寝殿造の寝殿、対の母屋のような空間に閉じ籠ることはなくなる。空間的には敷地の奥の方へ位置づけられ独立した領域を占める。そこは「端」ではない。そこも「奥」である。それぞれの場で上段・下段、上座・下座などが形成される。

書院造では対面の場、書院が重視されそこへのアプローチ、見方、見え方、見られ方が重視される。つまり複数（対面の場、主人の場、妻の場など）の「奥」が複合して形成されて

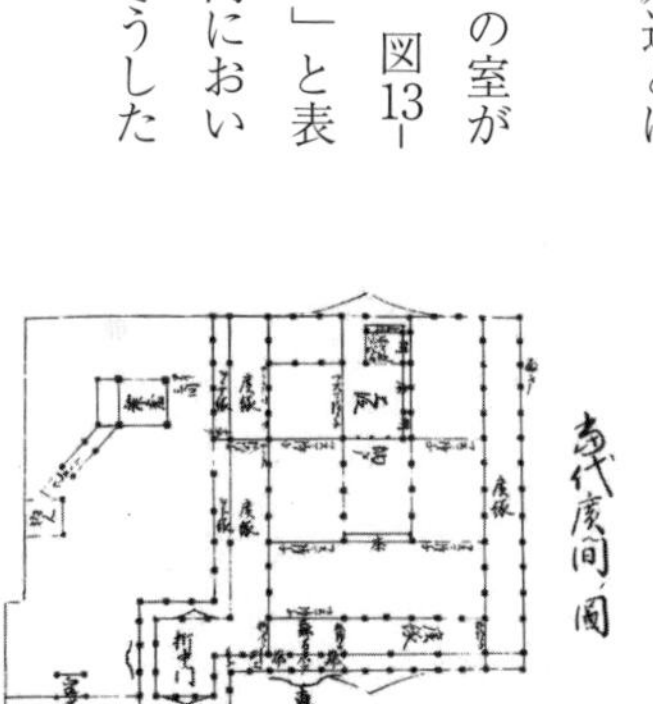

図12-2　当代広間の図（『匠明』「殿屋集」一六〇八）（日本建築学会編『日本建築史図集』彰国社、一九八〇）

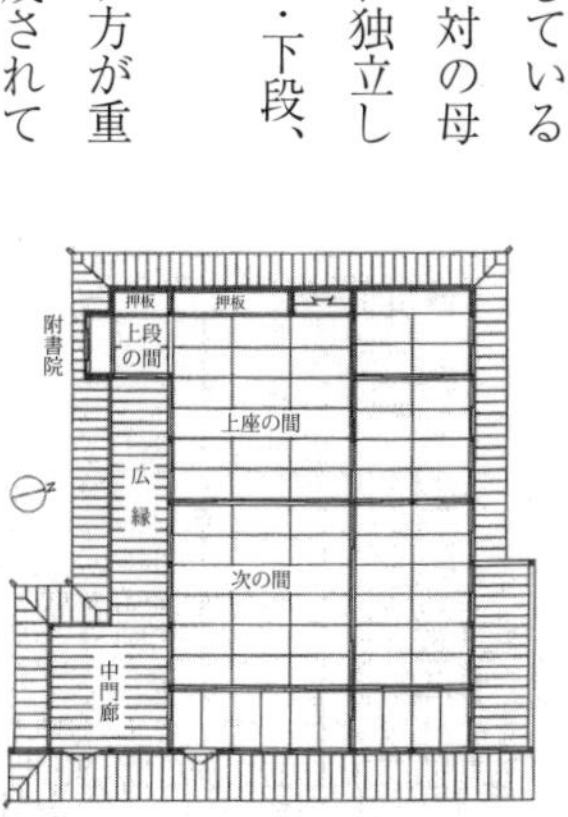

図13-1　園城寺光浄院客殿、平面図、一六〇一年（作図）『匠明』「殿屋集」の「昔主殿の図」（図13-2）とよく似た平面である。

ゆく。

○横からの光

建築空間は五感によって把握されるが、近世、近代、現代を通して、そのうち特に視覚が重視されてきた。しかし空間を把握するためには視覚だけで足るわけではない。日本では、それよりはるか以前、平安時代に寝殿造の空間が貴族達によって五感を駆使して把握されていたことは『源氏物語』など物語や随筆、歌に詳しい。そこには視覚だけではとらえることの出来ない空間が描かれていた。しかしそこでも視覚は重視されており、平安時代から視覚で場や空間、人を感取することの優位性が表現されていた。

記述した『源氏物語』の「螢《ほたる》」の巻にあらわれる螢のひかりによって視線の中に浮かび上がるひと（玉鬘《たまかずら》）、空間はそのひとつの極限と言える。しかしそれは自然光ではない。光源氏の意図的な行為の結果である。

ものが見えるのは光があるからだ。それゆえ、建築空間に光（自然光）がどう入るかは重要である。同じ空間であっても、光の入り方で視覚的に空間の質が変わる。視覚が重視されているということは、空間を見るための光の扱いが重視されているということである。建築空間に光はどう入っていたのか、また光はどう入らぬよう工夫されていたのか。光に対する開と閉の空間構成、空間造形が問われていた。寝殿造ではさまざまな仕切りが重ねられる。

高床、柱梁軸組構法など日本の木造住宅の基と考えられる寝殿造では、光（外光）が来る方向は横からであった。庭↓簀子《すのこ》↓庇↓母屋（図11-3）と光は進む。建物内部への光の取り入れ方は外観をも決定することになる。開口部の形、位置が決められる。横からの光[*1]が日本の内部空間、外観をも決めていたのである。貴族の時代の寝殿造から変化してきた武家の時代の書院造も、同じ横からの光が空間を支配していた。

寝殿造では女君達は普段は母屋の中にいた。外部から来る男の視線を避けて暮らしていたのである。そのため女君達は、母屋・庇・簀子構成（図11-3）という空間構成を利用し、さらに簾《すだれ》、几帳など仕切りを駆使して室礼《しつらい》した。母屋・庇・簀子構成は平面構成であり、床に段差が付けられたり、室礼が凝らされることで、それぞれの空間に質の差がもたらされ、空間構成でもあった。

男の視線のくる方向は横からであり、光のくる方向と同じである。光源氏は女君達にとって男の象徴であるが、外部から入ってくる光そのもの、光が見せるもの、また光が引き起こすことの象徴でもあった。この時代の一つの理想的な男性像に光という名前を与えたのは紫式部のすぐれた見識である。『源氏物語』は男（光）が女の空間（闇）に外から押し入る物語でもあるからだ。

男の視線を遮ることは、横からの光をも遮ることであった。それゆえ、母屋、庇の中は光が遮られた暗い空間となる。特に、母屋は昼でも暗い。庇に囲われ、さらに室礼に遮られ視線や光の通りにくい、暗くて見えにくい空間となる。視線は幾重にも遮られ、遮られた先には五感を駆使しないと把握出来ない空間が拡がっていた。つまりこの時代、空間は視覚だけでなく五感によって感じ取られていたのである。

空間を把握するには知もまた必要であった。有職故実に通じ、和歌、漢詩、楽器などを創作、演ずることで空間も人もあらわれてきた。貴族達が五感や知を空間に集中し対峙させる

＊1 「横からの光」については拙書『源氏物語空間読解』（鹿島出版会、二〇〇〇）、博士論文「『源氏物語』における寝殿造住宅の空間的性質に関する研究」（東北大学、二〇〇一）、拙論「Space of SHINDEN Residential Complex（SHINDEN-ZUKURI）Part 1 Lighting from the side」（FORMA Vol.16, No.4, pp.367-374. 2001）、拙書共著『建築概論』第三章「日本建築の空間史」（学芸出版社、二〇〇三）、拙書『日本建築空間史—中心と奥』（鹿島出版会、二〇一六）参照。

と、次第に、その緊張の先に空間、人があらわれ、感じ取られてくる。それゆえ、貴族達は懸命に歌、詩、楽器、当時の知（有職故実）を学び磨いたのである。

寝殿造の各建物は建築的構成自体が明快で、基本的には透明度の高い空間であった。それゆえにこそ、室礼（仕切り）を徹底して工夫することでさまざまな方向から来る視線を遮ったのである。

建物の構造体は内・外に露出し、柱梁間のほとんどを壁ではなく開閉のできる仕切り（格子、蔀《しとみ》、板戸、障子など）で建て込み、床下は高床で空き、遣水《やりみず》や庭の起伏が流れこんでいた。また重層した階を持たない平屋であり、それゆえ、一階の内部空間及び内部空間と庭との相互関係が究極的に問いつめられていった。横からの光はその空間の見え方に大きな影響を与えた。

五感を通して感じ取られる寝殿造の空間は、その建物の建築的平面構成、建築的空間構成自体は、基本的には分かりやすい空間であった（図11-3）。それを徹底して室礼をすることで当時の生活様式をつくるなかで、複雑で多岐多様な、日常生活空間として、また儀式空間として、高度に利用可能な空間にしてきたのである。寝殿造の内部空間には、室礼の扱いなどによって複雑多様で見えにくいところと、建物自体の平面構成、空間構成、構造（柱・梁構成）など明快で分かりやすいところがある。それらを混同してはならない。

寝殿造の各建物は母屋・庇・簀子構成で成り立っていた。これは平面構成でもあり、空間構成でもあった。母屋を庇、簀子、庭が囲ってゆく中心性があらわれた構成である。しかし構成はシンプルでも、庭からは横からの光（外光）が、仕切り、室礼の開閉の仕方によってさまざまにグラデーションが付けられて採り入れられ、空間に複雑な陰影や闇の場をもたらした。上からの光はない。

寝殿造から変化してきた書院造の対面・接客空間においては、室礼を床《とこ》（床の間）の中に簡略化し閉じこめ、室に室礼を置かないことで、光が入り、風が通り抜ける新たな室形式を獲得した。そこでは実質的な明るさや夏の涼をも獲得したのである。武士階級という実利的、実務的な層が時代を支配することで、彼らの住む建物にもそうした傾向があらわれたと考えられる。

室礼がない分、その場にいる人々の視界の広がりも獲得した。その場にいる人々の配置も明確に目に見えて了解できるようになった。対面・接客の場が重視され、そうした場では人の位置、配置は室構成、空間構成がその決定の重要な要素となった。身分、あるいはその上・下による位置関係の明示は封建体制にとって重要な課題であった。それを書院造は、室礼のない目に見える拡がりの中で床、上段、中段、下段（図12-1、図13-1）などさまざまに空間へと定着していった。

庭（外部空間）に接した、その室礼のない対面・接客の場を明るく照らしたのはやはり横からの光であった。寝殿造から書院造への変化は、目に見えにくい空間から対面・接客の場における目に明らかに配置の見渡せる、明るく、明快で透明な空間への変化であった。それは女の空間（貴族の時代）から男の空間（武家の時代）への変化でもあった。

書院造は武士の時代の住宅建築である。寝殿造と同じに横からの光が庭から室内に入るが、入る方向が限定される。飾る壁面（床《とこ》など）ができたことによってその方向からの光は塞がれ、内部空間に強い方向性があらわれた。建築物が光を意図的に絞り、絞られた方向からの光が室内空間に空間的特性を与えた。建築において光への設計者の意図が明確にあらわれてきたことを意味する。

書院造では庭と接して接客・対面の場（室）が並び、地位の上・下の位置関係も庭と接し平行する。光はその上・下関係に対し横（庭）から直角に入ってくる。室内の上・下関係、空間性において光に対する左右対称性を喪失する。横からの光によって室内空間、上・下関係が人に曝され見られてゆく。

つまり寝殿造においては主に光の入ってくる方向に対し正面から空間を利用する方法であったものが、書院造において武士達は庭という光の入ってくる方向と平行に並び、室並び、つまり一の間―二の間、上座の間―次の間、上段―下段といった関係が奥（上位）に向かって序列化、配置された（図12–1、図13–1）。寝殿造の構成が徹底して変革されたのである。

○仏教寺院建築における母屋・庇・基壇・庭構成

仏教寺院建築における金堂（本堂）の間面記法も母屋・庇構成で表記されることに変わりはない。寝殿造（住まい）の構成では母屋・庇・簀子・庭構成（図11–3）となるが、寺院建築では床が土間の建物が多く、その場合、図の簀子部分は基壇となり、母屋・庇・基壇・庭構成となる。

母屋に本尊が安置され、そこが中心空間となり、その寺院の伽藍《がらん》（建築物）配置の中心であり最も奥となる。中心と奥とが重なる。宗教建築空間の一つの特徴である。ほとんどが母屋に直射自然光を入れない構成をとる。

母屋が庇に囲われる。この母屋・庇構成は本尊など動かない宗教的中心物がある時、金堂

（本堂）という一つの建物の中で完結する平面構成であり空間構成となる。間面記法はその特性を的確に表している。間面記法は中心をとらえる表現（記法）でもある。

金堂（本堂）では母屋に本尊が安置されることで、空間的に本尊が闇とかかわることになる。母屋は庇に囲われ外部と接しないからである。母屋に外光が直接入ることがない。ただし本尊が闇の中で光り輝き、闇を背景としたその姿が参拝者をとらえ、その意識を照らすことになる。

そうした材料や仕上げが選ばれる。仏像の金色仕上げなどは闇とかかわる中でその存在性を発揮する。わずかな光で輝きをにじませる金や漆塗りや貝殻（螺鈿《らでん》）など、さまざまな材料が使われる。玉虫厨子（七世紀、飛鳥時代、法隆寺蔵）では玉虫つまり生物の翅が使われている。透かし彫りの金銅金具の下で赤と緑の金属的光沢を放つ縞模様が闇の中でわずかな光に輝きを変化させる。わずかな光であるから、闇であるから、複雑な変化をする、見えてくる。それが日本の空間、囲われ、天井を高く抱える母屋などにおける見えること、見え方ではないか。

中心部を闇に導くことでこうした材料でつくられたものが強い表現力をあらわし、意味性が込められる。

母屋に外光、外気、人の視線が直接入ることはない。[*1] しかしそれに革新的な平面構成を工夫したのが唐招提寺金堂（七五九鑑真・開基、七七〇年代？造営、図11-1）である。[*2] 光の入らない闇の母屋に直接、自然光を入れた。正面庇（南庇）を開放、列柱廊（ピロティ）として母屋の南面に直接開口部（連子窓）を設け、母屋を直接、外光、外気に曝した。寺院建築金堂（本堂）の母屋を外部から直接見せる空間としたのである。

＊1　本尊が安置された堂内また母屋は神聖な場所であった。初期の仏堂においては、堂内あるいは母屋が壁、扉で閉鎖されたものがある。その場合、儀式は外でなされたと考えられている。（『日本建築史基礎資料集成4 仏堂1』編集責任者・太田博太郎、中央公論美術出版）参照。

＊2　唐招提寺金堂については拙書『日本建築空間史―中心と奥』（鹿島出版会、二〇一六）の第十章「中心性から奥性へ」の「唐招提寺における中心性―中心への光」の項に詳述している。

唐招提寺金堂は建物四周に壁がないこと、正面（南面）以外の三面（東・西・北）に北面一箇所板扉がある以外すべての間口を連子窓にして光（横からの光）、視線を透過させていることも、この建物に透明感の表われる理由である。つまりそこには四方が透けた庇に曝され母屋があった。さまざまな透明性のディテール、グラデーションにあふれた革新的な中心性である。本尊（仏）が万民を受け入れる空間構成、その形でもある。

しかしここでも母屋北側に来迎壁があり裏の北庇は連子窓からの光で闇とはならないが空白の空間となる。空白が支えている。

近似した平面に興福寺東金堂《とうこんどう》（一四一五再建、図11-5）がある。これも前面柱間一間を列柱廊（ピロティ）としているが、その両端部が壁で塞がれている。そのことによってピロティに開放性もあるが、方向を限られ正面性の強い表現となっている。その壁は、中心建物である本尊を安置した金堂がもつ興福寺境内全体の伽藍配置の中心軸（南大門→中門→金堂）に横から向かい、中心軸の向かう方向性を強調する表現でもある（図21）。

つまり興福寺東金堂はこの寺全体の正面に対し横を向いていることになる。金堂（中金堂）がメインの堂である。

しかも東金堂は正面を除いた三方向は北面一箇所、扉がある以外すべて壁で閉じられている。唐招提寺金堂と光、外気、軸の扱いにおいて大きな違いがある。唐招提寺金堂、興福寺東金堂、共に五間四面の金堂で一見、似ているようだが全く異なる意図が表出されている。

○勧学院客殿の空白

勧学院は園城寺（三井寺）の子院の一つである。その中の勧学院客殿（一六〇〇、図12-1）は園城寺という広大な寺院境内（山）にあるが、客殿は接客用の建物であって平面形は住宅建築である書院造の建物（接客部分）に近い。勧学院客殿は大工伝書『匠明・殿屋集』（一六〇八）に描かれた「当代広間の図」（図12-2）に近く、光浄院客殿（一六〇一）は「昔主殿の図」（図13-2）に酷似している。

勧学院客殿平面の中心の空白は、寝殿造と書院造との間の限りなく近世に近い中間的な平面構成と思われるが、この中心の空白が強いメッセージを放っている。中心部を失ってゆく過程の構成をとる。

つまり寝殿造が次の空間形式を求めてゆく過程で勧学院客殿の中心にこうした空洞とも見える空間があらわれてくることが重要である。

この空間は、機能的には、寝む（休む）ことや着替え、控えなどさまざまな用途に使われたであろう。囲まれた四周の空間に対しさまざまな役割を担った結果、あまりの多用性が、機能性からはるかに遠ざかり空白に変質してゆく。

位置的には中心にありながらそこに向けて主要な儀式・行事や機能が働くのではなく、それらを支える従的な空間となってゆく。自然光や外気も直接入らない。

平安時代の寝殿造における母屋という中心空間が、その果てに空白化（空洞化）してゆくその象徴的な建物に見える。寝殿造の寝殿や対の母屋空間は、住空間であり、儀式・行事の

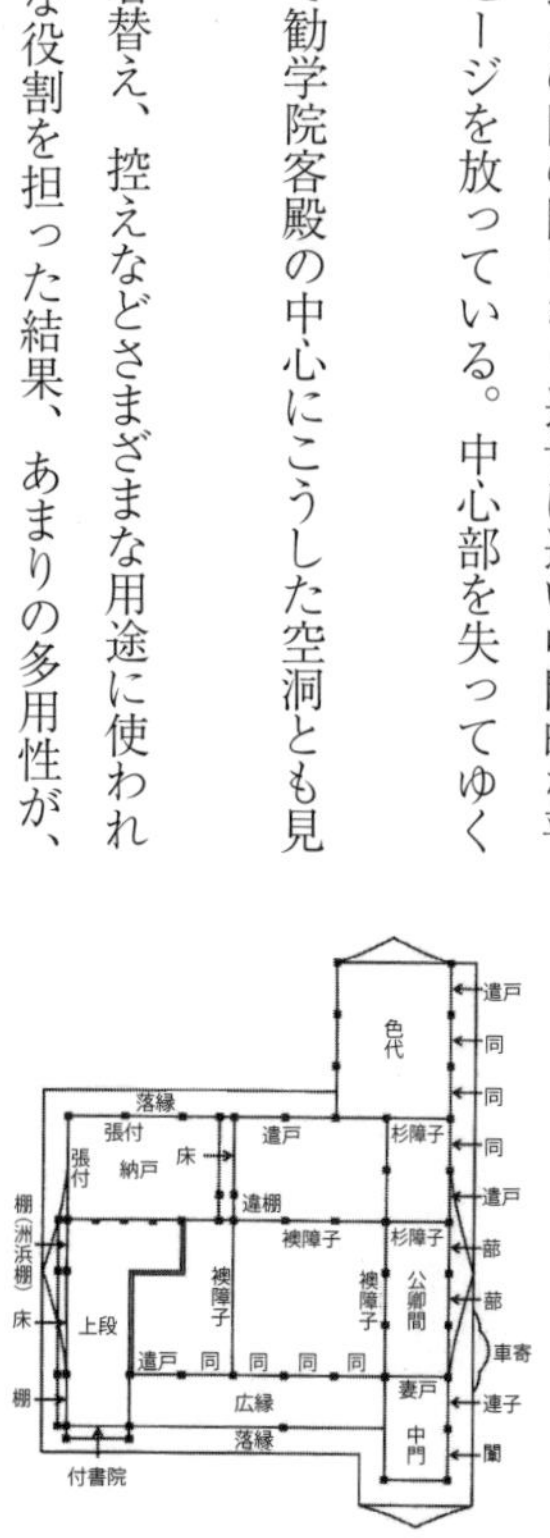

図13-2　昔主殿の図」（『匠明』「殿屋集」）作図

空間でもあったため次第に日常生活で使われることが減ってゆき空白化してゆく。

勧学院客殿が書院造として中途半端な感じを受けるのは、ほとんど同じ時期に建てられた光浄院客殿（一六〇一、図13-1）という書院造の完成された形が残っているため比較ができるからである。

しかも光浄院は同じ園城寺の子院であり、園城寺という同じ山の中に建っている。勧学院客殿→光浄院客殿という経過は寝殿造から書院造への最終過程にあらわれる中心の空白化でもある。それは寝殿造の母屋が喪失してゆく過程を象徴的にあらわしている。

母屋の喪失は間面記法の喪失でもある。間面記法は母屋を中心としたその母屋の間口、その母屋に取り付く庇の数を表していたからである。書院造は母屋を喪失し間面記法の「間《けん》」、「面《めん》」を記すことのできない平面構成をしている。間面《けんめん》記法では書院造の空間を表現できなくなったのである。

古代という時代の空間を測る方法は中世、近世の時代の空間を測る方法とはなり得なかった。ということは中心という概念も変化していったということだ。空間形成において「奥」あるいは上・下に関わる概念が強まってゆく。

母屋の喪失が古代・寝殿造から中世・書院造への決定的な変化であった。つまり貴族の時代から武士の時代への変化の空間的なあらわれである。勧学院客殿の中心にある空白はそれを形のうえで象徴的にあらわしている。

さらに勧学院も光浄院も園城寺の子院であり、その両客殿は園城寺という山の中に距離をおいて離れて建ち、その間に自然林など膨大な空白の土地が挟まれている。それはいわば園城寺という山全体を境内化してゆく過程にあらわれる。そのうえ、寝殿造から書院造への過程の象徴的な建物を含めて表現されている。つまりそこには空間ばかりではなく時間が表現されている。山に奥を求めることは空間性ばかりでなく時間性をも求めることになる。山に奥を形成してゆくことは時代を越えて進んでゆくからである。形の変化、形式の変化は時間を経てあらわれてくる。その結果は抽象的な時間化となる。

山は自然という空白を抱えるだけでなく、勧学院客殿という建物の中にもその中心的位置に空白を抱えている。外部空間にも内部空間にも空白を抱えているのである。つまり空白が重畳化している。法隆寺西院の建物（金堂、五重塔）と回廊内の庭における空間構成の仕方に通じるところがある。次章で記すが金堂、五重塔も内部空間に闇の空白をかかえている。

つまり建物だけの空間性を探るばかりでなく、廻りの空間構成、例えば古代仏教伽藍の建物・庭構成（母屋・庇・基壇・庭構成）、寝殿造の母屋・庇・簀子・庭構成、山（岳）伽藍における寺院建築群・山の構成、さらに広い場を含めて見てゆく必要がある。

我々は寺という山に外部からアプローチし道をたどり、建物や本堂（金堂）というその山の中心に近づいてゆく。山には空白の土地があちこちに拡がっており、むしろ空白の土地の方が多く、広く存在する。山はそうした自然という場所である。そこを通り、あるいは通り抜けてアプローチしてゆく。「奥」を重ねている。寺はその位置する山という空白を永代に渡って境内化してゆくのである。その山の中に、ある建物を建てることは新たにその奥や周りができることとである。

勧学院客殿内部にアプローチする時、観察者（viewer）にはその建物の平面は見えない。仕切りが重なり視界を塞ぐからである。この客殿の中心位置を占める空き間（中央の間とも九老の間とも呼ぶ）は観察者の意識にはあがってこない空き間、いわば裏である。

他人を入れる空間ではない。しかも自然光の入らない闇の空間である。四方の仕切りも襖障子で光を通さない。内法高さから天井までの間も欄間でなく小壁で塞がれている。しかしこの建物は逆から見ればこの空白という中心空間を介して拡がっている。この空き間は空白であることでその存在の意味性を深めている。空白が地とも図ともなって外部の庭や空白とも相関してゆく。

光浄院客殿（図13-1）の内部空間ではこうしたことは起こらない。どの室にも自然光、外気が入る。すべての空間が表向きに使われる。上段（の間）が形成される。上・下関係が建築空間化されているのである。中心性というよりも、強く「奥」が志向されている。寝殿造の寝殿、対とはまったく別の空間、形式である書院造が獲得されたのである。

勧学院客殿と異なり光浄院客殿は広縁及び広縁と中門廊がぶつかるところ（入隅）に柱が立たない斬新な構成となり庭への視界が柱の仕切りなしに広がる。[*1]

勧学院客殿と光浄院客殿の平面にはもう一つ大きな差がある。勧学院客殿は平面が三列配置[*2]で、間口、奥行共に三列構成であるが、南面一列目（最も重視された対面の場）の一番奥（西側）の上座一の間だけ南北方向、東西方向共に一間巾を、八尺一寸三・五分と広くとっている。しかしその次の間にあたる二の間では押板に向かう室間口は同じであるが、東西方向柱間を一間六尺五寸一・五分と上座一の間より狭くしている。

この上座一の間を建物東側の二の間から見ると、奥行方向が二の間と比べ深くなる構成をとっている。見え方においては上座一の間を引き寄せる。パースペクティブ（見え方）に変更あるいは強調を加えている。二の間から見れば上座一の間が広く見える見え方となる。ここでは「奥」がモデュールの差でも示されている。空間構成における操作性が高い。[*3]

＊1　拙書『日本の建築空間』（新風書房、一九九六）の「建築の空間構成〈園城寺光浄院客殿〉」の項、参照。

＊2　この室列の三列配置を異なる三組の接客で使われることは考えられない。各列へのサービス動線が限られること、音、気配が隣の列に伝わることからである。使ったとしても南列と北列で真ん中の列は使われないだろう。これも中列が空白となる。

＊3　さらに勧学院客殿を二の間から上座一の間を見るとき、その間《あいだ》の仕切りの内法高さから上が欄間となり視線、空気、光、音などが抜けてゆく。既述した中央の空白の間《ま》（九老の間）が四面小壁であったことに比べれば、二つの間《ま》の繋がりが重視されていることのあらわれである。光浄院客殿では次の間と上座の間の間《あいだ》が欄間であることはもちろん北側の間（十二畳）の間《あいだ》も欄間となっており、東・西ばかりでなく南・北の室への繋がりも求められている。

それが光浄院客殿では、平面は二列配置で東西方向、南北方向共に一間巾を六尺五寸二分というX方向Y方向共、均等なグリッド構成とし、全室が同じモデュールで構成されている。施工（工事）を含めた近世合理主義の表れであろう。上座の間と次の間そしてその他すべての室とモデュールを同じにし、柱間が均等に見える見え方が採られ、空間の連続性を高めている。

つまりグリッド（柱間）の大きさの差で空間操作をするのではなく、すべてを均等なグリッド構成の中で空間を捉えてゆこうとしている。一つの均質空間の発生である。勧学院客殿と光浄院客殿の間にはこの基準寸法をどうとらえるか、どう操作するかでも大きな違いがあらわれている。*4

時代が動き、空間表現も動いてゆく。

住まいにおいては寝殿造が減じてゆき書院造に取って代わられるが、寺院建築においては母屋・庇構成が変わらず続いてゆく。勧学院客殿も光浄院客殿も寺院境内の中で宗教空間というより僧侶の生活における接客空間である。書院造における接客部分にあたる。

*4　慈照寺東求堂、勧学院客殿、光浄院客殿におけるその他の空間の見え方の違いについては第四章「慈照寺東求堂の浮遊」の項でも触れる。

第三章　宗教建築における中心性と空白

○神社建築の内部空間
○仏教寺院建築における中心性
○法隆寺西院伽藍配置
○中心性と円―新薬師寺本堂
○奥の院という方法
○山
○伽藍の見え方
○Frozen《フローズン》 Music《ミュージック》（凍れる音楽）とVisible《ヴィジブル》 Music《ミュージック》（見える音楽、眼から聴く音楽）
○空白化という方法
○水田という景観
○奥と歌枕―『奥の細道』の意味すること
○山→羽黒山五重塔
○仏教寺院建築における空白
○中心の空洞化（空白化）
○無限、その形
○空間における平行性と中心性の違い―イスラム建築
○モスクの平行性とキリスト教会堂の求心性―メスキータ
○円空間―カルロス五世宮とパンテオン

法隆寺南大門より西院を望む

○神社建築の内部空間

寺院建築の金堂（本堂）の中心を占める本尊（仏像）と異なり、神社建築（正殿、本殿など）内部には何もなく空白のままである。場合によって自然物があったりする。自然光を建物内部に入れることは考えられていない。人に見せる空間ではない。内部全体が闇の空間であり、空白であり、空洞である。人が入る空間ではない。

そこに神はいない。何かが置かれていてもそれは依代《よりしろ》であって神ではない。神は呼ばれると、その時降臨しそこに宿るとされる。

現代住居では空いていればどこでも使われてしまうが、日本建築において神社建築本殿の内部空間こそ全体が空白であり、人はそこを使うどころかそこでは入ること、見ることが拒絶されている。そこには日本の神の存在のあり方が表現されている。空白と強く関わっている。言ってみれば神社建築には空白が存在しているのである。

『古事記』、『日本書紀』の冒頭ではなにもないところから天地や神があらわれてくる。それが日本の神のあらわれかたである。西欧の例えば『旧約聖書』冒頭に「はじめに神は天と地とを創造された」（日本聖書協会訳）とあるように、神は初めから、つまり『旧約聖書』に記される以前から存在していることと内容を異にする。

日本の神は形ではない。自然（物）であったりする。当初、神体はなく神の依代があり、それが後に神社建築の中に安置された、あるいは神体が先でそれを建物で囲ったと考えられている。山など囲いきれないものは遥拝するよう拝殿や鳥居がつくられた。

神はいつもそこにいるのではなく、祭事などの時にその場所にあらわれる（降神）のである。そのことが建物の内部空間に想定され、何もなかったり、依代があったりする。外部の自然が神体である場合もある。

現在でも土地に人の手が加えられる時、地鎮祭が行われる。その地の神を呼び出し（降神）、地をいじることに許しを請うのである。地を鎮めるため、四隅に柱（青竹）を立て、それらを注連縄《しめなわ》で囲って神域をつくり出し、その中で祭事が行われる。これも四本柱の空間である。一時的に神の降神する場をつくり出し、祭事が終われば（昇神）、除かれる。神は呼びよせなければ不在である。

神社、社《やしろ》の内部に何もないことは、元々、空洞、空白とされていたこと、つまり人間にはわからないままにしておいたと考えることができる。何もないことを内部空間に表現しているのである。そのことが神社建築の特性でもある。同じ信仰の対象であっても、寺院建築の本尊と異なり後代になっても神を見せることがなされなかった。

神社建築の内部は見せることがない。寺院の仏像や仏画のように人の手になる造形的、美術的につくりあげられたものと異なる。偶像崇拝という方法をとらなかった。

何もない空間は「奥」として扱われ、人に、公に見せられることがない。神社建築の内部はなにか人の手をつけられていない状態（intact）にあるように思える。人知が知らないもの、手の届かないものを知らないままにしておくあり方である。そうしたできるだけ人間の手を加えること、触れること、見ることを避けた空間づくりをしている。

基本的に人が入ること、触れること、見ることを禁じている。これは内部空間というより、禁域空間と呼べるものだ。空白である。何もない空間が「ある」ことが表現されている。

記紀においても最初に神々があらわれるのはなにもないところからであったり混沌からであったりする。神社建築は外観を見せるというより、発生の初源は何もない空白であるということを、その内部空間を存在させることで示しているのではなかろうか。つまり「ない」ことを形で示している。

一方、寺院建築の内部空間は人の手でつくられた本尊（仏像）という形のあるものを中心化するため、当初は隠されていたとしても手が加えられ次第に見せられ、人を内部空間に入れるようにまでなった。同じ宗教建築であっても神社建築と寺院建築の空間には大きな違いがある。

伊勢神宮では二十年ごとに建て替えが行われる。一つの目的は形をそのままに残すことだ。それゆえ、この形（唯一神明造）は一千年以上、そのままに残った。

神社建築の式年遷宮や造替を見ていると、神社建築はもともと呪術的な儀礼や祭りのために一時的につくられていたものが、固定化し造形化されていったように見える。それは柱を立てること、建物をつくることもあるが、その建てられる場に意味があり、聖なる土地（場）として認識させることが必要であったことを示している。柱を立てることでその場を顕示する。

造替《ぞうたい》の時、伊勢神宮では隣合って（図14）全く同じ建物が建ち上がり、同じ形式、形ができたことを確認し、その後、古い方の神殿が壊され取り除かれる。壊され除かれる行為は見せられることがない。建てることと壊され除去されることが同時に表現されている。全く同じ形のものの生と死の同時性である。ここでの死は絶えることではない。形の再生である。

造替にはそうした意味での生と死が表現されている。造替という日本独特の形式が神をあ

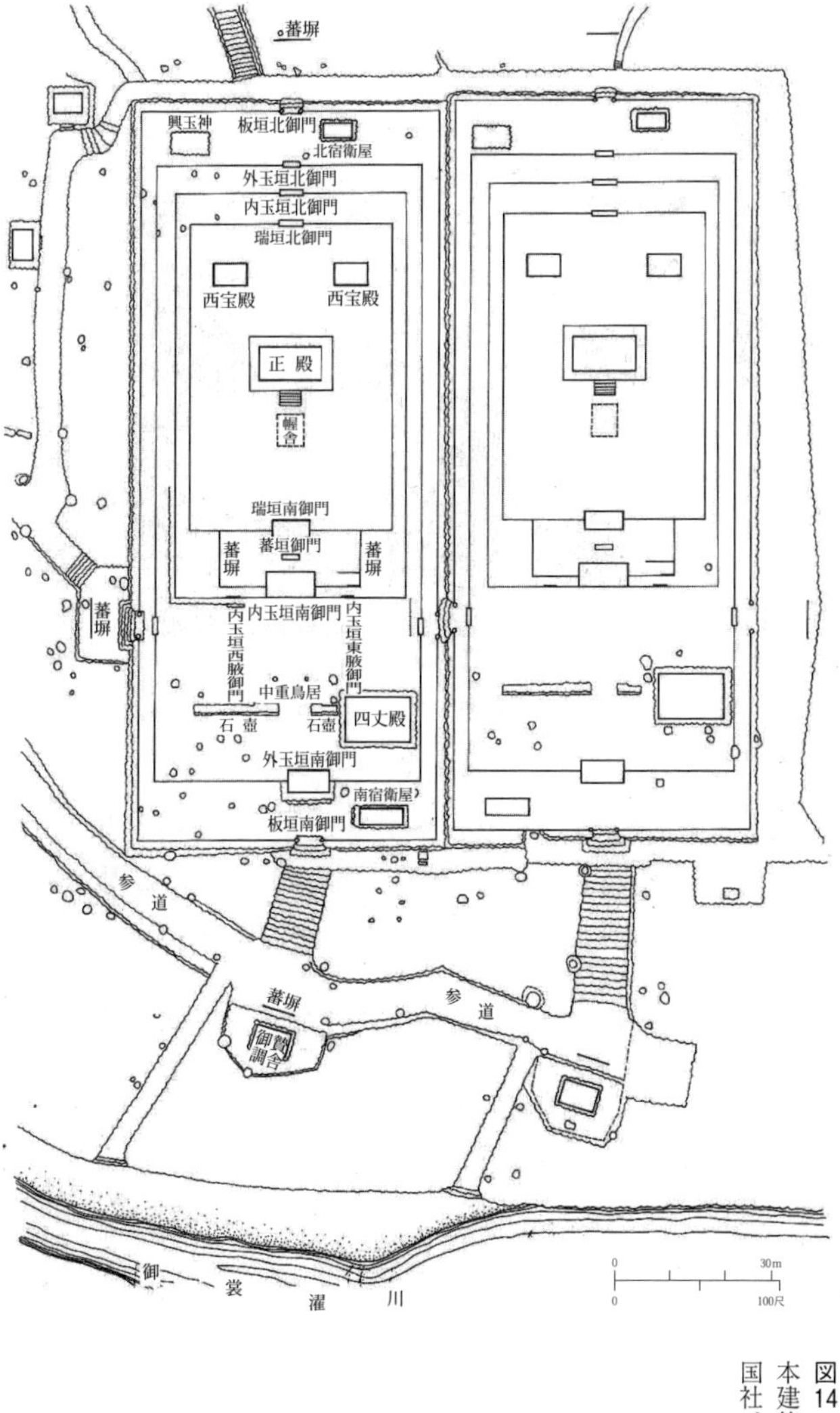

図14　伊勢神宮内宮正殿配置図（日本建築学会編『日本建築史図集』彰国社、一九八〇）

らわす形となる。形が重視されていたのである。

造替の時、伊勢神宮の二つの神社建築が並ぶさまを誰も見ることはできないが、二つの生と死に直面した空間があることを知ることになる。そして遷御の儀の後、一つだけ残される。ふたつ同じ形があることでそのあいだに全くの同一形による緊張が生まれ、古い方が壊されることで、「ある」ことと「ない」こと、その過程もそこに示される。ないこと、なくすことが意味をもたらすのである。新しい建物を建てること、再生もだが、そこに「ある」ことと「ない」ことを示すことがあらわれている。

伊勢神宮内宮の建物には、そこに「ある」ことと、土地はあるがそこに建物が「ない」ことが表現されている。全く同じ形が、一方が新しく建てられこれから存在してゆき、一方が取り壊されなくされることで、それぞれ別のものとして認識されている。「ある」ことと「ない」ことである。両方にあるのは土（土地）である。

壊された神殿の跡に残された裸の土地を見る時、この場を選んだこと、土地を見せることが意図されていたのを知る。そこには一本の心の御柱を囲う仮小屋（覆屋）だけがぽつんと建っている。他に建物は見あたらない。その他に見えるのは土（地）だけである。ここでも一本の柱と土が深く意識されている。

イザナギとイザナミが「國稚《くにわか》く浮きし脂《あぶら》の如《ごと》くして、海月《くらげ》なす漂へる時《とき》」の状態の時、最初に「この漂へる國を修《をさ》め理《つく》り固《かた》め成《な》せ」と天つ神々に言われ、つくり出した土地が「淤《お》能《の》碁呂島《ごろじま》」で、そこに最初に立てたのは一本の柱「天《あめ》の御柱《みはしら》」であった。それがここにイメージされているかは分からないが、土の上に柱が一本立つという初源が伊勢神宮内宮の取り壊された建物跡に示されている。

新しい方の建物は何重にも垣で囲われ隠されほとんど見ることはできない。

○仏教寺院建築における中心性

歴史をたどれば寺院の伽藍《がらん》（建築物）配置は、日本最初の本格的仏教寺院といわれる飛鳥

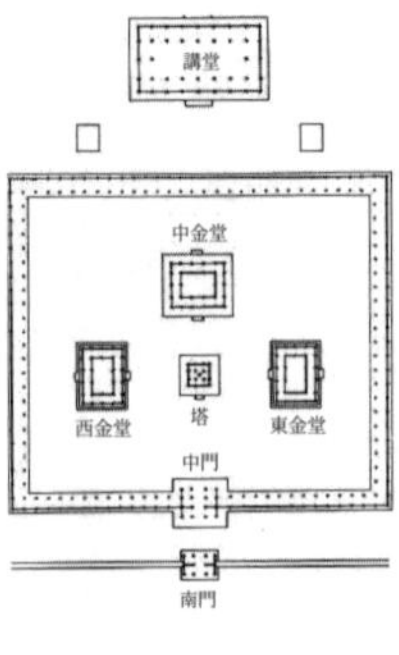

図15　飛鳥寺、五九六年（日本建築学会編『日本建築史図集』彰国社、一九八〇）

寺（図15）にあらわれる。その伽藍配置には、塔を三方から取り巻いている三つの金堂もあるが、その三金堂はみな塔の方を向いている。塔が中心であった。回廊内の位置的中心をも占める。五重塔というその高さが、人がつくった他の建造物に比べ圧倒的に越えていることが当時の人々に関心を呼んだと思われる。その高さゆえ、遠くから伽藍の存在、その位置を人々に知らしめた。

それが法隆寺（図16－1）に至ると、塔と金堂が共に正面を向き、礼拝軸に対し横一線に並び、中心性が二つの堂（塔、金堂）によってなされる。両者は高さも大きさも形も異なるのである。それは一つの堂によってなされた中心性とは意味を異にする。塔の中心軸と金堂の中心軸と二つの軸線が生じる。

初め、寺院伽藍においては塔が中心であった。それが次第に金堂の重要性が高まってくる。塔に納められた仏舎利が中心か、金堂に納められた本尊が中心か、つまり塔か、金堂か、によってなされてきた一つの堂による概念的中心性が二つの堂による中心性に変化したのである。

二つの中心があらわれてくる。その結果、中心については一点に向けての中心性ばかりでなく、そこに二元的、多元的な見方が求められていたことを知る。回廊に囲まれた矩形平面の庭に二焦点があらわれ空間を形成していた。その二焦点の間に距離（空白）が生じている。西欧バロックの楕円形における二焦点の構成が想い浮かぶ。

このことは塔（舎利）重視が金堂（本尊）重視へ向かってゆく過程に塔・金堂並列型があらわれたと見ることもできる。川原寺から始まり法隆寺西院にあらわれる。

ただし川原寺（図16－2）では、いまだ五重塔と西金堂が向かい合い、この寺の中心建物

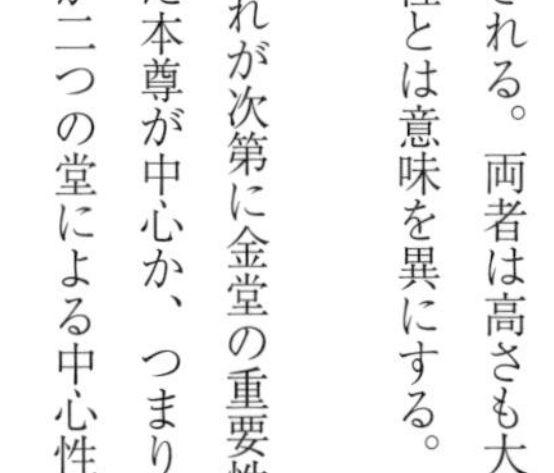

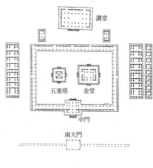

図16－1　法隆寺西院（建立当初の復原図）（日本建築学会編『日本建築史図集』彰国社、一九八〇）
法隆寺西院は建立当初、南大門は中門近くにあった（点線部分）。また回廊内には塔と金堂だけがあり講堂、鐘楼、経楼（経蔵）は回廊の外にあった（図23－1参照）。

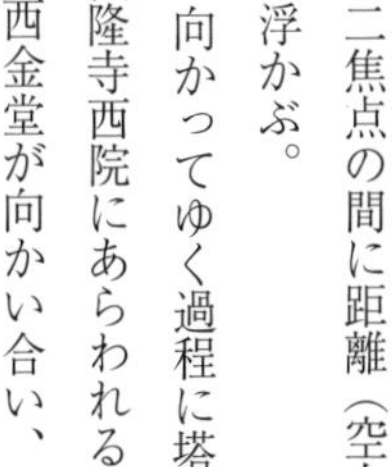

図16－2　川原寺、七世紀半ば（日本建築学会編『日本建築史図集』彰国社、一九八〇）

である中金堂を通る中心軸線方向を向いていて正面に対しては側面を見せている。それに較べ法隆寺西院内の金堂と塔は共に正面を向いて並立し、外部に向かっても正面性を見せて新たな空間性を獲得している。そしてそのことは二つの建物の間に空白が挟まれ提示されているということでもある。

それら塔、金堂が並び建つ伽藍配置を実際に見た時、当時の人々に塔重視から金堂重視への過程とだけとらえられたのではなく、強い印象を与えたと考えられる。二つの際立つシンボルであり、五重（塔）と二重（金堂）の見え方、高さ、ヴォリューム（量感）、形の違いによる新たな空間的バランスである（図17）。完全な左右対称ではなく、高さもヴォリュームも異なる二つの建物が形成するバランスである。こうした左右対称ではないバランス感覚を日本人は古代から醸成させてゆく。[*1]

中心性において、中心という位置とアプローチに見える見え方が感受されてゆく。[*2]

それまで概念と形の見え方は同じでなければならなかった。しかし概念という考え方と見え方に違いが表れたのである。法隆寺西院の造形はそうした意味でも一つの起点である。中心という概念に日本の新たな視点を与えたのである。そうした複眼的、多視点的な視点を受け入れたのだ。

インドから中国、朝鮮半島を経由して日本に伝来した寺院建築は当初、その造形において中心は一つであった。寺院とは仏教の中心であり、その中心は一つであらなければならなかった。「仏」（仏陀）である。それが舎利（釈迦の骨）であろうと仏像（本尊）であろうと、である。中心一点が志向される。文化を外から移入することで、初期には概念と形が直接的に結び付けられ造形化されていた。伽藍配置が重視された。

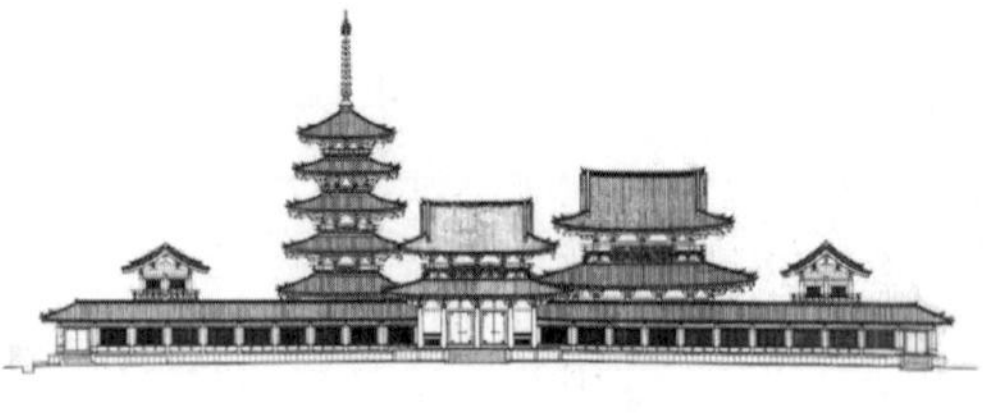

図17　法隆寺西院立面図（日本建築学会編『日本建築史図集』彰国社、一九八〇）

＊1　左右対称が徹底して破られてゆくのが近世、草庵茶室の空間である。

＊2　古代の寺院の伽藍配置及びその変遷については拙書『日本建築空間史―中心と奥』（鹿島出版会、二〇一六）の第三章「寺院建築における伽藍配置の変遷」及び第四章「寺院建築の中心性」に詳述している。

さらに概念としての中心と平面配置における中心とが一致していた時代から、二つの中心ができることを許容してゆく考え方が生まれ、それが空間、形としても意味性や造形性を深めてきた。日本のバランス感覚があらわれてきたのである。高度に発展した文化をもつ大陸からの形から「和」の日本の方向が結果としてつくられてゆく。

一方、寺院建築の内部空間には、法隆寺金堂及び五重塔の二重以上に空洞、闇の空白があった（**図18**）。他の寺院建築でも同様のことがなされている。*3 中心性と空白が同時に表現されている。つまり舎利（五重塔）と本尊（金堂）という主要信仰対象が寺院伽藍において共に中心に空白を負って配されているのである。金堂の場合は上部と母屋背後（北庇）に空白を負うことになる。空白に挟まれ中心が成立している。五重塔では二重以上五重まで内部は

＊3　金峰山寺《きんぷせんじ》本堂（蔵王堂、一五八八年再建、図20）は二重目すべてが巨大な小屋裏（天井裏）という空洞である。拙書『日本建築空間史―中心と奥』（鹿島出版会、二〇一六）の第七章「金峰山寺本堂」の項、参照。

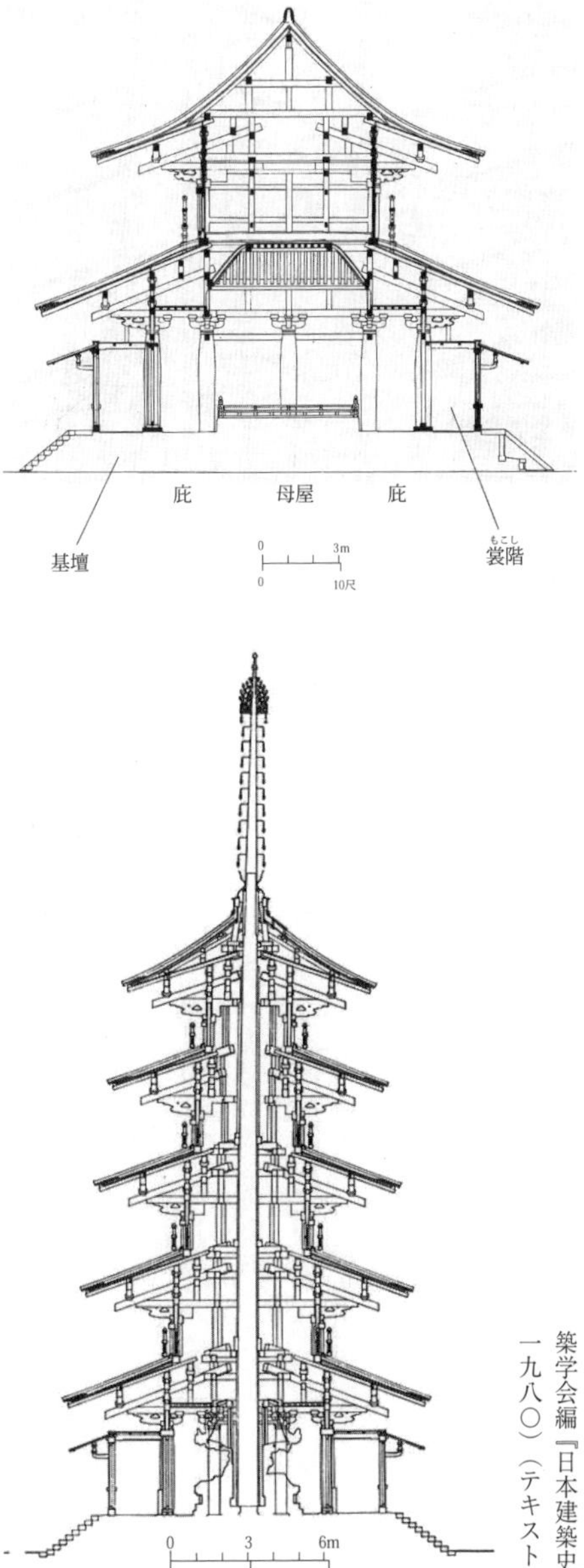

図18　法隆寺金堂断面図（六七〇以降）、法隆寺五重塔断面図（日本建築学会編『日本建築史図集』彰国社、一九八〇）（テキスト加筆）

床のない空洞である。

　このことは逆から見れば空洞の中に、あるいは空洞を含んで仏舎利や本尊が安置されているという見方が可能である。後記するが庭にも空白を抱えている。

　鎌倉時代、仏教建築にあらわれる大仏様《だいぶつよう》（図19）は、構造、外観、内部空間をすべて露出させ内部にこの空洞、空白をなくしている。それまでの日本の仏教建築の表現と較べ革新的な表現形式であった。すべてを見せて、それを方法としている。あえて言えば、近代建築が様式主義に対してとった方法の革新性に匹敵する。

　しかしこの合理主義的な大仏様は日本に拡がらず和様、折衷様が拡がってゆく。つまり和様という闇（空白）を温存する方法が残ってゆく。和様は闇（空白）を継承してゆく方法でもあった。それだけにこの空白を含めた日本の空間を注視する必要がある。

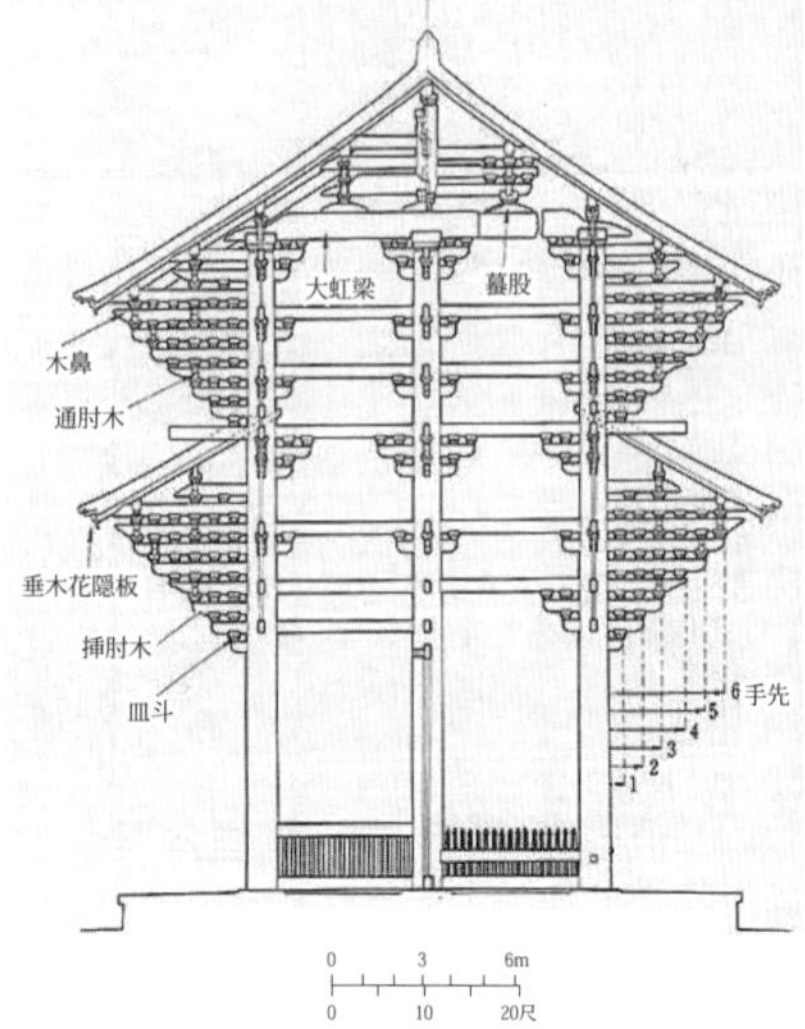

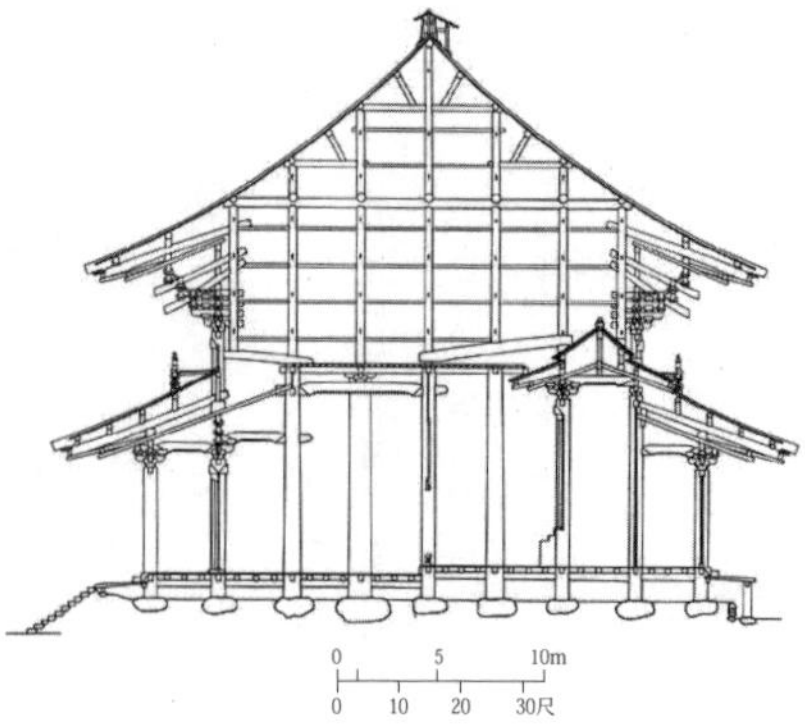

図19　東大寺南大門断面図、一一九九年（日本建築学会編『日本建築史図集』彰国社、一九八〇）

図20　金峰山寺本堂、一五八八年再建（蔵王堂）断面図（日本建築学会編『日本建築史図集』彰国社、一九八〇）

空間をつくり出すことにおいて、空白をかかえて表現することがさまざまなレベルでなされていた。

○法隆寺西院伽藍配置

仏教伝来当初（仏教公伝、五三八？）の寺院伽藍は、その空間性よりもその主要建物の配置、外観に力点が置かれていた。その配置がもたらす空間性は、仏教理念をあらわすのに完全ではなく空白をいくつもかかえていた。別の言い方をすれば空白を包含しながら完全性を求めていたのではないか。

後の平安時代にあらわれる曼荼羅《まんだら》図が表す完成度と比較すればその差がうかがえる。ただし建築は三次元空間（建築空間）であり曼荼羅は二次元平面に表現される、いわば絵画であることで大きな違いがある。建築空間は現実に地上に建つ物であるから、その位置、建物と庭の配置、さまざまな方向性、大きさ、高さ、取り合い、納まりなどが発生するからである。そのうえで理念が形成される。

法隆寺西院伽藍配置における見え方についても当初の南大門の位置では参道をアプローチする参拝者にとって南大門自体が視界の邪魔をし、中門以内の西院の建物（金堂、五重塔）をほとんど見ることができない（図16-1、図23-1〈断面図〉）。近づけば近づくほどその当初の南大門自体に視線を阻まれ回廊内の建物は見えなくなってゆく。つまり見え方、空間性が充分には考慮されていない。*1

既述したように法隆寺金堂では中心空間である母屋に安置された本尊の真上である二重目

＊1　法隆寺西院及びその他の古代寺院伽藍の見え方については拙論・博士論文「『源氏物語』における寝殿造住宅の空間的性質に関する研究」（東北大学、二〇〇一）第四章「日本建築が生成する空間領域」、及び拙書『日本建築空間史—中心と奥』（鹿島出版会、二〇一六）の第三章「寺院建築における伽藍配置の変遷」に詳しく触れている。

全体に暗闇（空洞）を抱えている。一階の母屋に当たる部分の上部全体が空白である。つまり空白と一体化して金堂という建築単体の空間が構成されている（図18）。それは外観の見え方と内部空間の見え方が異なることを意味している。法隆寺金堂、五重塔においてそれは後に述べるドームの二重殻とは異なるが内部を見る眼と外観を見る眼と見え方の違いを表現していることでは同じである。

現在、法隆寺西院へアプローチしていくと、見える外観は金堂、五重塔共に、見えるとしても回廊に見切られた二重以上の層（図23-1、図26-2）である。しかもそこに見える部分の内部は両者共に空洞である。つまり外部からは金堂、五重塔共、空洞を抱えた層（二重以上）の外観しか見えていない。本尊、舎利を抱えた一重は回廊によって見えないよう隠されている。中心（本尊、舎利）の位置を外部から直接見えないように意図的に配置、構成していることが考えられる。創建当初は南大門が中門近くに位置し西院内をさらに見えにくくさせていた。

「仏教寺院建築における空白」の項で後記する庭という外部空間にも空白をかかえ、庭と建物内部、両方に空白をかかえている。回廊に囲われた古代寺院伽藍に表現されているのは、時間が経つにつれ加えられていく表現ではなく、始めにその地に世界が、理念が印《しる》されていることである。仏教伝来後、初めて建築空間としてその理念を示すことが求められていたのである。

当初の法隆寺西院伽藍配置（図16-1）では金堂と五重塔の前・後の庭の奥行は前庭の方が後ろの庭に較べわずかに（約五～六メートルほど）広いだけである。金堂、塔と二焦点であってもそこが中心であり最も奥である。位置的にも中心を占めている。中心と奥とが重なっている。

しかし後ろの庭は空白である。金堂内も本尊の後ろの北庇からは諸仏が背面を見せており空白の空間である。その方向から参拝されることは考えられていない。正面性が非常に強いのである。二重目は全体が空白である。床すらない。つまり人が入ること、使うことが考えられていない。幾重にも空白をかかえることになる。

宗教行事を考えれば、儀式・行事において本尊に正面から向くことが必要であり、前庭が後ろの庭よりはるかに広い方がその機能（用法）にかなっている。法隆寺西院はそうなってはいない。つまり用法が表現されていたのではなく、そこに理念が表出されていたのである。

創建当初、法隆寺西院の背面回廊は講堂を切り離し閉じており（図16-1）、金堂の前庭と後庭の奥行は、既述したように前庭が少し広いだけであった。背面回廊に門はなく、正面側にだけ門（中門）があり、その中門平面が桁行四間、梁行（奥行）三間と中庭側に突き出しているため金堂、五重塔の前面の庭が狭められ、そこから測れば前庭と後庭はほとんど同じ奥行（距離）である。[*2]

宗教理念を伽藍配置に表現することを考えれば主要建物（金堂、五重塔）は回廊に囲われた庭の中の中心を占めることが必要であったと考えられる。つまり回廊に囲まれた空白の中心に位置することが重要であった。宗教儀式・行事における使い勝手（用法）を考えてのことではない。

回廊に囲われた矩形の庭全体は仏教を表現する概念としての空白であった。図や文字を描く（書く）時の白紙にあたる。そこに舎利（五重塔）と本尊（金堂）とが配置される。機能性（便利さ）より宗教理念が優先したのである。

＊2　中門、回廊は儀式・行事の時、人が座す場所でもあったと考えられている。中門の奥行（梁行）三間の内、一間分は回廊よりも出っ張り金堂、五重塔の前庭がその分、狭められる（図16-1）。

興福寺（図21）や東大寺（図22）になると金堂前全面が金堂だけの前庭となる。その庭に建物は建たない。明らかに金堂が中心である。塔は回廊の外に出されてしまう。回廊が金堂とつながり、前庭全面が主要建築物である金堂に向かうことになる。すべての儀式・行事が正面から拝される。儀式・行事に対しては優れて機能的である。反対に建物配置による理念や概念の表出が弱められる。

法隆寺西院において、既述したように当初は回廊の中に金堂と五重塔が囲われている姿であった（図16－1）。それが、後に（現状では）、回廊北側外にある講堂まで回廊をのばして取り込んだ（図23－1）。当初の配置では実際の儀式・行事に使い勝手が悪かったからであろう。金堂、五重塔それぞれの前庭が狭いのである。前庭だけでは多くの人々を回廊内に入れる儀式・行事に対応できない。儀式・行事における機能性から改造した。逆に言えば当初の

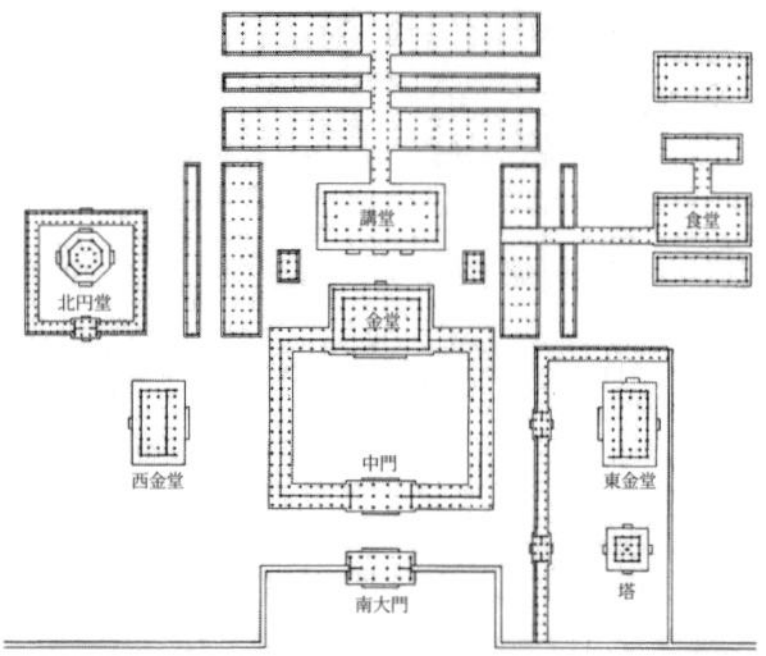

図21　興福寺平面図、七一〇年～（日本建築学会編『日本建築史図集』彰国社、一九八〇）

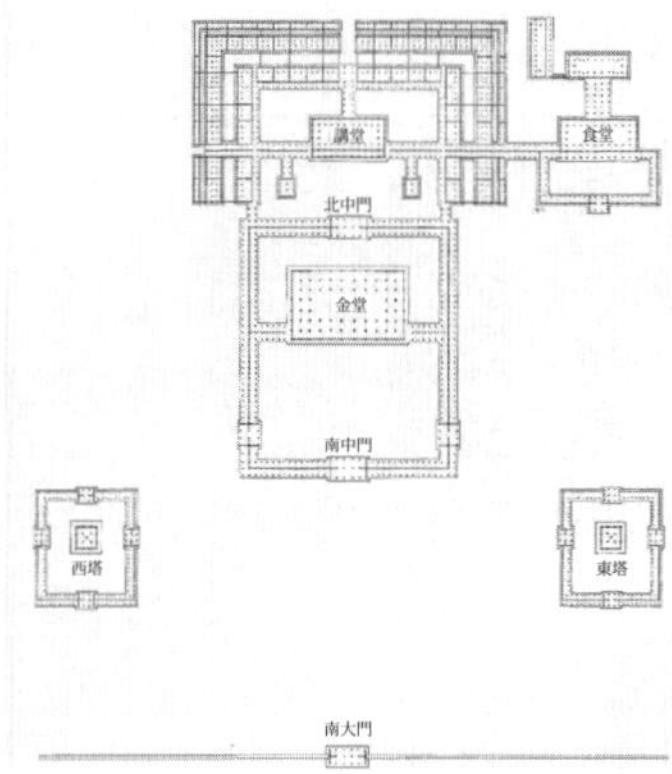

図22　東大寺、奈良時代（日本建築学会編『日本建築史図集』彰国社、一九八〇）

図23－1　法隆寺西院現状　平面図、断面図

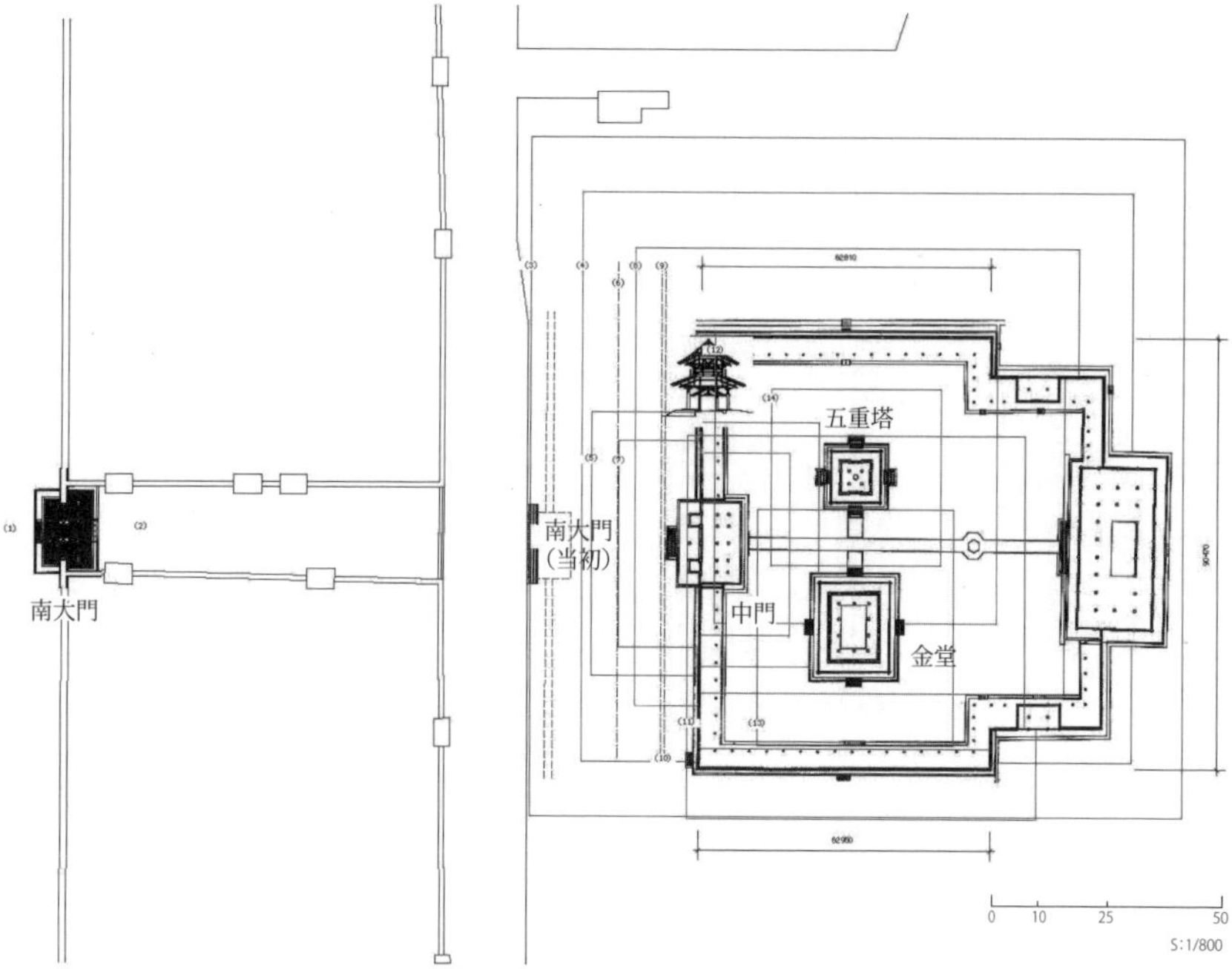
南大門
南大門
(当初)
五重塔
中門
金堂
0 10 25 50
S：1/800

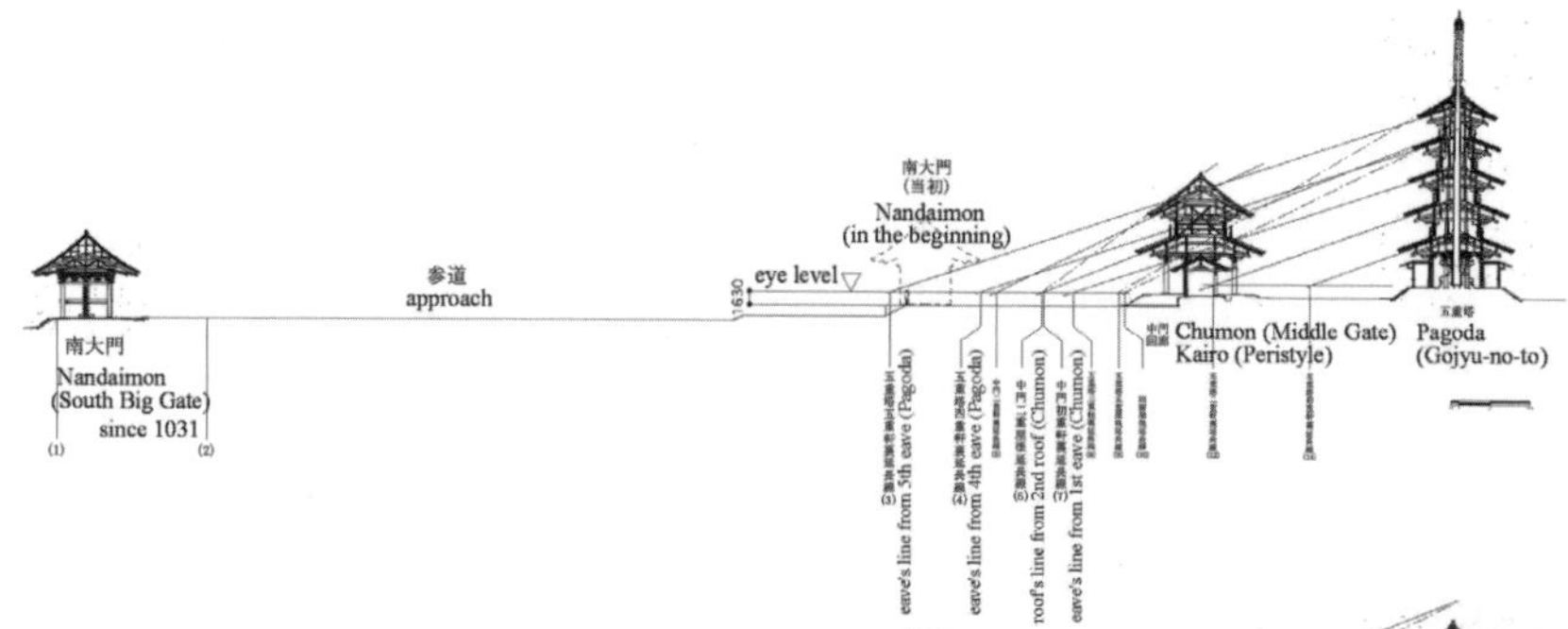
南大門
(当初)
Nandaimon
(in the beginning)
eye level
1630
参道
approach
南大門
Nandaimon
(South Big Gate)
since 1031
Chumon (Middle Gate)
Kairo (Peristyle)
Pagoda
(Gojyu-no-to)
eave's line from 5th eave (Pagoda)
eave's line from 4th eave (Pagoda)
roof's line from 2nd roof (Chumon)
eave's line from 1st eave (Chumon)

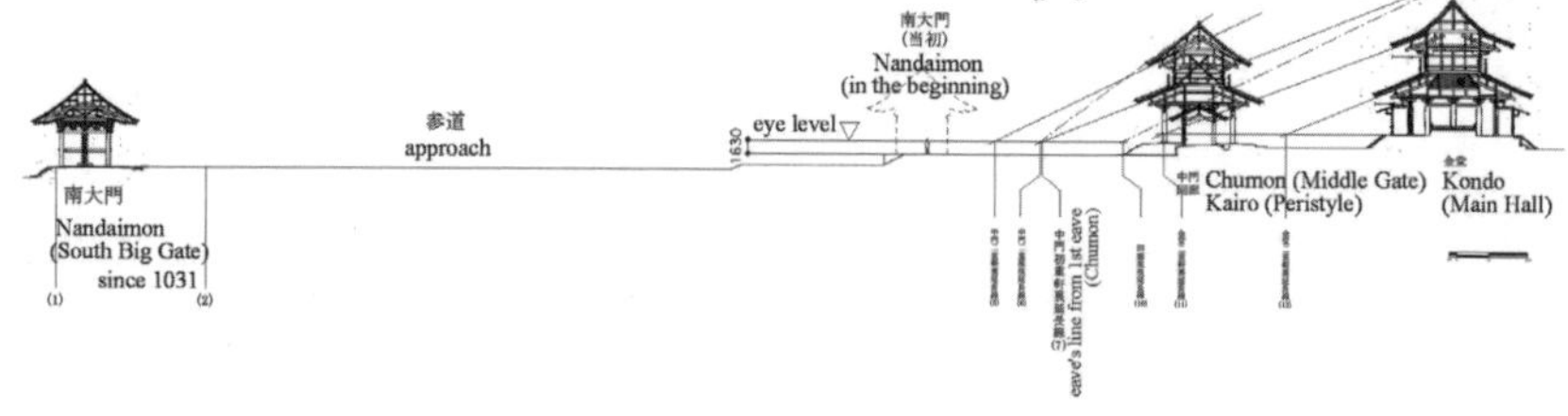
南大門
(当初)
Nandaimon
(in the beginning)
eye level
1630
参道
approach
南大門
Nandaimon
(South Big Gate)
since 1031
Chumon (Middle Gate)
Kairo (Peristyle)
Kondo
(Main Hall)
eave's line from 1st eave
(Chumon)

平面構成は宗教理念に忠実であることを志向していたことになる。

現状の法隆寺西院伽藍配置（図23−1）では、裏の庭は広がり、多くの参拝者を収容でき、歌舞などさまざまな行事にも実際に使われているが、そこからは金堂、五重塔の裏側を拝することになる。本尊、仏舎利の背中側である。参拝者はむしろ講堂側を向くことになる。理念は後退する。

しかし奥は必ずしも中心に位置するわけではない。都城においても平城京、平安京（図23−2）の中の中心ゾーンである平城宮、平安宮（大内裏）は南北中心軸線（朱雀大路）の先にあるが、そこは位置的には平城京、平安京の北端であって位置的な中心ではない。この北端側が攻撃されれば大内裏の中の内裏（天皇の住まい）はひとたまりもない。ここでの場づくりは戦いの砦（城）づくりとは異なるのである。つまりここには中心性も軸線（南北軸）

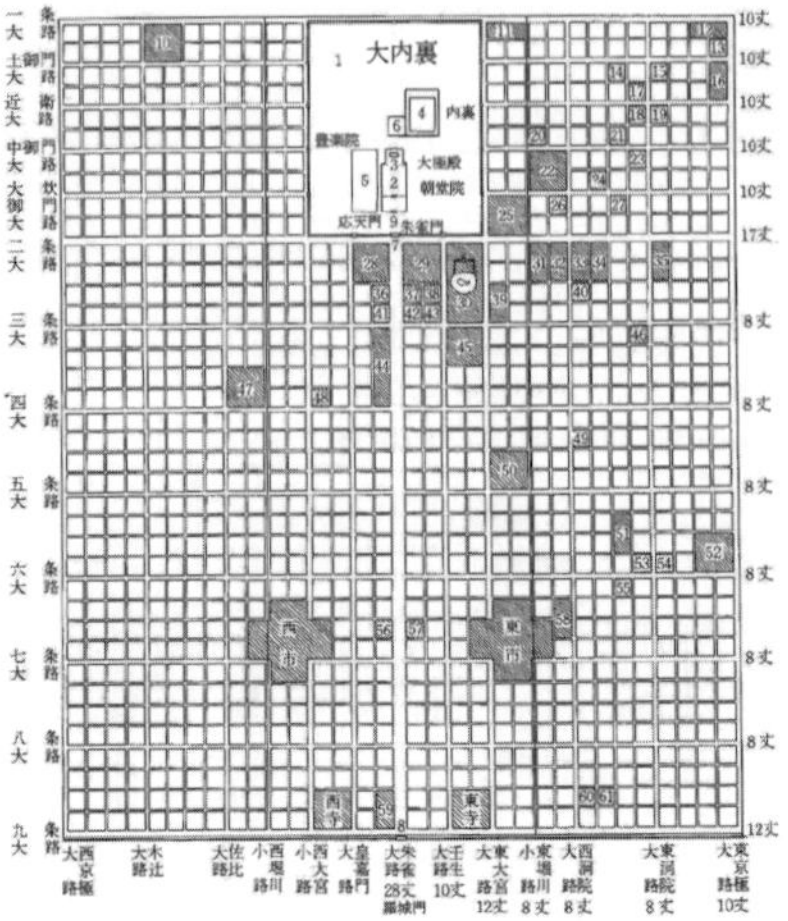

図23−2　平安京（日本建築学会編『日本建築史図集』彰国社、一九八〇）

としてはあるが、配置的には奥性が求められている。位置的にも中心軸線の一番遠いところにある奥が平安京の中心となる。ここには奥が中心として表現されている。

○中心性と円――新薬師寺本堂

母屋・庇構成を中心性として徹底的に利用している例がある。新薬師寺本堂（七四七?、図24―1、奈良市）である。

本堂の円形須弥壇《しゅみだん》上の仏像（十二神将）を、この円周に沿って並べ、この堂の中心である本尊（木像薬師如来座像）への強い意図性をあらわしている。本尊のみはこの本堂の礼拝軸の正面を向いているが、その他の仏像（塑造十二神将立像）は本尊を中心にして放射状に外

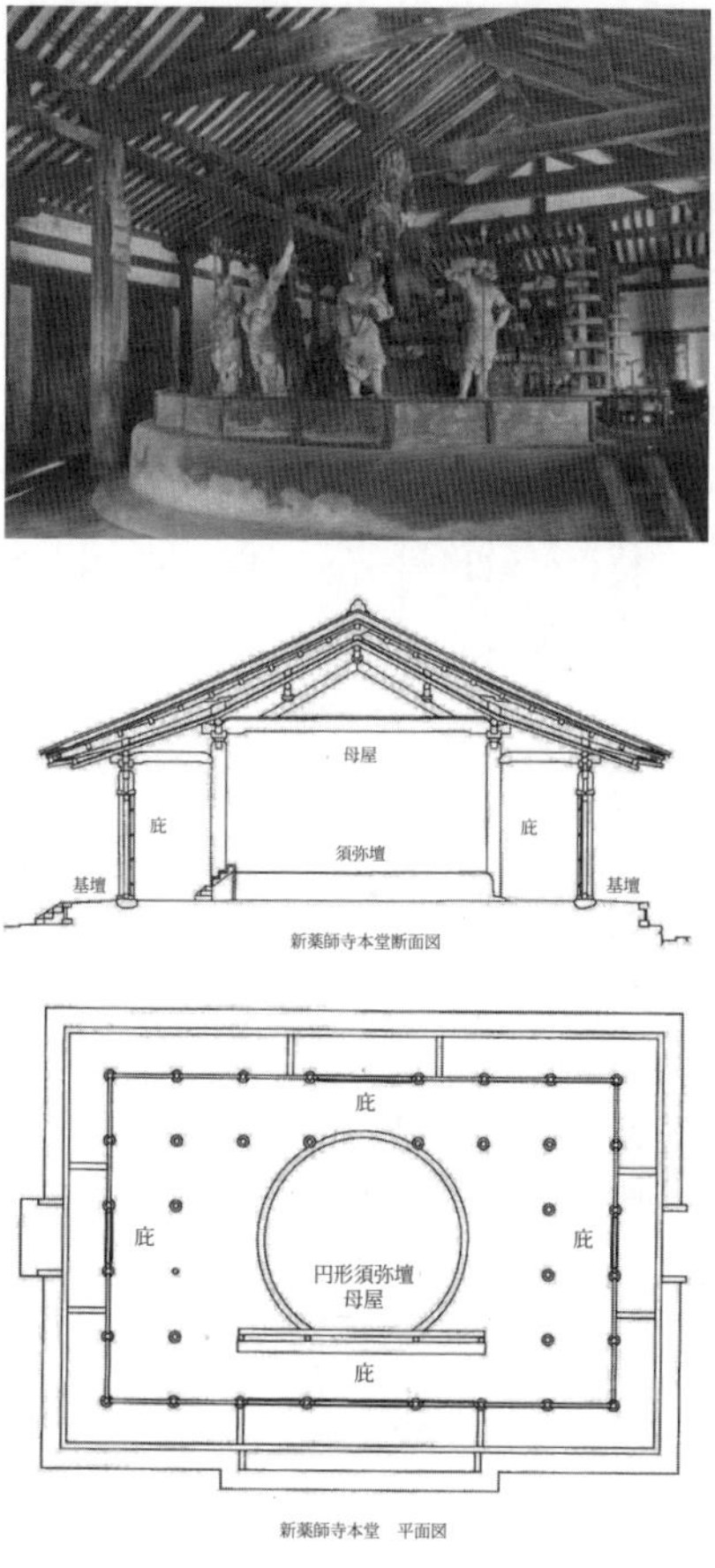

図24―1　新薬師寺本堂（天平十九年、七四七）内部、断面図（日本建築学会編『日本建築史図集』彰国社、一九八〇）（テキスト加筆）、平面図（作図）

側を向いている。日本の寺院建築の金堂（本堂）に円形を取り入れることは少ない。[*1]

むしろ本尊を安置する母屋の正面後ろを来迎壁とし閉じてしまい、その来迎壁の後ろ（北庇）が造形的にも「奥」ではなく裏（空白）として扱われている場合が多い（図11-1）。その場合、礼拝軸を受けた来迎壁の裏の空白が中心性、正面性を支えている。

来迎壁の後ろに北庇という空白空間をもつ金堂形式（例えば唐招提寺金堂、図11-1）の内部空間と較べると、新薬師寺本堂の内部空間は何重にも重ねられた強い求心的中心性をもつ。一方、来迎壁をもつ空間は正面性の強い空間となる。

新薬師寺本堂に来迎壁はなく、堂内全体の一体感は圧倒的である。しかも正面間口（五間）も側面奥行間口（三間）も奇数間であり共に中心軸をもつ交差軸を形成している。円形の須弥壇と合わせて参拝者に回転する動きを誘う。また中心の本尊に参拝者の意識を向けさせる。円形の須弥壇をいれることで中心空間に東・西・南・北の庇をも取り込んで一室空間とした一体感を表出している。それは母屋・庇構成を取りながら母屋の中心性を大いに高める方法であった。

寺院建築や寝殿造においては普通、正面と側面が明確に差を付けられている。間口は広く奥行はそれより浅い構成がとられる。[*2] 普通は正面が奇数間で側面が偶数間となっている（図11-1、図11-5、図16-1、図16-2、図21）。特に母屋は間口が奇数間で、奥行が二間の偶数間であることが多いから母屋を横から見ると真ん中に柱が建ち本尊の見え方の邪魔をする。そのことは母屋において正面という捉え方が重視されていたことを意味する。意図的に側面を偶数間とすることで横からの本尊への視線を遮り正面性に集中させている。

新薬師寺本堂の母屋の奥行方向が奇数間（三間）であることは、偶数間であった場合、柱

＊1　後記する浄土寺浄土堂も母屋内を円形須弥壇で形成され、母屋・庇が一体となった空間性を表現している。

＊2　ヨーロッパのキリスト教会堂建築では中心部（祭壇）に向かって奥行の深い構成をとる。

が真ん中に立ってしまい本尊の見え方が柱によって遮られてしまうため、そのことを慎重に避ける考慮がなされた結果であろう。

　また、この建物はX方向柱間、Y方向柱間共、基本は九・八五尺だが正面中央間口（中心軸）だけ一五・七五尺とかなり他より広くとっている。正面からの中心性を強調する意図を見て取ることができる。それが内部の円形須弥壇の中心性を意味づけ、外観にも生かしている。

　日本では円形を取り入れること自体少ない。円は全方向を向いている。しかも中心は一つである。それだけ平面的にも立面的にも円をつくることには意図性が強く表われる。相撲の土俵上、また多宝塔も正方形と円形が中心を共有している。

　西欧、西アジアには円（球）が正方形を内接しさらにその正方形に円が内接してゆくペンデンティブドーム（図24－2）という空間構成の方法がある。これは構造的な構成法である。

　日本にはドームという内部空間はないと言ってよい。インド仏教のストゥーパ（墓）のような形や前方後円墳、円墳、土饅頭などはあるが、それらは墓でその内部に小さな石室はあ

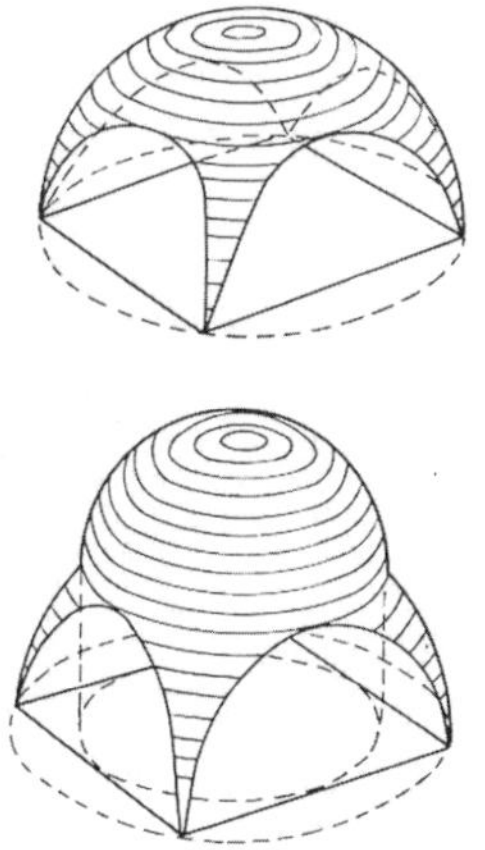

図24－2　ペンデンティブドーム
（日本建築学会編『西洋建築史図集』彰国社、一九八一）

っても西欧や西アジアのような巨大なドームで構成された内部空間はない。

相撲の土俵[*3]（図25―1）は、正方形（四本柱）の中に円があり、中心一点を共有する特性を有するが、円という土俵の中に相対する二人の力士という二つの動く焦点をもつことが特徴である。立ち合い前には二つの焦点（両力士）の間は空白であるが、立ち合えば両者合わせた、つまり組み合った一点の動く中心となる。二焦点の楕円とも異なる特性があらわれる。二焦点間がゼロとなる円という形は楕円の一つの特殊な形であるとも言える。それが土俵上での立ち合いで二人の力士（二焦点）が組み合い一焦点の円の基本にもどる。

土俵場に現在見られる両力士の前の二本の仕切り線は、かつて引かれていなかった。昭和に入った一九二八年（昭和三年）から引かれたといわれる。それまではなかったことになる。そこには見えない仕切りが形成されていたのである。二力士の間の距離（空白）は二人が見

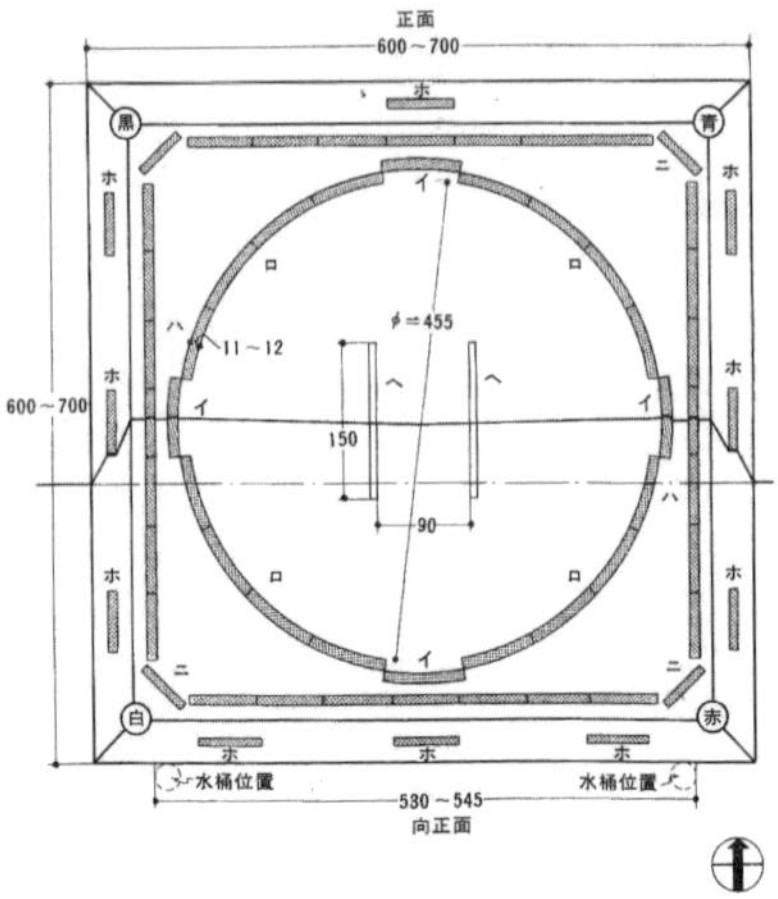

図25―1　相撲の土俵平面図（日本建築学会編『建築設計資料集成一』丸善、一九六四）

*3　土俵上の四本柱の空間については、拙書『日本建築空間史―中心と奥』（鹿島出版会、二〇一六）の第一章「竪穴住居」の「相撲の土俵―四本柱の空間」の項に詳述している。

合って、そうした意味では仕切り線と関わりなく立ち合いごとに両者が各々決めたのである。

この時の両者の間の空白の拡がり、距離には揺れるような感覚があって激しい緊張が生まれる。円の中心領域が揺らぐ。立ち合い前の緊張感である。空白が動き、力士二人にとっての戦う感覚(体感)の領域把握(結果としての距離、位置)がもたらされる。

仕切り線を引いたことは、相撲のスポーツ化の一つのあらわれと思うが、それが引かれていない時代の土俵の円は二人の力士によってさらに動的な空間となったであろう。力士の個性(大きさ、重さ、肉の付き方、手の長さ、得意技、立会いの嗜好など)が際立ってくる。

力士二人の人間の肉体という動く二焦点が見合い、一瞬静止した後に立ち合い、二焦点間という空白の距離も一瞬に縮まり合体して一焦点となる。それは円の中心にとどまらず、円の中の動く中心となって土俵場を動き廻る。求心的な円の構成に動的な進行内容が持ち込まれる。

新薬師寺本堂も矩形と円とで中心を構成する空間である。ここでの奥は円の中心である。奥が円の中心である時、空間は明快となる。中心と奥とが一致するからである。観察者に方向性としての迷いはなくなる。

新薬師寺本堂では軸線も南―北と東―西共に通っていて建物平面の真ん中(母屋中心)、本尊(現在、木像薬師如来坐像)の座す場を交差して破綻がない。少し下がるのは円内の奥に位置させたのであろう。中心性に奥性が加わる。

水平天井を張らず、天井裏もほとんどなく(化粧屋根裏)、天井は、その傾斜を、庇は緩く、母屋を少しきつくし、母屋中心である棟に向けて高め、母屋・庇架構の全体を大きく囲いとっている。その意図の造形化は明快である。

後の鎌倉時代にあらわれる大仏様《だいぶつよう》には、その構造的合理性、内外すべてを見せる率直性が際立つが、奈良時代、和様《わよう》のなかでもこうした構造的率直性、空間構成の明快さが新薬師寺本堂にすでにあらわれていた。

中心性を考える時、参拝者の意識が問題とされる。建物空間に入っていった時、その先にある空間を期待する。たどりつく空間である。その参拝者の意識の強さ、たどりついたと思うかどうかで中心性の強弱が意識される。場・空間としての中心と主体の意識としての中心に違いもあらわれる。そして中心から先は何かも問われてゆく。

新薬師寺では造形において参拝者の中心に向かう意識が、アプローチ上のどの位置でも母屋に安置された本尊の位置に集約されてゆく。

○奥の院という方法

寺院伽藍における塔（舎利）、金堂（本尊）という中心は中へ中へと求心的に志向する。その中心が「奥」とつながってゆく。

院（法隆寺西院、また塔頭《たっちゅう》など）自体も最初にその地に、中心を、そして奥をつくり出す方法であった。法隆寺西院ばかりでなくさらに東院（夢殿）を置き、点在させそれらをつなげ拡げてゆく。建物が加えられてゆき、神社では鳥居などが建ってゆくにつれ奥が深まってゆく。

日本建築はさらに「奥」を深める方法をもっていた。奥の院（神社では奥宮、奥社）などは塔、金堂（本堂）という中心の奥にさらに「奥」をつくり出し、それを含めた寺院境内全体の空間的深さを増幅させる。

それまでの塔、金堂といった中心建築の中の中心に向けた「奥」を含みながら、さらに領域を拡げ奥行を増す。そのことは塔、本堂（金堂）など中心建築の中心的奥行をも深めることになる。

奥の院をつくることは中心である本堂（金堂）を動かさずに「奥」をつくってゆける方法である。さらに、そこが行き止まりでなくその先をも志向する。本堂廻りが平地で形成され、奥に高低差のある部分（山）をかかえていても、つなげて形成できる方法であった。

傾斜のある土地に建物を建てることになっても、高床で懸造《かけづくり》という構法をもつ日本建築はその高低差を吸収することができた。その極度の例が断崖の窪んだところに建てられた三《さん》仏《ぶつ》寺《じ》投入堂《なげいれどう》（平安時代後期、一一六八年頃、図25―2）である。

御影堂や開山堂なども後に加えられ、本堂の奥（奥、裏、横）の方に置かれた。そのことでも「奥」が延び拡がってゆく。いうなれば間を空け、飛び地をつくりながら「奥」をつくってゆく方法である。それは飛び地をはさむ空白、空洞を許容しながらつくってゆく。山と

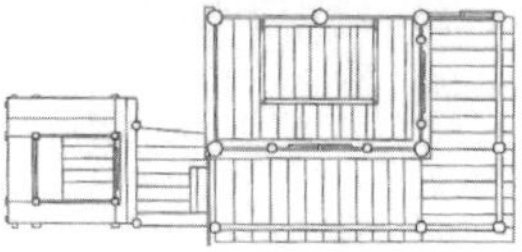

図25―2　三仏寺投入堂、平安後期（『新建築学大系2日本建築史』彰国社、一九九九）
正面一間（奇数間）、背面二間（偶数間）の母屋に庇が二面付いている。「間面記法」はただシンプルではなくここまで変化のある造形化が可能である。土地の高低差も懸造《かけづくり》でここまで吸収する。母屋中央奥に壇がある。そのため正面、真ん中から見ると背面真ん中の柱に正対することになる。日本では珍しい。住吉大社本殿内部にもこの構成がある。パルテノン神殿東室にも柱と中心軸線上にこの対し方がある。

いう空白の中に飛び地をつくりつなげてゆくのである。空白化という方法である。参道がそれらをつなげる。宗教空間を拡大してゆける方法であった。

記紀におけるさまざまなる神々の生誕、つまり神々の名、土地の名を記すことの連続は、空白を全体化につなげようとする顕著なあらわれである。国づくりの方法化であり、何もないところから生み出してゆくあり方である。名前を付けることが神の生誕をあらわし、場所も名前を付けることであたりの中心を示し、その特性を示す。神々には名前が付けられ支配する場、能力、特徴を与える。それは内部に向かって多様性を広げてゆくことでもあった。場所において初めは「淤能碁呂島《おのごろじま》」であり、次に「淡道《あはぢ》の穂《ほ》の狭別《さわけの》島」（淡路島）、「伊豫《いよ》の二名《ふたな》島」（四国）と次々に名付けられてゆく。

奥の院（奥宮）へは参拝者の意識として先に向こうとするが、実際には間《あいだ》に空白がはさまれ方向性を見極めることが難しい。奥に向かせてゆく造形化が必要となる。参道や鳥居などのつくりかたに工夫がこらされる。

京都の伏見稲荷大社は稲荷山を神体とし神社が拡がっている。江戸時代から鳥居の奉納が始まったといわれるが、こうした鳥居（図25-3）が連続して参道空間を直接囲いとる徹底した方法もあらわれてくる。途中には社《やしろ》が点在する。

日光東照宮（図25-4）での建築群は本殿、拝殿、門などをもつ社殿のまとまりがいくつも散らばって建っており、それら建物群の各々の中心軸線がずれている。それら全体を一つの軸線にまとめることにこだわっていない。山という高低差の複雑な場・空間の特性があり、その地形の傾斜や谷筋、稜線を利用しながら個々の建物群が散らばり建てられることでむしろ山との奥性につながりが求められている。このような軸線の交錯は山、そして山が連続し

図25-3　伏見稲荷大社　千本鳥居（写真筆者）

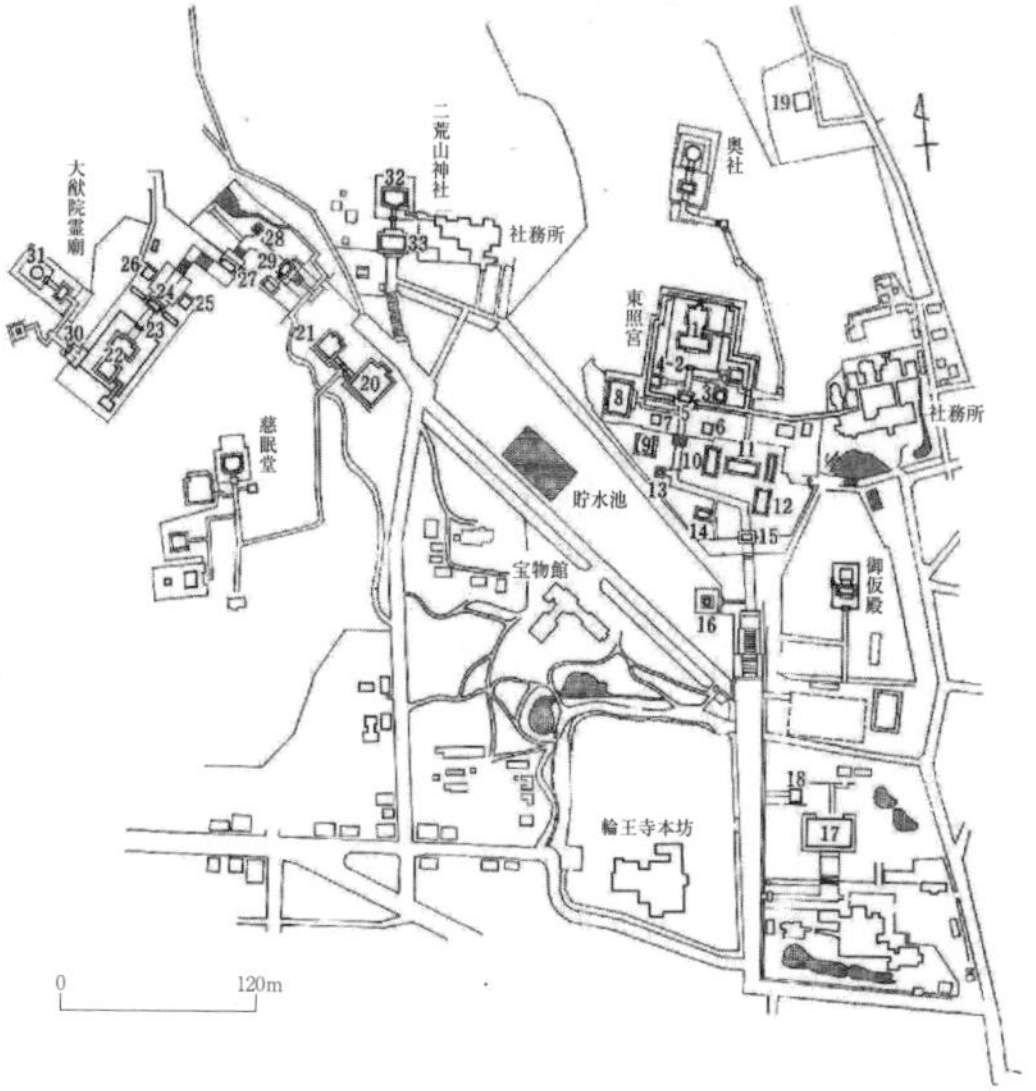

図25-4　日光東照宮（日本建築学会編『日本建築史図集』彰国社、一九八〇）

た日本という国土の自然の形が造形化されているといえる。山を造形化することが神社や寺院の形と深く係わってゆく。山の存在が宗教空間に大きく影響を与えている。

○山

山の空間の造形化はさまざまになされる。

古代寺院伽藍（法隆寺西院など）では平地で中心をとらえることが行われた。そこでは平面における建物配置が重視されたが、同じ神聖な土地であっても山の空間では土地に対して平地とは異なった見方で、山空間の中心性、「奥」をとらえようとしている。それは深性、奥性とかかわってくる。山全体を信仰の対象とすることとつながってゆく。それは山地が七割といわれる日本の国土全体に拡げられ、志向される。

『古事記』（七一二）に和歌（短歌）の始めともされ、天照大神《あまてらすおおみのかみ》の弟、須佐之男命（スサノヲ）が出雲の須賀の地に宮を造った時の歌がある。

「八雲《やくも》立つ　出雲《いずも》八重垣《やへがき》妻籠《つまご》みに　八重垣作る　その八重垣を」

この歌は建築空間及び、その周囲の空間についてその奥に関わる中心性を歌で最初に表したものである。

この「八重垣」という表現は垣で何重にも囲って大切な妻（櫛名田比売《くしなだひめ》）を囲い入れた宮という建築空間及び、その周囲の空間の厳重な囲い込みの状態を示している。「八重垣」には垣と垣の間《あいだ》の庭を含めた空間が詠み込まれている。

一つの歌の中に三度も「八重垣」という言葉が詠み込まれていることは重なって空間が形成されることがいかに強く意識されていたかを示している。「垣」の重なりの間が空間（庭）であること、「垣」という仕切りが存在として「ある」ことが強く意識され、それも「八重」とあって仕切りや庭などが何重にも重なり存在することが強調されている。

同じ『古事記』に倭建命《やまとたけるのみこと》（小碓命《をうすのみこと》、ヤマトタケル）の歌がある。

「倭《やまと》は　国のまほろば　たたなづく　青垣《あをかき》　山隠《やまご》もれる　倭しうるはし」

これも「山」や「青垣」の重なり（「たたなづく」）、その中の「国」あるいは都市スケールの空間が詠み込まれている。

「青垣」の重なりとは、日本は盆地（奈良、京都など）に都（京）がつくられることが多く、そこから見た何重にも重なり、四周を囲む山の端、山のスカイラインの重なりがそのイメージの基本にあり、その空間性が見立てられていると考えられる。

つまり建築空間ばかりではなく、もっと広い都市空間や村落、山に囲われた盆地や谷という広い空間までが意識されていると考えてよい。日本では平野もその廻りは山である。その背景にある広大な面積を占める山が意識される。平地に較べ山の面積が圧倒的に広く、山は盛り上がった形状をしているため、人の目に入りやすい。山のスカイラインが重なる。一方、平地は人の低い視線からのため見えにくく、山が平地を囲っている見え方をする。

それらの山は一つひとつ形が異なり、しかも連なり、重なっている。つまり都市、まち、村は何重もの山に囲われていたのである。隣とのつながりを求めるにはそれらの山々の峠や尾根や谷を越えてゆかなければならなかった。平野の一方が海によって開ける（閉じる）場合も、平野の背景には山々を抱えている。

海があることを開けているととるか、閉じているととるかはそれを見る、あるいは感じている主体の捉え方による。

このような日本の空間における山による囲繞《いじょう》性は、日本文化に大きな影響を及ぼしてゆく。「国」あるいは都市スケールの空間をも内包してゆく。この歌は盆地で、幾重にも山に囲われたその中の「倭《やまと》」という場所を称揚している。スサノヲの歌の「八重垣」にも日本のどこまでも拡がっている山々の重なり、それを見て育った者が意識する空間性が詠み込まれている。

日本には古代から「山の端《は》」「山際《ぎは》」という言葉があり、「山の端」は山を主体とした山の端《はし》を示し、「山際」は空を主体とした空と山との際《きわ》を指す。観察者が山に意識を向けるか、空に意識を向けるかで見え方、感じとり方が変わり、使われる言葉が変わる。日本の空間に、山による囲繞性が顕著にあるためそれを見分ける、あるいは識別する言葉があらわれてくる。このような言葉には視点（主体）を含めた空間性が表現されている。

こうした言葉は随筆（『枕草子』など）や歌（集）、物語などにしばしばあらわれる。『枕草子』（一〇〇〇年以後）には、冒頭から四季の情趣（「をかし」「あはれ」）を取り上げて「山際」と「山の端」が、

「春はあけぼの。やうやう白くなりゆく山際、少し明かりて、紫だちたる雲の細くたなびきたる。」

「秋は夕暮れ。夕日の差して山の端いと近うなりたるに、からすの寝所へ行くとて」

と書き分けられている。春は夜明けに今まで全体が暗く、黒かったのが、少しずつ空が明るくなって山のまだ黒い形が、次第に空の明るさによってその縁取りの形を見せ始める頃がよく、秋は夕暮れ、空がだんだんと暗くなり、一方でその空を区画する山の形が黒くはっき

りとあらわれてくるのがよいと冒頭から記している。春はあけぼのが、秋は夕暮れが、をかし、あはれと批評している。春も秋も山の形がはっきりあらわれてくる頃がよいとしている。いずれの季節も山という存在、その形のあり方に強く意識が向けられている。

陰影の濃淡、その陰影の時間による変化のグラデーションは複雑なパースペクティブ感を見る者に与える。見る主体の視点が移ると言葉も変わるのである。

ヤマトタケルの歌にある「山隠れる《やまごもれる》」（山の陰に隠れる）も、山に隠れて見えないところまで意識されている。山の向こう側の気配を感じとるのである。

「あしひきの山隠れなる桜花散り残れりと風に知らるな」（小弐命婦、拾遺和歌集・春、一〇〇六年前後の成立）」

の歌も、山に隠され見えていない向こう側の桜を、視覚でなく風を感じとる触覚や匂いを感じとる嗅覚を通じて感知していて、五感や知覚を多様に、複合的に働かせ詠んでいる。そこに空間の重なり、奥行を感じとることができる。山向こうに花がいまだ散らずに咲いているのが知られると風がやってきて散らせてしまうから、そんなことのないようほうっておいてほしいという意であろう。

「倭は国のまほろば」にある「まほろば」という言葉も「すぐれたよい所・国」（『広辞苑』）という意であるが、そうした言葉（古語）があることも場所がいかに重視されていたかのあらわれである。

平地に拓かれた古代寺院伽藍配置（法隆寺西院など）では限定された平地が選ばれ表現さ

れた。それは平らな平面の上の抽象化された表現、理念である。

山岳信仰では建築空間は山々が連なり国土に拡がる自然林の中で表現される。構成、形態など平地とは異なってくる。特に山に建つ宗教建築は建物境内の断面ばかりでなく、山全体の断面を考察してゆく必要がある。

寺院伽藍は平地、山、いずれにしても、生い茂った漆黒に暗がる森林を切り拓き、空地をつくり形成されてゆく。それだけに山が拓かれる時、あるいは平地の森が切り拓かれて、伽藍、堂宇が建立される場は、樹木による闇が払われ、呼び込まれた輝ける光とともにイメージされる。

山はそこが初めて拓かれる時、自然林（原生林）が連なっていた。その中はあまりに樹木の密度が濃く、人は通ることもできなかったであろう。

それは譬えてみれば『古事記』冒頭の「國稚《くにわか》く浮きし脂《あぶら》の如《ごと》くして、海月《くらげ》なす漂へる時《とき》」やイザナギ、イザナミの場面にあるように踏み込むことができないという意味では「漂へる國」のような状態であったと想像できる。『古事記』の「漂へる國」には地面はなく、人はまだ創造されていなかったが、入り込むことも立つことすらできない状態がイメージされている。混沌である。

原始の山、恐らく平地も、樹木、草などの密生で人が入り込むことも立つことすらできないという意味で似たイメージがなされていたのではなかろうか。

山では、開山（開祖）がなした山を拓く堂づくりは、その山に、イザナギ、イザナミが「天つ神」から賜った「天《あめ》の沼矛《ぬぼこ》」で、「漂へる國」を「こをろこをろ」とかきまわし、その先からしたたり落ちてできた「鹽《しほ》」による「島」づくりのようなイメージではなかったろうか。

『古事記』の記述、表現は国という場を現実に切り拓き、切りとってきたことの、言葉によってなされたあらわれとも考えられる。

現実には自然林をかきわけて、自然という空白の中に空地（イザナギ、イザナミでは島）をつくり、その暗闇であった場所に光を呼び込み、そこに柱を立てて建築空間、庭空間を囲いとるような行為であったろう。それは「地と図」の関係で言えば、自然林である「地」と、拓かれ囲いとられた「図」（集落、建築物、庭など）がいつでも反転し得る状況にあった場である。山や自然林は神の場とも仏の場とも感じ取られていたのではなかろうか。

日本の古代仏教で言えば、『古事記』の「天の沼矛」に例えられるのが仏教であり、その仏の教えが国をかきまわし、そこからしたたり落ちてできたのが仏教寺院伽藍空間というイメージに重ねられる。

『古事記』では、初めにイザナギとイザナミ、二神によって淤能碁呂島《おのごろじま》が生まれ、そこから「淡道《あはぢ》」（淡路島）、「伊豫《いよ》」（四国）などがつくられてゆく。『古事記』における国生みである（「國土《くに》を生み成さむ」）。

山ばかりではない。日本は島国でもある。例えば瀬戸内海の島々を見ていると島も海という水平面の上では山々の重なりに見える。島も海底から立ち上がっている山である。その山頂が島を形成する。瀬戸内海という巨大な盆地状の水平面が姿をあらわす。海を利用する人々には海の上に、あるいは海の背景に島々や陸地側の山々の重なりが見える。スサノヲの歌の中の「八重垣」にもこの海の上での島々による仕切りも含まれていると考えられる。

山では本堂という寺院伽藍づくり、それから山全体に向かって奥の院づくりが進んでゆく。

それはその山を越えて別の山に向かう。

　信仰の対象としての山を全体化する方法として、「奥」という概念があった。山が重なれば、さらなる奥に「奥山」があらわれる。そしてそのことはその地域ばかりでなく全土の山とのかかわりを求めてゆくことになる。

　平地で中心をとらえることでは、古代寺院伽藍（法隆寺西院など）に当初、建物配置など平面性が重視されていたことは宗教概念、理念に対する強いこだわりがあったと考えられる。回廊で領域を囲うこと、空間性より回廊内の中心の位置を占めること、中心の意味、建物どうしの平面構成、平面配置が重要であった。そのことは残された庭も配置、構成することになる。そこに宗教概念、理念を代替、表現した。これら構成や位置を決めることも形である。

○伽藍の見え方

　伽藍の建物群の見え方、空間の見え方に工夫がこらされてゆくのはずっとあとであった。それは平安時代中期、法隆寺西院の南大門が現状の位置まで移された時（一〇三一、図23-1）、日本の建築空間に大きな変革が起こった。[*1] 空間を見る見方が重視されてゆくからである。南大門から遠く離れた中門を見、参道を次第に西院にアプローチしてゆく時の空間の見え方の変化は参拝者に強い印象を与えてゆく（**図26-1、図26-2**）。

　それまで古代寺院のどの伽藍配置（図15、図16-1、図16-2、図21、図27-1、図28-2）を見ても南大門（南門）と中門との間が狭過ぎ、アプローチ上に南大門（南門）、中門自体が回廊内への視界の邪魔をしていた。近づけば近づくほど見えなくなってゆくのである。

＊1　拙書『日本建築空間史—中心と奥』（鹿島出版会、二〇一六）第三章「寺院建築における伽藍配置の変遷」の第二節「古代寺院の見え方—その空間性」の節、及び第四章「寺院建築の中心性」の第一節「奇数間と偶数間」の「法隆寺南大門の移動」の項、及び第七章「日本建築空間読解—空間の概念化」の章、参照。

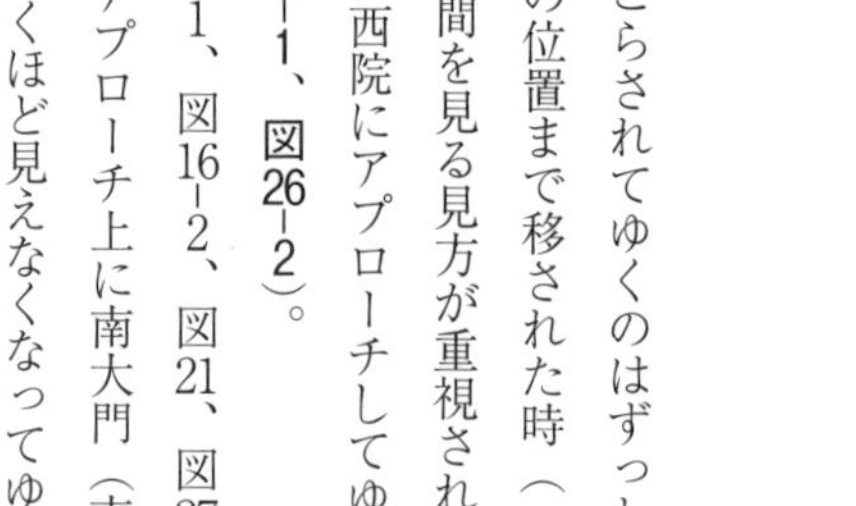
図26-1　法隆寺南大門を望む（写真筆者）

この法隆寺西院の南大門の移転が平安時代の中頃、つまり大陸から渡ってきた文化の日本化（国風文化）がなされていた時に起こったことは象徴的である。日本が国内文化の熟成ばかりでなく、大陸から移入された文化を「和」に変革している熟成期であるからだ。国風文化が進化してゆく。八九四年遣唐使が廃止（九〇五年唐滅亡）され外国との公的交流が断たれ、文化的集中も内部に向いていった。ちなみに『源氏物語』が書かれたのが一〇〇八年頃である。

長元四年六月（一〇三一）に法隆寺南大門が現在位置に移された。現在の位置に移されたことによって獲得された遠望、南大門から中門への長いアプローチ上に立面図的な西院が見えるようになったのである。元南大門があった位置に一メートル五十センチほど上る段差があったことで現南大門からのアプローチ（参道）から見ると西院のファサードが、段上の地面の水平な額縁線によって掲げ上げられた見え方をする。よりはっきりと一体となった建物群のプロポーションが浮かび上がって見えてくる。

この立面図的に見える遠望（図17）が法隆寺西院の「美しさ」として強調されてきた。正面性と言える。しかしそれだけではない。

両側を築地塀に挟まれた長い参道をアプローチする間、参道が次第に広くなり、その逆パースペクティブがとらえた法隆寺西院のバランスのとれた立面図的外観を引き寄せ鑑賞することができるようになった（図23-1）。

さらにこの逆パースペクティブは参道両脇の築地塀が先に進むにつれ高くなってゆくことで極度に強調される（図26-2）。法隆寺西院の立面図的見え方（図17）を観察者の方に引き寄せる。空間的、つまり周囲の空間を巻き込んで展開される。この造形行為は南大門の現在

図26-2　法隆寺南大門より西院を望む（写真筆者）

位置への移転以来、次第になされてきたことと想像できる。長い時間を経ながら日本でこうした感性が養われていたのである。異なる人々が時間をかけて進めていったことである。

さらに先程述べたその先、一段高くなったところ、当初、南大門があった位置から中門位置まで、そのアプローチ上に、西院伽藍の建物各重の屋根延長線と軒裏延長線が放射、影響する領域・空間（軒内包領域・軒内包空間、[*2] 図11-3〈断面構成概念図〉、図23-1）があらわれる。そこに観察者（viewer）がアプローチしてゆくにつれて、変化してゆく空間のシークエンス（継起的連続）を感じとることができる。このことは金堂、五重塔が並立し二堂とも正面を向いていることでその特性が明示される。

屋根延長線、軒裏延長線は「延長」と記したように実際に見える輪郭線ではない。実際には見えない線である。こうした実際には物として目に見えない線でも形は形成されている。[*3] 形はこうした見える、見えないに係わらず複合された線（区画線）、面、空間を介して観察者に認識されてゆく。

そのシークエンスによって複雑なVisible Music[*3]（見える音楽、見える旋律、眼から聴く音楽、見る音楽、次節参照）と呼べる体験、観察をすることが可能となった。この「見えない線」については後にローマのパンテオンのところでも述べる。

それは西院遠望の正面性に対する断面性である（図23-1、断面図）。静止した正面性ばかりでなく観察者の動きに連れて変化するダイナミックな空間性をも取り込んでいた。法隆寺西院への現南大門からのアプローチには、この両者（平面性と断面性）が総合され人々を巻き込んでゆく空間がある。

四天王寺（六世紀末〜七世紀初頭、図27-1、図27-2）は法隆寺西院より以前に建立され

＊2　軒内包領域、軒内包空間については第五章の「闇と光と空白」の項にも記している。

＊3　概念化した「軒内包領域・空間」、「Visible Music（見える音楽）」については、拙書『日本の建築空間』（新風書房、一九九六）第二章「日本の建築空間の特性」、拙書『日本建築空間史—中心と奥』（鹿島出版会、二〇一六）第七章「日本建築空間読解—空間の概念化」、拙論・博士論文「『源氏物語』における寝殿造住宅の空間的性質に関する研究」（東北大学、二〇〇一）第四章「日本建築が生成する空間領域」、英文論文においては拙論「Characterization of Space around Japanese traditional buildings: "Visible Music" on the approach to Horyuji Temple, Saiin（West Compound）」（2007, Repairs and Maintenance of Heritage Architecture X, pp. 53-60, STREMAH X（2007）STREMAH 2007 Wessex Institute）に詳述している。

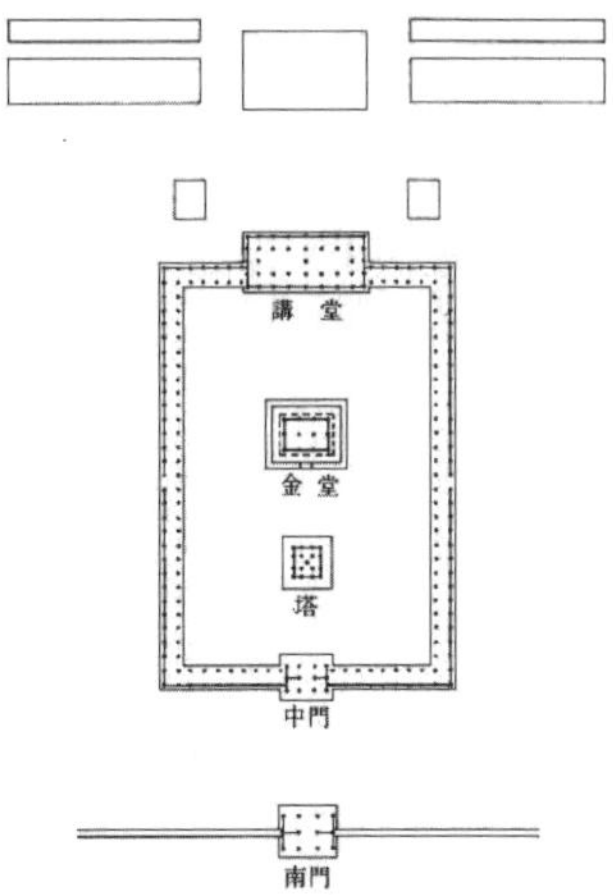

図27−1　四天王寺、七世紀初め（日本建築学会編『日本建築史図集』彰国社、一九八〇）現在の四天王寺は昭和の復元である

図27−2　薬師寺東塔（七三〇）（写真筆者）

ているが、強い中心軸を一本持ち、その軸線上に南門、中門、五重塔、金堂という建築物が一直線に並んで建っている。五重塔が金堂の前面に置かれ、塔中心の構成だが、塔が回廊内の前面の中心に位置し、正面からの見通しにおいて金堂を隠している。しかも中門や南門が邪魔をしてアプローチ上に塔、金堂が見えない。金堂へのアプローチは塔を迂回することになる。塔が中心なのである。四天王寺は側面から見れば法隆寺西院以前すでに塔と金堂が並び立つ見え方が存在していたことになるが、その見え方はまだ塔、金堂両者を合せた正面性と関わっていない。

四天王寺は、現在もそうだが、すでに鎌倉時代の『一遍上人絵伝』（一二九九）の絵にあるように、側面にあたる西側からの五重塔、金堂の並んだ眺め[*4]が好まれ、アプローチや空間が形成されている様子が描かれている。伽藍の西側に人々が多く集まっている。この方向からの見え方に、人々が志向していたことの現実的な現われと考えられる。形として二つの建物の並立、二焦点が、見え方において人々に受け入れられている。

＊4　ただし法隆寺西院とは五重塔と金堂の並びの見え方が左・右、逆となる。金堂も横を向いている。

こうした感性を日本人はもっていたのである。平安時代の法隆寺西院の南大門の移設（一〇三一年）による正面から見える空間のバランス感覚を、平安時代以降、武士の時代にも保持していたと考えられる。

○Frozen《フローズン》 Music《ミュージック》（凍れる音楽）とVisible《ヴィジブル》 Music《ミュージック》（見える音楽、眼から聴く音楽）

フェノロサ（一八五三〜一九〇八、アメリカの日本美術研究家）は薬師寺東塔（七三〇、図27-2）を「凍れる音楽」（Frozen《フローズン》 Music《ミュージック》）[*1]と呼んだ。それは静止した地点から見た日本建築における形のバランスの美しさをとらえ表現したものだ。建築を動かない、静止し、固定したものと見たからだ。「Frozen」とは言い得ている。そして自分自身も立ち止まって見たからだ。日本建築のアプローチに連れ生じてくる変化を、つまり観察者（viewer）の動きに連れて現われてくる見え方の変化を言葉に表わすことができなかった。

ただしフェノロサが単体の法隆寺の五重塔ではなく単体の薬師寺東塔に「凍れる音楽」を見たのは彼が正確にものの形を見ていたことを反映している。

薬師寺東塔は三重塔だが屋根が六層重なり見えている。三重の屋根と三重の裳階《もこし》の屋根とが交互に、リズミカルに塔頂まで繰り返す。しかも各重の裳階はその上の屋根より一回り小さく、音楽的とも思えるリズムをつくりだしている。フェノロサのいう「凍れる音楽」（Frozen Music）である。

法隆寺五重塔（図18）には薬師寺五重塔のような裳階の屋根を主屋根より小さくして新しいリズムをつくり出す意図はない。[*2]従来の形の五重塔をその形式に従いながら、いかにプロ

＊1　欧米で「凍れる音楽」Frozen Musicとはリズム感の感じられる美しい建築のことを指す。

＊2　法隆寺五重塔及び金堂一重にある裳階は建立時ではなく後で付けられたものである。

ポーションを整え、リズミカルに、しかもその空間性を見せるかに古典的な努力が注がれている。上方に向かって各重《かくじゅう》屋根の大きさの逓減《ていげん》が大きいこともその一つである。五重の屋根は初重の屋根の一辺の長さの半分である。

裳階に取り付く高欄も薬師寺東塔は組物（廻縁腰組）で構造的にきちんと支え、そのため屋根も裳階の重《じゅう》もはっきりとアーティキュレイト（分節）し、つまり目鼻立ちがくっきりとしているが[*3]、法隆寺五重塔の高欄は腰組ではなく屋根の上に載せられて受けられ被膜的な相望を示し装飾的に見える。高欄より五重の屋根、軒の線を強調したかったのだ。

法隆寺西院へのアプローチには動く視線に対応するVisible Music（見える音楽、見える旋律、眼から聴く音楽、見る音楽）が構成されている。

山では平地とは異なる方法を採った。日本の山は独立峰もあるがほとんど山々が連なっている。連山である。国土いっぱいに山が土地を占めてゆく。

室生寺、日光東照宮（図25-4）など、山に立ち会う時、堂や院が、見える、見えないにかかわらず、空き間をおいて山に散りばめられているのが不思議であった。飛び地である。それは聖地である全山を概念的にも囲いとる空白を含めて拓いてゆく空白化（飛び地）という方法であった。建物という人工物（artifact）だけで全山を覆い切ることは不可能である。そこにこうした方法があらわれる。

○空白化という方法

空白化という方法は、その場に空白という意識をもって、地上にものを置いたり、建てた

＊3 「フローズン」つまり「凍れる」という固まった形の意味するところである。

り、空間を囲いとり、存在させ、その空白を「地」とも「図」ともし、工夫がなされてゆく。空白については序章「無と有のはざま」、及び第一章「『古事記』にあらわれる空白」で触れた。さらに空白化とは、中心を空白化する意でもあり、中間を空白化する意でもあり、多重層の建物（二重、三重、五重など）では二重目以上を閉じ、闇の空間をつくりだすことも空白化として表している。空洞化とも通底している。間面記法も中心空間である母屋の奥行を記さないことで母屋という中心が空白や奥と関わり空白化を含んだ表現であることを記した。

また空白の中に飛び地をつくり空白を取り込み、それらを含め、奥を深めてゆく方法も空白化とした。奥はさらに奥を志向するため、その先の空白が問われてゆくからである。何もない空白の中に先が求められてゆく。

宗教空間に奥の院（奥宮）という方法があらわれた。飛び地の間に空き間《あま》、空洞、空白をつくりながら「奥」をつくってゆく。空間（距離）、あるいは時間を省略、抽象化した空間が形成される。参道は時間を抽象化したつなぐ空間である。山を全体化する方法でもあった。四国八十八箇所など聖地巡礼は時間と空間が抽象化された四国という空白へのアプローチ（全体化）と考えられる。四国全体が空白化されている。そして四国を越えて拡がってゆく。聖地巡りは全土に拡大する。それは果てという限りのない奥に向かってゆくことでもある。

山では、さらに奥の院に、御影堂、開山堂、中興の祖堂、行者堂などが飛び地に加えられてゆく。奥づくりの方法である。残された土地は空白でもあった。奥性は空白（空洞）を受け入れながら空間を構成できる概念であり方法であった。さまざまな空白化があらわれる。そして山を全体化する。

仏教寺院では本寺・末寺・地蔵（堂）など、神社では本社・摂社《せっしゃ》・末社《まっしゃ》・別社・鎮守社・社《やしろ》・祠《ほこら》など、全国に建てられ、奥の院、奥宮（奥社）なども含めて国土を全体化へ志向する。さらなる奥に奥山があらわれる。

記紀は、神を名付けること、場所（土地）を名付けることで、これらの書の内容自体が空白を埋め、時間的、空間的に日本を存在させるための空白化をはかることが意図されている。

太古以来、日本列島のほとんどを自然林が占めていた。現在では狭められてはいるが、それでも日本の国土の約七割が山地で、その内の約七割が森林といわれる。過去に遡れば遡るほど森林の割合は拡がる。つまり山も自然林も広大であった。巨木を得るための植林もあるがそれ以前はほとんどが自然林である。

一方、縄文末期から弥生時代以来、水田耕作（稲作）が続く。国土に、耕作された水平面が連なってゆく。人の手が加えられた部分である。自然とartifact（人工物）の境界も多様に形成されてゆく。

水田が次第に平地から丘や山麓へと耕作限界（水、地形、労力、気象など）の高さまで上がってゆき、その上の、その奥の、人の手を加えることのできない残された山が神聖な場所となった。つまり人の手が届かない場所が、聖なる場所として残され、人々はその自然と人工の境界で自然の力と自分の力の差を知るのである。

そこに人力の限界が示されていた。そこは空白の場ともされた。人が立ち入ることが難しく、うかがい知ることのできない場、世界があった。その世界は人々に畏敬の念をもって見られ、扱われてきた。

沖縄の御嶽《うたき》にも密生した自然林の中にぽっかりと空いた空白を思わせるものがある。自然であり、人が入り込める、あるいは入ることを許された限界の場、他者を寄せつけない厳しさがある場に見える。その「奥」は神聖な領域（触れてはならない領域、禁域空間）である。

○水田という景観

水田の景観は日本人の空間意識に深甚なる影響を与え続けて来たと考えられる。その基本的な形態は水平面の重なりである。水田には水が引き入れられる（湛水）。段差や傾斜は畦や土手、石垣などによって吸収、区画され、一枚一枚の田圃に水平面がつくられる。その重なりが全国に拡がってゆき農村、都市の景観を形成する。

棚田も複雑な形に見えるが、水平面の重なりであることに変わりはない。しかし小さな田圃が高低差のある地形に沿ってつくられることで全体では地形を造形化していると言える。地が形をあらわしている。樹木が地を覆いあらわす形ではない。人がつくりだした形である。稲作が始まる以前の縄文時代は、約一万年の間、否、それ以前も自然の起伏がほとんどそのまま利用され土地の景観が形成された。縄文末期以降、それが一変する。

「初秋や海も青田の一《ひと》みどり」（貞亨五年、一六八八）
「わせの香や分入《わけいる》右は有磯海《ありそうみ》」（『奥の細道』元禄二年、一六八九）

ここに挙げたのは芭蕉の句である。芭蕉の句には田圃を詠んだものがかなりある。例えば『奥の細道』には芭蕉の句が五十句あるが、そのうち「わせの香や」を含め水田に関わる句が四句ある。『奥の細道』には載ってはいないが田や稲に関わる句がこの「奥の細道」の旅の期間中だけでも他に四句あり、合計で八句ある。約五カ月の旅である。この時代、旅の道中では否応もなく水田に出会うのである。[*1]

日本の農耕文化の景観を決定している水田とは、水平面の重なりである。農村風景の基本的な特性である。それにもう一枚、海という水平面が重なっていることがこれらの句には詠み込まれている。古くからの日本の海辺の農村風景である。日本は海に囲われている。また島の集合が国を形成している。

水田は artifact（人工物）だが二次的自然と呼ばれる。自然の地形を利用してつくられ、しかも集約化されているとはいえ稲という植物、自然が生育している。

既述したように山も重なっている。日本ではどこに行っても山や田圃を背景に、あるいは前景に景観が拡がっていた。

縄文末期、稲作が始まるとそのあとの弥生時代以後、稲作が爆発的に広がってゆく。それまでの縄文時代には自然の起伏がそのままに使われ景観を形成していたものが、全国土に水田（田圃）の水平面の重なりが拡がってゆき国土の景観が激しく変貌する。[*2]

田圃は米をつくるばかりでなく日本の文化、景観をつくることに深甚な影響を与えてきた。この空間性が日本の文化の底辺をさまざまに形成している。

一方、ヨーロッパではどこまでも続く自然の起伏に合わせて拡がる畑、牧草地の文化が土地の景観を形成する。その場に醸成される空間意識は、水平面、あるいは水平な線が重なる日本の空間を受け入れてゆく空間意識とは異なるものであった。

＊1　芭蕉については拙書『奥の細道・芭蕉を解く―その心匠と空間の謎』（鹿島出版会、二〇〇六）、及び拙書『芭蕉発句を読み解く―その空間性と五感』（秋田魁新報社、二〇一二）参照。

＊2　水田については拙書『日本建築空間史―中心と奥』（鹿島出版会、二〇一六）の第一章「景観の激変」「水田の景観」の項に詳述している。

○奥と歌枕――『奥の細道』の意味すること

歌枕どうしも飛び地である。その間は空白である。古代から歌枕（古くから歌に詠まれた名所・旧跡）が全国に散らばり、その空間が歌、物語、日記、江戸時代以降は句などの中に表現されてきた。歌枕どうしに相互の関係はない。街道、道がそれらをつなげ、旅人である歌人、連歌師、俳諧師達がそれらの場所を選び、たどり、歩く。

実際にその地を訪れなくても、貴族達は過去にその場を詠った歌から歌枕という場所を想像し、イメージを膨らませ歌を詠んだ。貴族達にとって歌枕の地の廻り、そこに行き着く過程は、イメージされるだけで、空白であった。現地を実見しない貴族達には歌枕の地はそれぞれ飛び地であり、その間は空白として意識される。

西行、宗祇、芭蕉は違った。歌枕の地を旅で歩き、つなげた。まさに「奥の細道」という旅は歌枕どうしをつなげる方法であった。道をたどり、歩き、つなげられたことで歌枕相互の間は空白ではなくなってゆく。その道は全土に深く入り込んでゆく細い道であった。旅「奥の細道」における「奥」と「細道」は芭蕉によるその優れた概念化であり、その結果が書名『奥の細道』となった。優れた命名である。

旅前は芭蕉にとっても空白であり、歌枕（歌）の点在であった空間が、自分が歩いた旅「奥の細道」という一本の細い道によってつながり全体化されてゆく。奥をつなげてゆく細い道であった。それが言葉として書『奥の細道』に残った。句と紀行文で場所をつなげてゆく。奥の細道空間が構成される。

それは日本という場・空間を知ろうとする旅でもあった。歌や句が日本の空間を表現してゆく。旅は場所から場所へと歩いてゆくことである。その場が歌や句に詠まれてゆき、さらに紀行文によって場と場をつなげる「細道」という空間が表現されてゆく。歌枕は過去に歌などに詠われた場所であったがそれをつなげ、歩いたのは芭蕉である。芭蕉のつなげ方で「奥の細道」という空間をつくりあげた。

古来、日本という国の場は政治的支配によるばかりでなく、その全体を歌枕という空間性によっても把握されてきた。さらに近世俳諧が広がってゆくと、歌枕ではない場・空間が俳諧に詠まれ、その場所は俳枕《はいまくら》と呼ばれた。

全土に永々と歌や句に詠まれてきた場・空間（場所、空間）が空白を介して連なっている。しかも新たに歌や句に詠まれることで少しずつ空白が埋められ、その場所も歌や句の内容も拡がってゆく。紀行文はその場と場とをつなげた。

本歌取りは歌・句を詠む時点と過去の歌・句（本歌）が詠まれた時点とを時間を越えてつなげてゆく。直接、本歌のない歌であっても場が詠まれると過去の場のイメージが連ねられ拡がる。

日本という全体が空白である場に、歌枕は特性ある場・空間を一つひとつ示すことで日本という場を理解させるきっかけを与え、その場をイメージさせる。それらの歌が日本の場に対する空間意識、感性を形成してゆく。そして場はこれからも永々と歌や句や文に表現されてゆく。

旅はそうした場・空間に出会う優れた方法であった。旅人は実際にその場所に入り込み、五感を働かせ感じ取ることになる。芭蕉が歩いた場所はその後、歌人や俳諧師達など多数の人々によって歩かれ、その場・空間から学んで、また新たな歌や句がつくり出される。旅は芭蕉が選んだ俳諧を生み出す方法であった。書『奥の細道』にはその旅空間が書かれている。どこまでも「奥」にのびてゆく場所と場所が「細道」によってつなげられてゆく。『奥の細道』ばかりではない。芭蕉の一生が旅であったとも言える。彼の住まいは江戸でも伊賀上野でも膳所《ぜぜ》でもない。そのすべて、その時、その時の旅が彼の住まいであったと言ってもよい。『野ざらし紀行』(一六八四)、『鹿島詣』(一六八七)、『笈の小文』(一六八七)、『更級紀行』(一六八八)、『奥の細道』(一六八九)、『洒落堂の記』(一六九〇)、『幻住庵の記』(一六九〇)、『嵯峨日記』(一六九一)と、ほとんど毎年の旅である。すべてが旅での句、紀行文である。現地を歩いて旅した場・空間が描かれる。

鴨長明(『方丈記』、一二一二)は方丈の家という一つの小さな空間(四畳半)を持ち運び、時によって場所を選び、移動し、住まいとした。芭蕉は自ら歩く旅という方法で場所を選び、移動し、場所という旅空間を言葉に記した。

場所がいかに注視されてきたかが分かる。歴史の中に場所、空間を読みとる姿勢が欠かせない。空間史である。

この芭蕉の『奥の細道』という言葉で表された場・空間に対し、形で表された日本の場・空間があらわれてくる。同じ江戸時代だが、その後の浮世絵(『東海道五十三次』『名所江戸百景』〈図41〉など)に描かれた場面の構図には新しく獲得された日本の形が示されている。それはその場・空間の特性を描いている。その日本の空間の形はヨーロッパの印象派などの画家達をも刺激する。日本人だけが興味を示したのではない。その日本の空間構成、見方は国を越えて影響を及ぼしてゆく。

○山→羽黒山五重塔

羽黒山五重塔[*1]（南北朝時代、一三七二、図28−1）、この山の谷間に立つ五重塔は、仏教寺院建築特有の高さというシンボル性を失ってそこにある。廻りの遥かに塔の高さを越える高木（杉の巨木）の森林にのみこまれ、アプローチする人間にはその位置も定かでない。

五重塔（高さ二十九メートル）が、それより高い杉の森に囲われ自然の中に埋没するかのように存在している。すぐ近くの樹齢千年ともいわれる爺杉の樹高が四十二メートルもある。ここでは山、杉の森が空白を形成する。

この五重塔に基壇はなく、「純和様」で自然石の礎石以外はほとんど木質系の材料で建てられ、そうした点では廻りの樹林と違和感がない。一重に基壇はなく、木製の切目縁が廻っている。屋根材も瓦葺きでなく自然材のこけら葺である。屋根勾配も極めてゆるく、平地伽藍と異なりこの五重塔を高く天に突き抜けさせる表現ではない。杉の森に埋もれる表現である。

この五重塔は神の山（羽黒山）という空白にのみこまれ、それでも仏教を示そうとする行為を体現しているかに見える。神仏混淆（神仏習合）の表現の特異さがあらわれている。五重塔とは仏教寺院建築において、釈迦の舎利を納める建物であり、ストゥーパ（釈迦の墓）にあたり、当初、伽藍の中で最も重視されていた。形も五重の屋根をもつ高さが強調された塔であった。つまりその高さが最も強いシンボル性をもち高くあるべくその形を顕示していた。その高塔が谷の底に沈み、周囲を覆う高木群の中に埋没している。高さによるシン

＊1　羽黒山五重塔については拙書『日本建築空間史―中心と奥』（鹿島出版会、二〇一六）の「羽黒山五重塔」の項、参照。

図28−1　羽黒山五重塔、一三七二年（『日本建築史基礎資料集成11塔婆1』（太田博太郎責任編集、中央公論美術出版、一九八四）

ボル性が剝奪されている。この地に入り込んだ時、奈良の古代寺院伽藍の中に建つ五重塔との違い、その特異性に凝然とそこに立つばかりであった。

最初の本格的な仏教寺院建築である飛鳥寺（図15）は平地に建てられた。その中心には五重塔が置かれ、当時、最も高い建築物であり、伽藍の中心であった。高さが強くその中心性を表現していた。中心と奥とが一致する。その高いシンボル性を周辺に顕示していた。

その五重塔が羽黒山では高さという特性を喪失する。羽黒山には、神が祭られている山に釈迦の墓（五重塔）を置くという空間のあらわれ方がある。この時代は神仏習合が流行した。この羽黒山五重塔には神仏混淆が進み、仏塔が神域に入り込んだあらわれ方がある。

それまで塔は五重にされその人工物としての高さを、そのシンボル性として強調してきた。つまり参拝者にその高さの見え方を誇示していたのである。

それが羽黒山では意味をなさなくなる。ここでは塔は近づいていってもすぐそばまで行かないとアプローチ上にその姿が見えない。杉の高木が、高く見えるはずであった五重塔の見え方を厚くさえぎっている。神の山の自然林の空白の中に埋もれたようにある五重塔である。五重塔という特異な形を杉の森の高木群という自然の形の中に沈め、見えなくしてしまうことも空白化の一つのあり方である。

この羽黒山という神の場では、仏教建築の伽藍を視覚的に最も象徴する五重塔を、その高さのシンボル性をひたすら隠し、山岳信仰の空間の底に沈めるように置くことが、神仏習合を表現することであったのだと考えられる。

高い五重塔というシンボル性をなくして存在させることにその意図があった。五重塔をこの自然林の高木群の密集した場所に存在させ見えなくする見え方を示した。

五重塔は高木の中で高さを強調できない。普通であればそこに置かれるのは一重やせいぜい二重の堂でよかったはずである。そこにわざわざ五重塔を建てることの意味は何であろうか。仏教建築の高さを主張する五重塔を杉の高木の群の中に沈めることで、この森が形成する全体の空白、つまり神の山（羽黒山）を主張しているのではなかろうか。

五重塔は高い樹木（杉）の森という自然の中に埋め込まれる。この五重塔を見る者はそこを離れる時も、再び厚い高木の森に入り込んで行くしかない。*2 山が神であった。

神仏混淆には当初、こうした神と仏の突然の出会い方があったのだ。ここには在《あ》りようもないものを見ての驚きがある。参道を伝い、たどる山岳信仰の信仰者達の眼に突然飛び込んでくる五重塔の存在、その瞬間、心に引き起こされた驚きこそ、この五重塔がここに存在することの意味であったのかもしれない。

この五重塔の中の須弥壇には大国主命《おおくにぬしのみこと》（神道）が祀られ、これは明治期の廃仏毀釈の影響によるといわれる。初重に心柱はなく中心部は四天柱のみで構成される。須弥壇の背後には五重塔であるのに来迎壁*3すら設置され、当初は棟札によると聖観音像が本尊として安置されていたとされる。

既述したように五重塔は本来、仏教建築であり、釈迦の墓であるから仏舎利が安置されるはずだが、そこに大国主命や聖観音像が持ち込まれ祀られる。これらのことも神仏混淆のなせることかとその空間性の時代による変遷にも驚きを禁じ得ない。異なった宗教空間を破壊することなくその変遷を受け入れる形でもあった。

＊2　この羽黒山五重塔は谷の底部に位置し、参道入口の随神門から石段で継子《ままこ》坂を一気に降りてアプローチしてゆく。しかもそこから先は再び塔より高い高木の森の中に入り二の坂、三の坂と今度は先ほど降りてきた以上の高さを月山、湯殿山、羽黒山の三山を合祭した三神合祭殿まで石段を昇らなければならない。総延長、一・七キロ、総石段数二千四百四十六段を上下する。つまり五重塔は谷の底に位置し、全く目立たず、湿気の多い、木造建築には厳しい環境の中に建っている。

＊3　五重塔は四面をほとんど同じ見え方をする。階段のあることが正面性を示すことが多い。つまり四面性の強い五重塔に来迎壁を入れることは正面性を強調することになる。

○仏教寺院建築における空白

日本最初の本格的仏教寺院建築であった飛鳥寺の伽藍配置（図15）は平地（平面）において構成される。回廊内は塔を中心とし三金堂が塔を向く、中心的伽藍配置をもっているが、回廊内にある庭にどの建物にも向いていない庭がある。中金堂の左・右つまり横であり、伽藍配置の中心軸（正面）からいえば東金堂と西金堂の裏側（東・西金堂から言えば横）にあたる庭である。しかもそれらの庭が一番広い。その広い庭がすべての建物の正面に面していない。どの建物にとってもその二つの庭は裏か横に面しているのである。

中心である五重塔に向いた三金堂の前には前庭としては狭すぎる隙間とも言えそうな庭しかない。回廊という低い建物ではなく五重塔と三金堂という高い建物の間にあるのに隙間といえるほどの広さである。五重塔の正面も中門が回廊より大きく、一間分突き出ているため正面でありながら狭い庭しかない。建物の配置が重視されていたのである。

塔という中心をもち、そこが奥である平面構成をもちながら空白、空洞があらわれる。空白が全体構成を支えていることが見て取れる。

他の古代寺院の伽藍配置においてもそうした空白の庭空間があらわれる。

薬師寺においては東・西両塔の北側（横）を長大な空白の庭空間が占めている（図28－2）。建物の面積に較べ、庭の面積が他の寺院伽藍配置に較べても圧倒的に大きい。空白性が回廊内を支配している。

中心建物である金堂においては前庭より後ろや横の庭が遥かに大きく、金堂は両横、後ろ

図28－2　薬師寺、六八〇年代（日本建築学会編『日本建築史図集』彰国社、一九八〇）

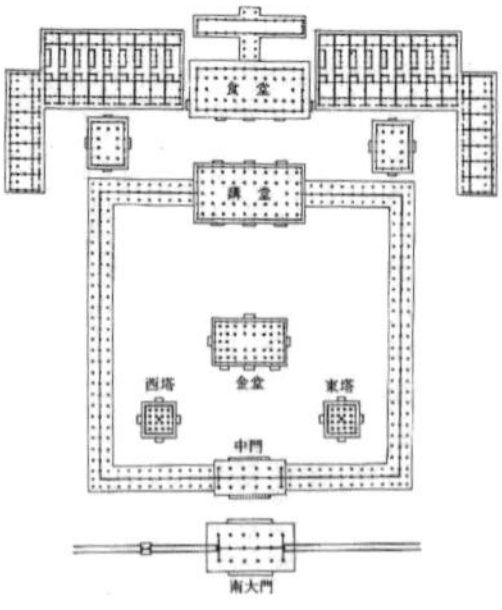

と三方を大きく空白の庭に囲われている感がある。金堂と講堂との間の庭は講堂の庭としても使われるから広いことにはある程度の理由はつけられる。しかしそこは金堂というこの寺、最重要な建物の裏側である。その方向に本尊は背中を向けている。[*1]

配置的に言えばこの図の中門と講堂の位置を逆転させ中門を通して北側から入れる配置を、もう一度、全体的に南・北逆転し南入する形にした方がより普通に見える。その方が使い勝手がいい。中心建物である金堂の前に広大な庭が拡がる。

そうした空間の逆転を意識させることでも空白が薬師寺の伽藍配置（図28-2）の構成を支えていることが考えられる。

回廊は、その中に庭を囲い込むという中心性をもつ。つまり庭という空いた空間を囲いとる中心性である。しかしその中に建物（五重塔、金堂）が建っている場合、建物によって仕切られた空白の庭をも伴って囲いとられる。

興福寺（図21）、東大寺（図22）の場合は、回廊に囲われた中庭に建物が建たないため、金堂の前側がすべて庭となり、回廊内には建物によって分かれてあらわれてくる部分的な空白は生じない。共に金堂だけの前庭になる。儀式・行事の時にはその前庭は空白ではなく、本尊に向かって正面を向いた人々で埋められる。これは使い勝手（用法）が考えられたいわば機能的な前庭が表現されているといえる。時代が進み儀式・行事での用法が重視されてゆく。

また寺院建築の個々の仏堂（金堂、本堂）の内部にも、本尊という中心の後ろの空間、北庇に空白を抱えながら日本の仏教建築空間が成立している（図11-1）。特に来迎壁がある場合、北庇という空間の空白性がさらに増す。来迎壁がなく仏像背後に光背《こうはい》があるだけでも明

＊1　玉置浩二（「安全地帯」）によるコンサート（二〇一九）が薬師寺の金堂と講堂との間の庭で公演された。講堂前が舞台となり本尊（金堂）が背中を向けた現代的な使い方である。二堂間の広さがこうした用法を生み出す。既述した回廊を講堂まで伸ばし拡げられた法隆寺西院の金堂、講堂間の庭も歌舞などでそうした使われ方がなされている（図23-1）。

らかにその後ろ（北庇）は裏という空白の空間となる。その場合、光背は視線が裏に通ってゆかない造形が多い。光背で視線を受け止め裏にゆかない構成にするのである。

宗教建築という正面性や中心軸線を強調する建物では、その中に中心空間（母屋）を構成する時、参拝者の礼拝方向（視線など）を母屋北側壁面（来迎壁）で「奥」を受け止めて跳ね返し、本尊への中心性に変換する方法をとることが多い。来迎壁ばかりでなく既述したように仏像の背後に取り付けられた光背もその役割を果たす。来迎壁がある場合は壁の仕切り性が強く発揮される。

本来は入ることを禁じられた場所とされていたのだろうが、来迎壁の裏側（北庇）に廻ると、正面中心軸線上の母屋に安置された本尊のある空間（母屋）の正面（南庇）から見た充実感に較べて、抜けたような空白感を感じる。奥でなく裏（空白）である。正面性が強ければ強いほど裏をつくりやすい。この充実した強い正面性に対し、裏側（北庇）にはポッカリと空いたような空白感を感じる。こうした空白をかかえながら日本の建築空間は成立していた。

むしろ正面性が強いほどその背後に光背や来迎壁といった正面性を受ける工夫が必要となり、そこに空白が添うようにあらわれる。空白を含めた表現があらわれてくる。つまり存在する空間は、使われることによってのみ成立するのではないということである。空白であることが意味性を増す。

正面からの視線を仏像で受けとめるばかりでなくその後ろの光背、来迎壁でも受けとめ、観察者（viewer）の視線や意識が裏に廻らないように造形化されているのである。その結果、来迎壁後ろの北庇の空間があっけらかんとした空白の空間として見えてしまう。仏像と建築

（金堂、本堂）はそれを受け入れながら空間構成され成立しているのである。その空白の空間は建立後、現在まで千年を遥かに越えた時間を経過しても空白のままであり、他の機能や役割を担わせられ、埋められることがない。空白の存在が「ある」ことが必要なのである。

仏像のほとんどが、正面という一方向性を向いてつくられている。仏像が人間の形に擬（擬人化）されているからである。それは正面から拝される場合は自然に見えるが、横や、特に後ろからの視線を考慮して造形化されてはいない。そのため来迎壁、光背などを設け、後ろからの視線をさえぎるよう建築物や仏像に工夫がこらされる。本尊の上にある天蓋《てんがい》も元々は貴人に差し掛けられた傘の造形化と考えられるが、金堂の二重以上の空白に意識を向けさせない工夫であろう。天蓋がいかにも豪華に設置される理由である。

金堂（本堂）の母屋の奥行が二間《けん》の建物が多い。二間という偶数間は母屋の側面の真ん中に柱が立つため、横から見る時その柱が母屋に安置された本尊の見え方を遮ってしまう。そのことは参拝者に対し横からは見えにくくして正面から見させる意図が強く働いていると考えられる。

また、二重という構成の多い金堂（本堂）においては母屋という中心空間の一重目に天井が張られ二重目全体が閉じ込められた闇という空白であることがほとんどである。つまり安置された本尊という中心の真上（二重目）が空白である（図18、図20）。しかも本尊は母屋の中心部に安置される。その天井裏の屋根の棟のところで屋根は一番高くなっている。本尊の真上に一番深い闇をかかえていることになる。

これらのことは中心の背景に空白が添うようにあることが形としてあらわれていることを示している。

仏像と建築空間とが一体となって造形化されており、その手法の中に空白が含み込まれていることのあらわれである。五重塔においても一重目に天井が張られ二重から上の内部はすべて空白の闇である。

特に五重塔は外形が、五重で上にいくほど細まって、天に向かう志向性が強く、逆に内部空間は、一重に天井が張られ、舎利が納められた中心柱の下、地に向かう志向性をもつ。つまり五重塔には、天と地に向かう相反する方向性が外観、内観に形成され一つの建物が存在するあり方がある。

中心性は中心一点に向かうばかりでなく拡散性を添わせながら示顕してくる。金堂（本堂）における来迎壁とその北庇の存在、本尊（母屋）上の二重目の闇の空間の存在、五重塔の空白を挟んだ外部と内部の天と地に向かう方向性の合体、金堂や塔の裏や横に空白の庭を抱えることなどはそのあらわれである。

○中心の空洞化（空白化）

平安時代、貴族にとって住居建築（住まい）である寝殿造の母屋という中心空間は、夜は寝む空間であり、昼は御座がある日常生活にとっても中心の場であった。儀式・行事にも使われた。しかし母屋が儀式・行事空間として使われることが多くなると、一方で普段の日常生活の時間には使われることがなくなり、空洞化（空白化）してゆく。住まう日常生活の場は母屋の廻りの庇という外光や外気が直接入ってくる場が使われた。庇が生活空間となってゆく（図11-3、図11-4）[＊1]。

＊1　庇の場は外部に接していたため、「端近《はしちか》」となり女君が男君の視線に曝され、垣間見られることで『源氏物語』という男女の物語が展開し始める。拙書『源氏物語空間読解』（鹿島出版会、二〇〇〇）及び拙論・博士論文「『源氏物語』における寝殿造住宅の空間的性質に関する研究」（東北大学、二〇〇一）及び『源氏物語 男君と女君の接近―寝殿造の光と闇』（河北新報社、二〇一三）に詳述している。

中心の空洞化（空白化）はさまざまな形でなされてゆく。

法隆寺西院中門の偶数間、つまり門の真ん中に柱が立つ形は正面からアプローチする者にとっては回廊内の空間へは拒絶されていると感じる（図16-1、図17）。つまりその人にとって内部は空洞化する。これも空白化である。当時の新たな方法と言える。

法隆寺西院金堂、五重塔の二重以上の内部に闇をもつことも一つの空洞化（空白化）の形態である（図18）。

金堂は本尊という中心を一重（一階）に持ちながら、二重を空洞とし、その二重の外観正面を偶数間（四間、図17）と中心軸線上に柱を立てることで閉鎖空間とし囲いとっている。一重は奇数間で参拝者の視線、礼拝意識を受け入れるが二重は偶数間で拒絶する。そして内部を空洞化（空白化）させる。空白化の一つの表現と言える。そしてその空白部分は以後も使われることはなかった。

二重目まで使う建物には山門、楼閣などがあり、例えば慈照寺銀閣（一四八九〜九六）があるが数は少ない。三重目まで使う建物は、鹿苑寺金閣（一三九八）、西本願寺飛雲閣（江戸時代前期頃？）など少数の建物だけであった。四重目以上を階として使うのは近世の城郭建築だけであろう。

延暦寺根本中堂（図29-1）もその床下を空洞化させる。床を回廊、外陣、中陣と次第に上げてゆき、その奥の内陣でそこまでたどり着くのに上げた床部分の高さすべてを取り込み、外部のスタート地点である地上と同じ高さまで床を一気に落下させる。中陣と内陣の高低差は約二・五メートルにも及ぶ。その分、内陣の天井までの高さは高くなる。つまり奥に行くにつれ次第に上がってきた床下空間という空白の高さ分を内陣下方向に取り込み、高く広い

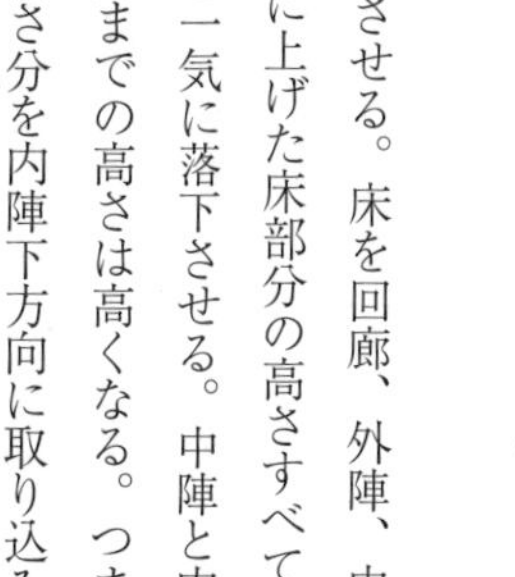

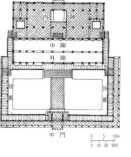

図29-1　延暦寺根本中堂　平面図、一六四〇年再建（日本建築学会編『日本建築史図集』彰国社、一九八〇）

空間をつくり出した。アプローチ途中の空白化といえる。強い意図的な操作性が働いている。

　上方向を取り込み高い空間をつくることはしばしばあるが、下方向を取り込むこの方法は、権現造などの相の間《あいのま》（石の間）に見られるが他にはあまり例を見ない。権現造では本殿と拝殿の間の外部空間を含めて大屋根で取り込み室内化したシンプルさがあり、相の間（石の間）床面と本殿、拝殿の床面とは一メートルほどの高低差である。これと比べて延暦寺根本中堂の場合の約二・五メートル沈む空間には闇をつくり出すことを含めた強い意図性が感じられる。*2

　断面図を見れば、外の地面と内部の一番奥の行き着いた先、内陣の床は同じ床高さであるというあっけらかんとした見え方に驚くが、断面図は人が見ることのできない見え方を示した図である。建物を垂直に切ってそれを無限遠から見た図である。断面は現実に見える姿ではない。むしろ、つくる側の意図、視点が込められる。

　中門→回廊→外陣→中陣→内陣と、入口（中門）から中心空間の奥（内陣）までの間の長いアプローチを観察者に気づかれないよう床を次第に上げてゆき、その上げた分を一気に内陣床で下げてしまう。地面という同一高さの平面の中で床の高低差を操作して内部空間をつくりあげている。内陣の床は背面外壁一枚向こうの外部空間の地面と同じ高さの土間である（図29-2、断面図）。空間の操作性が非常に高いと言える。

　天井面は建物内では外陣、中陣で天井高さを同じとし、内陣でも前部庇（ここから床が沈んでいる）では外陣、中陣と同じ天井高さとするが、内陣中心（母屋）部分は天井高さを上げている。つまり床面高さ、天井高さを双方上・下に操作し取り込み広げ、上方の闇と下方の闇を合わせて深く囲いとろうとする意図が見える。空間性を内陣中心（奥）へと高めてい

＊2　人間の背や手を伸ばした高さをはるかに越える高さには強い意図性が感じられる。アプローチにおける床下という高さを吸い上げながら地や闇とつながりを求める意図的に造形化された空間である。

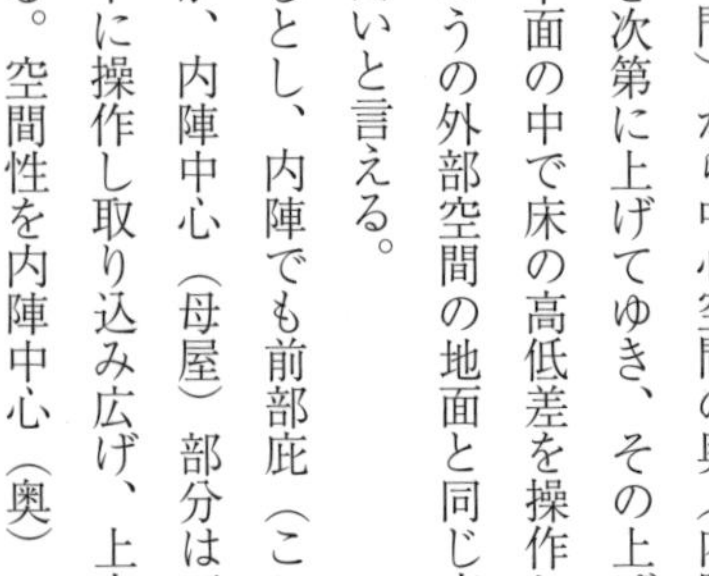

図29-2　延暦寺根本中堂　断面図（日本建築学会編『日本建築史図集』彰国社、一九八〇）

るのである。

断面図の特性について記したが平面図も、建物を人間の腰（臍）の高さあたりを水平に切って、それを無限遠の上方から見下ろした水平断面図である。そうした意味では断面図と言えるが、現実には、人はこうした視点から見ることはできない。内陣にアプローチしてゆく参拝者には、これら断面図、平面図の見方は空間としてはほとんど厳密には実感できないと言っていい。

我々、主体は外観を見ている時、内部は見えていない。内部を見ている時、外観は見えていない。空間を体験する時、起こることである。

観察者の意識は中心部である奥に向かう上昇感から転じて、行き着いた内陣の二・五メートルの落下に直面して驚くのである。天井方向ばかりでなく床下方向にも闇をかかえる。そのためこの闇は地とのつながりが発生する。多くの寺院建築がもつ二重以上に空白をもつこととは異なった方法である。ただし和様である。ここでも屋根面と天井面の間に空洞を抱える。

延暦寺根本中堂に千二百年間灯り続けたとされる「不滅の法灯」も内陣の深く沈んだ闇の中にあることでその存在感が際立つ。この建物の内部空間には深い闇をつくること、それを造形化することが企てられていると考えられる。

しかもこの根本中堂自体が廻りの高所から見下ろされるような沈んだ土地に建てられている（図29-3）。山の中の地に向かってえぐり込まれたように立ち、そのため外観を目立たせ、遠くから見せようという意識が見られない。この堂の特徴でもある。

近代建築以後、空間を隅々まで使うことが徹底して押し進められてきた。その結果、古代

図29-3　延暦寺根本中堂、一六四〇年再建（日本建築学会編『日本建築史図集』彰国社、一九八〇）

からあった空洞化（空白化）という方法を切り捨ててゆく。囲い込んだ空間はすべて使われ、空洞（空白）は、その存在の理由を問われずに機能によって侵食されてゆく。

機能性と異なり空洞化（空白化）という方法の背後にある空白、空洞は沈黙する。しかしそこに存在している。空白としてそこに「ある」。解釈を待っているかのようである。そうした建物、空間は解釈されることもなくしばしば壊されたりするが、人知れず過去からあるもの、あること、また記録の中に残っていく。

○無限、その形

無限という形はどう描かれ、あるいはつくられてきたのだろうか。人は無限に想いをいだき、それを見たい、あるいは形につくり出したいと想う。形にすることはその一つの実現である。

日本に平安時代からつくり出された絵巻物[*1]という絵画の形式がある。絵巻物を拡げるにつれて、話も、絵も「奥」に進んでゆく。絵は初め隠れている。巻物の中に長い空間が巻き込まれている。少しずつ伸ばし拡げてゆくことによって物語も時間も空間も現われる。絵巻物は拡げられる一方で初めの方から巻き取られてゆく。巻き取られた部分とまだ残っている巻かれた部分の間の、巻かれていない今見ている部分に見る者の現在がある。

絵巻の最後はそこで終わっているのだろうか。巻物という無限に続き得る形式を採ったことの意味が残される。巻物の中の、はじめの前、また終わりの先は空白である。巻物は空白を含んで構成されている。

＊1　絵巻物については拙書『日本の建築空間』（新風書房、一九九六）の「絵巻物の見え方」の項、参照。

次に記す書院造「屋敷図[*2]」（図30）では一町四方（約百二十メートル角）の敷地の中に武士の屋敷が展開される。武士の時代、江戸幕府の大棟梁平内政信《へいのうちまさのぶ》によって描かれた伝書（木割書）『匠明《しょうめい》』（一六〇八）に「屋敷図」はある。

そこに武士の屋敷の空間構成のあり方が見てとれる。これは武家屋敷の配置図なのだが書院という一つの建物ではなく一戸の屋敷としての集合体が描かれている。

そこには建物や塀が雁行してつながられている形姿がある。その家の住まいとしての建物群、塀はほとんどすべてつながられている。長屋、蔵などに切り離されているものもあるが、それらの建物自体が一戸の屋敷の仕切りや区画を形成している。

＊2　書院造（「屋敷図」）については、拙書『日本建築空間史—中心と奥』（鹿島出版会、二〇一六）第九章「書院造」の第一節「書院造の空間構成」の第一節「書院造の空間構成」の『匠明』殿屋集・屋敷図—書院造」「『匠明』屋敷図の平面構成と中心性」「寝殿造（貴族）と書院造（武士）の違い」「正方形の敷地の崩壊」の各項に詳述している。

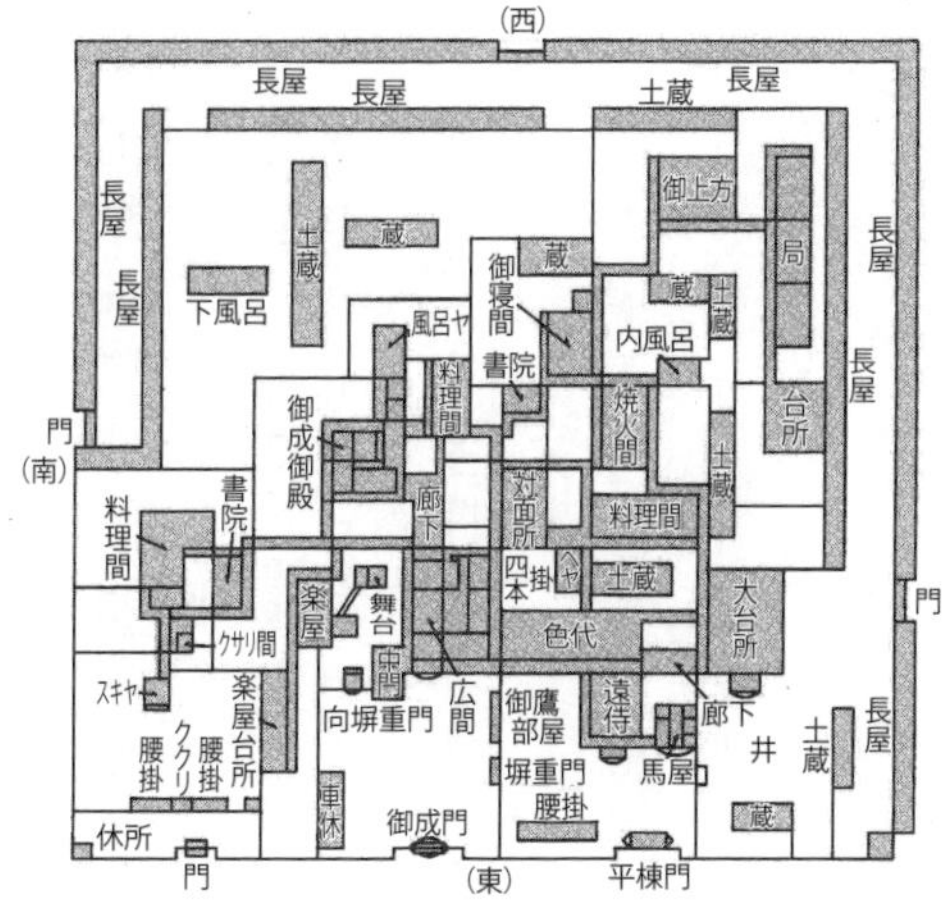

図30　「書院造」（『匠明』殿屋集・屋敷図、一六〇八）（作図）

建物群の中の「雁行」も無限に続いてゆく「雁行」の一部を切り取った姿（形）で現実にはあらわれてくる。ただしその先が望まれている形である。奥への志向性が、強く表現にあらわれる。「奥」は尽きない無限と言っていい。

『家屋雑考』（一八四二）には、

「書院造といふは、玄関、広間、書院、客座敷、居間、奥の屋などいふ造りかたにて」

とあって、「書院造」という言葉の定義が示されている。屋敷の中の建築群の「造りかた」を示している。この書は武士の時代に書かれた書である。「書院造」に関しては特に信頼性が高いと考えられる。

すでに記したが貴族の時代の「寝殿造」は『家屋雑考』に同じ「といふは」という言葉を使って、

「寝殿造といふは、一家一構の内」

と敷地内（屋敷内）全体を指すことが記されている。同じ書の中で両者に「造りかたにて」と「一家一構の内」と記されたように大きな違いのあることが表現されている。

書院造（「屋敷図」、図30）には日本の家づくりが混成されている姿、形がある。いくつもの中心性が距離を置き配され、かつつなげられている。時に渦巻くように配されている。対面・接客、公・私、食事、家族、家臣、使用人、女性の場が、門、式台、遠侍、広間、御成御殿、対面所、書院、舞台、数寄屋、茶室、料理の間、御寝間、御上方、台所、局、風呂、土蔵、長屋など建築空間として、それらの機能や場の特性を生かしながら混成され、方一町（約百二十×百二十メートル）といわれる敷地の中に庭という空白をはさんで配置されている。混成も無限を志向する。

これは平安時代の寝殿造の仕切り、室礼によってその時々でそうした場をつくり出すのとは異なり、対面、接客、能（芸）、茶、食事、私的空間構成要素といった各々の機能に、別々の建物をあてたあり方が表れている。いくつかの中心領域を雁行、複合させながら形成されている。中心性と奥性が複合されながら平面構成が変化してゆく。

地上につくられる螺旋《らせん》形も、無限に続く螺旋の一部を切り取ったものが形となってあらわれている。その前・後は空白であり無限にのびてゆく志向性を含んで表現される。

栄螺堂《さざえ》＊3（旧正宗寺円通三匝堂《さんそうどう》、寛政八年、一七九六、図31-1）においての螺旋は、地上にある入口を入って螺旋状に上昇するスロープをのぼってゆくと、いつの間にか地上に戻るという方法で建築空間化している。のぼりと下りが交差しない二重螺旋で、上昇空間と下降

＊3　栄螺堂については拙書『近代日本の建築空間—忘れられた日本の建築空間』（理工図書、一九九八）の第一章「江戸から幕末へ」の第一節「日本のらせん建築—栄螺堂」に詳述している。

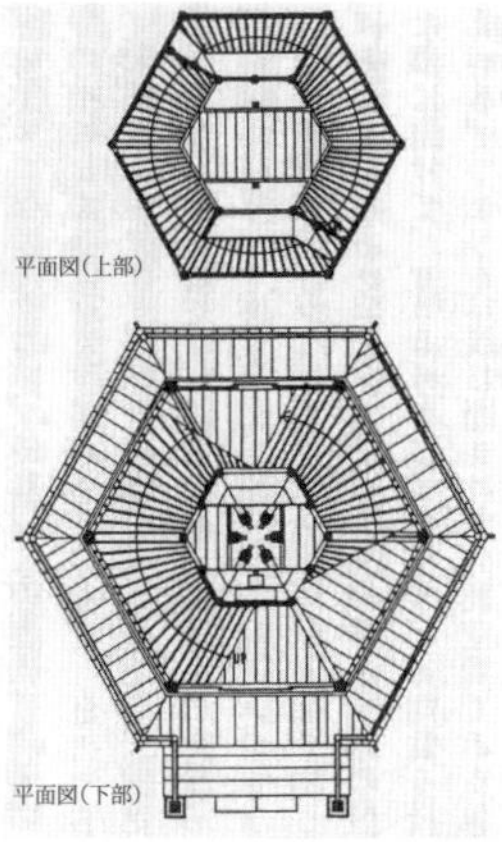

図31-1　栄螺堂（旧正宗寺円通三匝堂《さんそうどう》、寛政八年、一七九六）平面図（作図）（写真筆者）

空間が一体、あるいは裏・表となって表現されている。元に戻るばかりでなく続ければ永遠に旋回することになる。これも無限である。中心部には西国巡礼が濃縮され、スロープを巡ることで聖地巡礼を擬似体験する。中心にある各層札所（霊場）で賽銭を投げ入れると地上の一箇所に集まってくる超合理性とが合体している。こうした栄螺堂と呼ばれる建物は会津ばかりでなく江戸などにもあった。見世物空間でもある。

入口が出口であり表と裏とが合体する。優れた概念の空間化である。ここには二重螺旋という無限が表現される。しかも囲いとった空間をすべて使うという合理性があらわれている。建築空間や都市空間において、螺旋の空間や螺旋の平面はほとんどないと言われている。会津若松の栄螺堂のような直接的な表現は珍しいが、栄螺堂のようなもの、また縄文土器のようなものがある以上、日本に螺旋を見る見方、それを形として存在させる技術があったのである。

京都の蓮華《れんげ》王院《おういん》の本堂である三十三間堂（図31-2）*4は間口の長い建物として知られている。古くからこの三十三間堂の背面西側軒下、長さ約百二十メートルを何本射通したかを競う「通し矢」で有名である。それも建物が長いことの譬えともなっている。軒下百二十メートルを翔ぶ矢羽根や弦の音が軒裏に反射し響く。*5

平安末期（一一六四）に建てられ、現在のものは一二六六年に再建された。三十三間堂は、間面記法が建物の名前の源となっていて、この三十三間は母屋の正面間口を示している。建物全体の間口ではない。建物全体は三十五間ある。間口三十三間、奥行三間の母屋に四面庇がついている。つまり間面記法でいう、三十三間四面の建物である。

この長さにまず驚かされる。しかもその内部の母屋に千体仏（本尊の千手観音坐像と千手

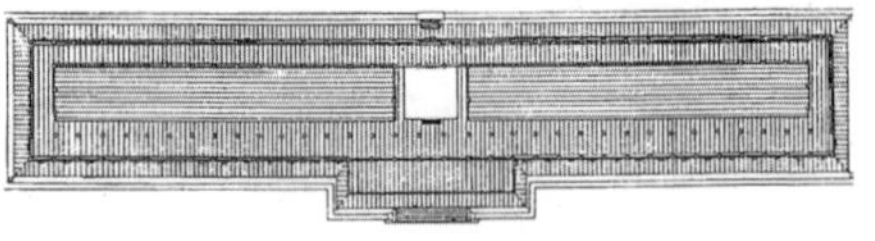

図31-2 蓮華王院本堂（三十三間堂）（中川武編『日本建築みどころ事典』東京堂出版、一九九六）

*4 三十三間堂については拙書『日本建築空間史—中心と奥』（鹿島出版会、二〇一六）第五章「古代建築と中心」の第一節「間面記法と中心性」の「蓮華王院本堂（三十三間堂）」の項に詳述している。

*5 魔除けのため、弓の弦を弾いて鳴らすこと（弦打《つるうち》）は『源氏物語』夕顔の巻に光源氏が物の怪を祓うため鳴らさせる場面にある。

観音立像千体を合わせて一千一体）が安置されている。千一体をまともに母屋の中に並べた。この千という数には限られた数ではなく無数、無限という意味が込められる。つまり三十三間という建物（母屋）の長さに、また千一体という仏像の数に、無限を表象させている。さらに建物の一直線に延びる棟や軒がその形を強調する。建物表現における無限と観世音菩薩の無限の慈悲が表現される。

無限をあらわすには、しばしばその切りとった一部を示すという方法が採られてきた。いずれも「無限」の中にある空白、空洞を含めて形にしたものである。あるいは無限という限られた先のない方向性を志向し形にしている。

無限を形で表現するのはむずかしい。現実にある形は有限であるからだ。その有限によって無限という形をどう表現するかが問われてきたのである。そこに空白を含めて表現する方法もあった。「奥」という言葉も無限や空白を含めて表現される。そしてその形が探られる。

○空間における平行性と中心性の違い――イスラム建築

キリスト教会堂の内部空間には形として到達点があり、そこが建築空間の中心として表現される。聖壇であり十字架であったり、開口部から注ぎ込む光そのものであったりする。キリスト教会堂では中心は空洞化しない。

イスラム教では、ムハンマド（マホメット、五七一頃～六三二）の布教後、特にモスク（イスラム教の礼拝堂）が建てられ始める。モスクは日本の本堂（本殿）ではなく、あえて言えば拝殿である。そこでは世界中のモスクがメッカに向けて建てられ、拝する先が、それぞれのモスクの内部空間においてキブラ壁、ミフラーブ（龕《がん》）によってその方向が示される。それは建物内部空間における方向性ではなく、現実には見えない、遠く外部のメッカへの方向性を壁や龕という形で示している。

イスラム建築（モスク）の中にある中心のようにも見えるキブラ壁、あるいはミフラーブ（龕）は、メッカのマスジド・ハラーム（ハラームモスク）の中心、カーバ神殿への方向を示すだけでその建物自身（モスク）の空間的中心とはいえない。モスク内は、いわば見えない平行線がメッカを向いているのである。

信徒は礼拝時、そのモスクの中のキリスト教会堂でいう祭壇に向かっているのではない（図32-1）。メッカに向かって一人ひとり、平行に礼拝しているのである。その意味で信徒一人ひとりが直接、神に向かって礼拝する一つのあり方である。

建築空間の中では平行性なのである。そこで礼拝する人々はあくまで遠く（無限遠）にあるメッカに向いて平行に並ぶ。平行性は焦点を結ばないことで無限ともつながっている。つまりモスクの内部空間は平行性を志向し、無限へ向かっている。これも無限の一つの形である。

それは自分とキブラ壁を結んだ線の延長線上ではない。厳密に言えばミフラーブ、キブラ壁に正対する時、点（メッカ）と線とが重なりメッカのカーバ神殿にキブラ壁を挟んで一直線で面することになるが広いモスク内ではほとんどの信徒がそんな場所に座す機会に出会わない。モスク内部どこからでもメッカに向かうのである。信徒にとってモスクの中の柱が目の前に建っていても、ずれて建っていても、キブラ壁が遠く脇の方にあっても構わない（図32-2）。ひたすらメッカに直接向かう。そのこともあって、モスクは奥行より間口の広い建

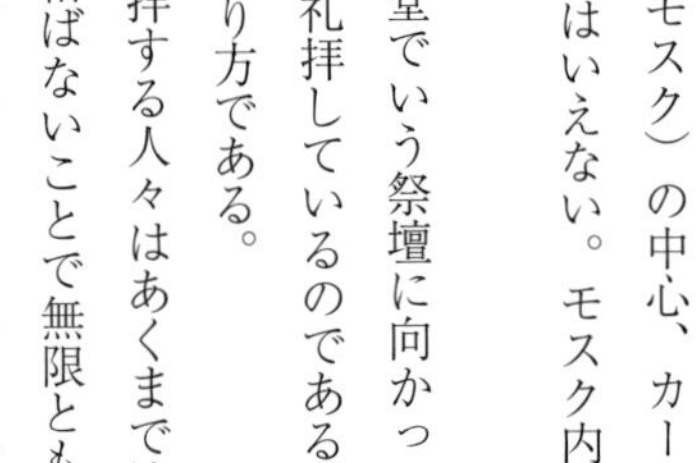

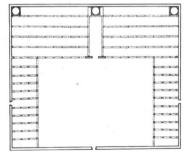

図32-1　アズハル・モスク（九七〇～七二）カイロ（クレスウエルによる復元平面図）
(John D. Hoag「ISLAMIC ARCHITECTURE」Harry N. Abrams.Inc., New York 1977)

物が多い。

キブラ壁の前に広く敷かれた絨毯は時に平行状あるいは格子状に編まれていて、その平行線はメッカに向かって走っている。平行性だけが重要なのである。平行線の間に一人が座し拝する。世界中のモスクで一日に五回、カーバ神殿に向かって礼拝がなされる。

奥行の長いキリスト教会堂平面と異なり、モスクは間口を広くして（図32-1）メッカに向いていることが多い。モスク内に強い平行性があらわれる。形の問題に限れば、中心性が強く奥行の深い形よりはるかに多くの人々を神が等しく受け入れる形である。

モスクでの礼拝者の指向は建築の内部空間を超えて拡がっている。それはキリスト教会堂の内部空間、身廊あるいは祭壇に求心的に向かう中心性とは異質な空間性なのである。

つまりイスラム建築（モスク）、その内部空間は中心性をもたず平行性が空間を占めている。単体のモスク内部は平行性が空間を支配するが、方向性がそのモスクを越えて唯一メッカに向くことでは求心的である。メッカから遠く離れているモスク単体の中では平行性が空間を支配する。

ただし中心地（聖地）であるメッカの中では異なってくる。中心性に関わってくる。ハラームモスクはその中心部にある聖地カーバ（カーバ神殿）を礼拝するためのモスクである。そのためここにはキブラ壁はない。まさに中心のあらわれが表現されている。ここではキブラ壁のないことが中心性を表わしている。ないことが意味を生じさせているのである。場所は個々の建築空間の方向性を変える。ここでもないことが意味を持ち、しかも中心性とかかわっている。

世界中の一般の建築物がメッカを向いているわけではない。むしろ向いていない。そうし

図32-2　モスク内部（カイロ）

た建物の中のキブラ壁はその建物、その内部空間、さらに周辺の建物、敷地、道路とは角度が振れ、世界中でキブラ壁が存在感を示すことになる。見えない線が方向を示している。世界中にイスラム空間があらわれる。そのことは自分のいる位置や方向を知ることにもなる。航海をする人間にとっての自分の位置を知る北極星に当たると言えるかもしれない。

○モスクの平行性とキリスト教会堂の求心性—メスキータ

地中海を挟んで、アフリカから対岸の最も近いヨーロッパの地であるスペインにイスラム勢力が侵攻（七一一）し、ゲルマン系の西ゴート王国を滅ぼす。モスクが建てられてゆく。かつて西ゴート族のキリスト教会であったコルドバの大モスク（メスキータ、七八五〜一一〇一、図32-3）はモスクとして三度（八四八年、九六一年、九八七年）大きな拡張がな

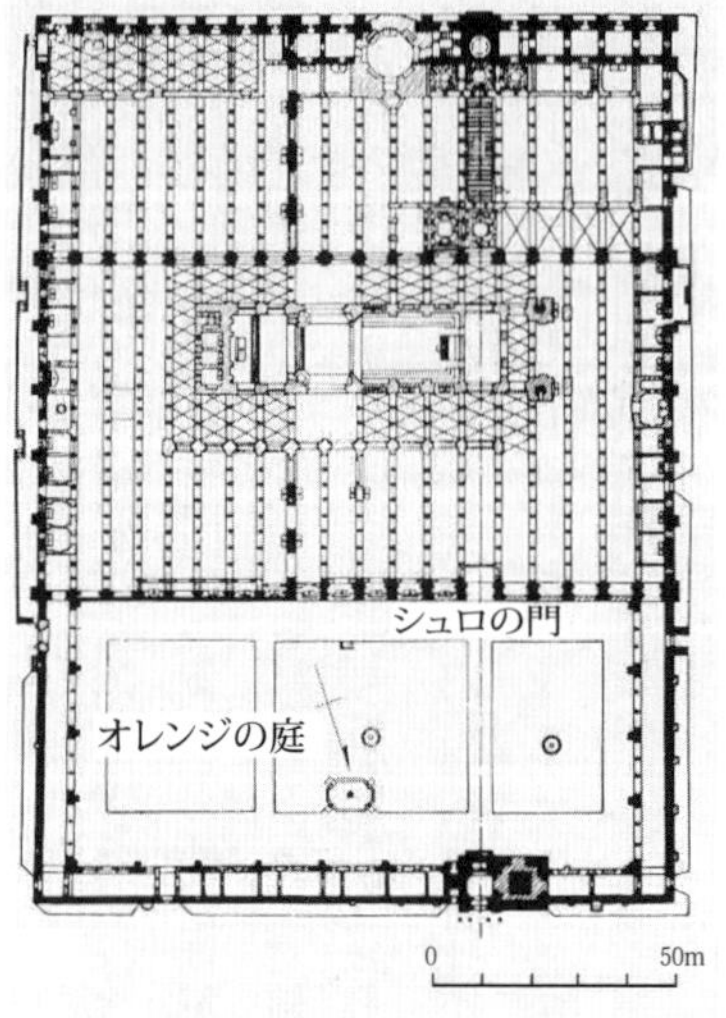

図32-3　コルドバの大モスク（メスキータ、七八五〜一一〇一）（日本建築学会編『西洋建築史図集』彰国社、一九八一）（テキスト加筆）

され平面広大な内部空間が形成された。

その後、コロンブスがアメリカ大陸に到達した年（一四九二）、スペイン南部アンダルシア地方のグラナダが陥落し[*1]、この地をヨーロッパのキリスト教勢力が支配した。

モスクとして造形化されたこのコルドバの大モスク（メスキータ）がキリスト教徒によって次第に改造され、さまざまな様式（ゴシック、ロマネスク、バロック）が取り込まれる。

しかしキリスト教徒はメスキータを破壊せず、内部にキリスト教会堂を建てる。モスクという平行性が支配している内部空間にキリスト教会堂（一五四七〜九九）という求心的な建物が立っているのを現在も見ることができる。

しかもモスクのほぼ中心に、メッカに向かった平行な空間構成に対し九十度角度を振った直角方向に軸線をもってこのキリスト教会堂は組み込まれている。両宗教空間に交差軸を発生させることで両立させている。

まさにイスラム空間という空白の中にキリスト教空間が飛び地のように置かれ、空白化をなしたのである。それはキリスト教空間を主張している。

この九十度振ることにはイスラム建築空間における平行性を感知し、それに対するにキリスト教建築空間の中心性、そこへの軸性（礼拝軸）を顕示するという計画者の強い意図が示されていると考えられる。オレンジの前庭（中庭）側からシュロの門を通ってミフラーブに向かうイスラムモスクの平行線状に形成された空間の中にキリスト教会堂の軸線（礼拝軸）を直角に交差させ配置する。モスク空間における平行性、信者の占める位置の均質性がこうした構成を受け入れている。

ヨーロッパにおける両宗教勢力の形、構成のうえでの一体化である。イスラムの平行性

＊1　一四九二年、国土回復運動《レコンキスタ》（再征服運動）の終了。

が支配する空間に、キリスト教の求心的でそこへの軸性（礼拝軸）をもつ異質な宗教空間を、平行構成の中心部に角度を九十度振って内蔵することで空間性における両立を図ったのである。モスク内では平行性が空間を支配するのでその中心部をキリスト教会堂が占めても両立し得た。キリスト教会堂の方も建物の中心部を占め宗教空間としての構成を満たした。

そのキリスト教空間は教会堂建築の特性である高さが強調され、高さを押さえられたイスラムモスクの広大な天井面を突き破り天空に向かって突出し光を内部空間に呼び込む。モスクにおける平面での拡がりが強調される空間に垂直性が強調されるキリスト教会堂の建築空間を入れることで両立させている。混成である。

モスク構成のままで中心部を占めることは四周からの光を期待できない。それゆえに屋根上に突き出たキリスト教会堂建築の上方（クリアストーリー、高窓）から光を入れる特性が強調、表現される。キリスト教会堂の内部空間が光を強調して扱う空間であることが対比的に示されている。つまりキリスト教会堂建築の特性を存分に発揮させ利用し、既存イスラム建築空間の中に両者の混成空間をつくり上げたのである。形は時にこうした混成によって両立を生み出す。

このコルドバのもともとの大モスクの内部空間へは基本的に前庭側から光を入れ、キリスト教会堂のように上方から中心に向けて光を降り注がせるという入れ方をしない。メッカへの方向性を示すミフラーブ（龕《がん》）への光も抑制された光である。そこは中心ではないからだ。キリスト教会堂の中心部である聖壇や身廊への降り注ぐような光を入れる構成とはしていない。中心はメッカである。

メスキータはモスク時代、既述したように北側の前庭（オレンジの中庭）側全面から光を入れていたが、現在はシュロの門だけ開けられその他はキリスト教徒によって塞がれた。このことも横からの光でなく内部のキリスト教会堂の上方、クリアストーリーからの光を強調するための構成であったと考えられる。

光の扱い方が両者で異なる。全体でキリスト教会堂の、求心性、垂直性とイスラムモスクの平行性、水平性を合わせて表現されている。

ここにもこのイスラムモスクとキリスト教会堂の形の差が並立、表出される。これも混成の一つの試みである。イスラム、キリスト教両空間の特性が対比的にあらわされている。光を操作すること、その違いはもの、空間の見え方を変え、宗教による空間性の差をも表出する。

これらのことはすべてを壊し新たに征服者の空間をつくるのではなく、点在という方法によって空白の中に飛び地を置くことで新たな中心をつくりあげたことを意味している。しかも両者の異なる空間の方向性、特性を両立させている。それはイスラム空間、キリスト教空間を合体、混成、両立させ、新たな空間をつくり上げたことを意味する。結果としての混成はそれを感じ取る意識を無限に刺激する。

○円空間――カルロス五世宮とパンテオン

このメスキータの中にキリスト教会堂を建てさせたのはカルロス五世（一五〇〇～五八）である。彼は、グラナダのアルハンブラ宮殿ライオンの中庭の隣に矩形平面の中に円形の中庭をもつカルロス五世宮（一五二七〜九二、図32-4）をつくっている。ほぼ正方形平面（約六十三メートル角）の建物の中に中心を同一にして内部に空洞のように円形広場（直径三十メートル）をもつ。

円堂形式では、コーナー（隅角部）が発生しないので柱のオーダーはどのオーダーを採っても納まる。ここでは円堂をアウトサイドインして円柱の列柱が庭という空洞を囲む形となる。一階がドリス式オーダーで二階がイオニア式オーダーで構成されている。この円形中庭では、階の差はこのオーダーの差で意識、識別される。しかし囲い込まれた円庭（ヴォイド《void》の円空間）の中では、方向性を強調することが難しい。

直径三十メートルの円形中庭の中に入り込んでゆくと自分のいる位置を見失う。外形が矩形であるだけに円形中庭に入った時の方向感覚の迷いは激しい。周りどこを見ても同じファサードがあり、今入ってきた入口ですら見失う。円という中心を一点もつ明快な形が、人の動きを入れると逆に迷宮となる。正方形と円という中心を同じくする中心性が強い図形であっても、それが空間として地上に出現し人間が入り込むと、シンプルで分かりやすいと思っていた中心性が違った相貌を帯びてくる。

いわば円は一つの曲面を持ち、矩形は四つの面をもつ。円は中心が一つで一つの曲面（曲線）で囲われ完結しているからわかりやすそうに見えるが、矩形の方が自分のアプローチする面とその他の面を識別できるのでかえって分かりやすい場合が多い。

円は一点の中心をもち求心的といわれるが、図面上ではそうであっても、縮尺ではない原寸、つまり実際にその空間に人間が入り込んだ時、中心の位置はわからず円空間は迷宮に変わる。人は方向性を失い、位置関係が定かでなくなる。図形を見ることとその空間に入り込

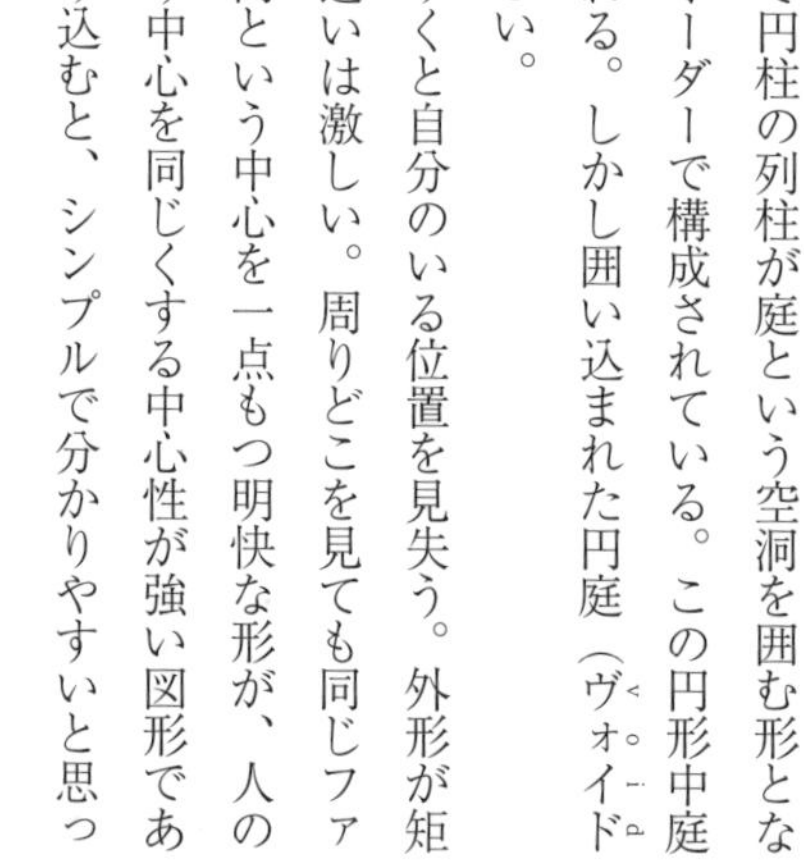

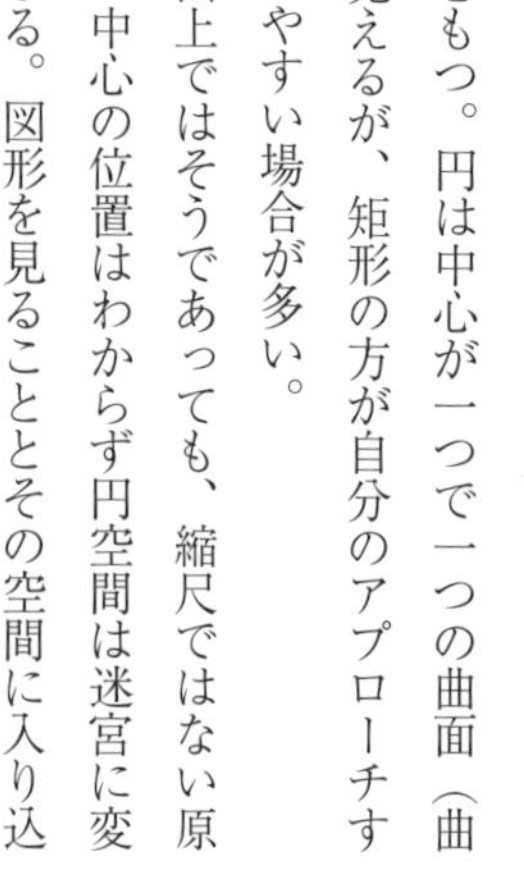

図32-4　カルロス五世宮、グラナダ（一五二七〜九二）、平面図（John D. Hoag「ISLAMIC ARCHITECTURE」Harry N. Abrams, Inc., New York 1977）、（写真筆者）

むこととはそれぞれ、人に異なった空間性を感じさせる。

また円形の建物は、方向性が失われ正面をどこにするか明快にしにくい。つまり正面性を出しにくい形式でもある。円形プランのローマのパンテオンでは正面を示すためギリシャ神殿風のファサードをもつ玄関柱廊を付けている（図32-5）。そのため方向性がはっきりする。パンテオンは人間の知を象徴し迷宮であってはならなかった。内部に球の理念が示される。

この建物は、アグリッパ（前六三〜後一二）の創建したものが火災に遭い、その後、トラヤヌス帝の後を継いだハドリアヌス帝（七六〜一三八、在位一一七〜一三八）が設計に関わ

図32-5　パンテオン、正面、ローマ（一一八〜一二八）（写真筆者）
パンテオン内部（写真筆者）
パンテオン、断面図・平面図
（日本建築学会編『西洋建築史図集』彰国社、一九八一）

り、一一八〜一二八年頃、完成したとされている。

　球を内包したパンテオンは、「万有神殿」と訳されている。地上のすべてのものがこの球の中に有るという理念が、天空へのイメージと重ねられ表現されているであろう。[*1]それはこのあと、同じハドリアヌスがローマ郊外のヴィラ・アドリアーナ（一一八〜三八）に長い時間を掛けて増築を続け実現していった帝国領土の記憶や夢に形を与えることとは異なる世界であった。

　この球の下半分の半球は眼には見えない形として造形化され、見えない下面の頂点を地に接している。そこがパンテオンの平面（円）上の中心ともなる。

　それればかりではない。球の頂部は開口部が空けられているので球が水平に切断され、球の頂部も見えない線、見えない面で形成されている。つまりこのパンテオンに内包された球は天と地とを見えない点・線・面によって形成されているのである。幾何学における補助線を暗示するかのようである。

　パンテオンは天と地に挟まれた球である。つまり球の頂部も球の下半分も見えない点・線・面によって形成されているが、見えない中にも形があることを示している。ここにもパンテオンが表現していることの重要性、革新性がある。紀元二世紀初めである。人の眼に見えない点・線・面も空間を形成している。それを見付けてゆく必要がある。ここでも見えないという「ない」ことが意味をもたらしている。

　この球の中心には人は立つことができない。この球の中心は宙に浮いている。浮遊する中心である。しかしその球を意識し見分けることができる。見えない点や線や面を見分ければその存在が浮かび上がってくる。その内部空間は人間が理念を眼にし、理解可能な空

＊1　この球形あるいは半球にはアリストテレス（BC三八四〜三二二）がイメージした宇宙という世界、理念、つまり大地（地球）を中心（天動説）とする天球が提示されているのかもしれない。

間である。

球で象徴される幾何学、数学は当時、世界を知る方法であった。つまりそれは、建築の世界では建築を知る、あるいは解く方法でもあった。人間が理解する方法がそこに示されている。

しかしこの理念も、パンテオンの外観を見れば球には見えない。建築という構築物が表出される時、幾何学が建築空間へと変質するのである。理念が建築へと変質する瞬間、空間が発生する。その時、幾何学は消える。

ここには天井裏という闇の空間はなく、内径四十三メートルのドームを支える煉瓦の組積とコンクリートの分厚い構造体がそこを占めている。それを人はある時は外部から、ある時は内部から見つめるのである。内部と外部とで形を変える。空間を地上に現わすとは、理念や概念ばかりでなくそれを支える現実の方法（材料、技術など）が求められ、それらを合体した結果あらわれてくる。

古典建築、ルネサンス建築でいえば、比例という理念が建築空間になる瞬間、比例は消える。現実の空間が姿をあらわす。建築を設計する者が心することである。幾何学や比例によって建築という構築物の形、概念が表出され、それが現実の建築空間へと変質する。理念が建築へと変質する瞬間、空間が発生する。その時、理念、幾何学、比例は消える。

逆に言えば、結果として提示された空間からそれらを、あるいはそれらの差を見付け出すには、幾何学における補助線にあたるものが、点・線・面という形にかかわるものばかりでなく、概念としてもいくつも、また幾種類も必要とされる。

列柱が囲う円形庭の迷宮性についてはカルロス五世宮のところで記したが、さらに複合された迷宮性があらわれる建物にテンピエット（ブラマンテ、ローマ、一五〇二〜一〇、図32-6）を内包した空間がある。ペテロ磔刑の地とされる場所である。

テンピエットは、現状は外周を十六本の円柱に囲まれた円形建物だが、この建物はブラマンテの計画では同じ十六本の円柱に囲われた円形中庭の中に立つ予定（図32-6、平面図）であった。そうなった時、この庭構成は二重の円形列柱に囲まれることになる。しかも図で見る限り外形は矩形である。外部から中に入った時、感じるこの二重の円の迷宮性は測り知れない。この二重の円は同心円である。中心は一点しかないのに迷宮性があらわれる。

円は中心が一焦点で明快にあらわれると思われがちだが、実際にこの庭に入り込めば、

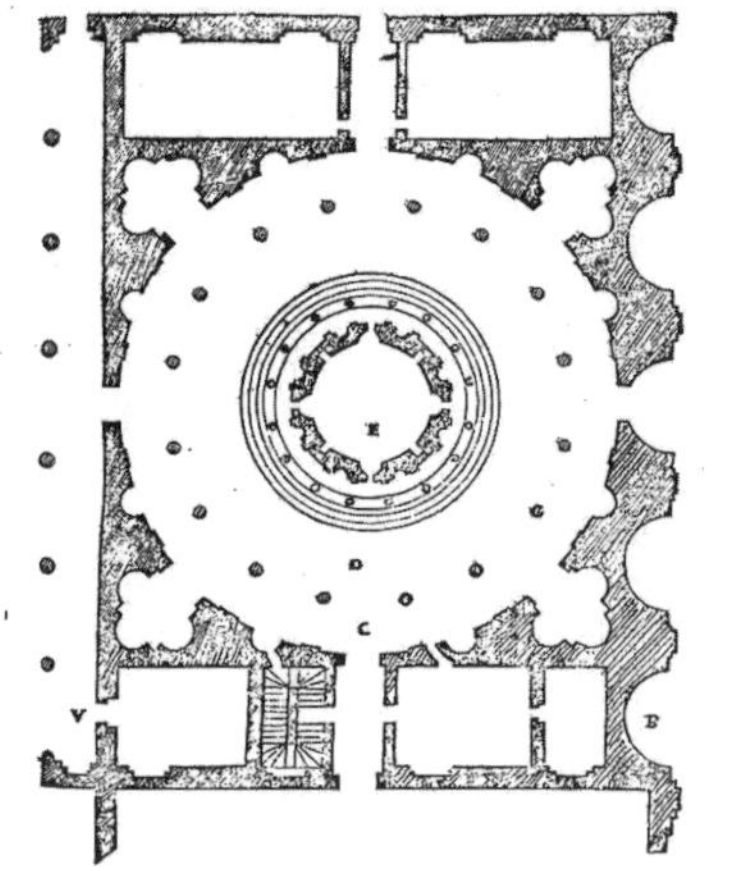

図32-6　テンピエット（ブラマンテ、ローマ、一五〇二〜一〇）
（日本建築学会編『西洋建築史図集』彰国社、一九八一）
木版画平面図（セルリオ「建築書」より）
（図はPeter Murray「ENAISSANCE ARCHITECTURE」Harry N. Abrams. Inc. New York 1971）

前・後を円形列柱に挟まれ、つまり二重に取り巻かれ、自分のいる位置が一重よりさらにわかりにくく、迷宮性が増幅、感受される。

平面図のように列柱が円形に二重に囲っている間の空間に入り込む時、一方の円形列柱に意識を集中すればもう一重の円形列柱には意識が回らなくなる。自分のいる位置がわからなくなり、迷宮性が増してゆく。

円という一焦点の形も単純に扱われるばかりでなく、操作が加わり、人が実際に入り込むとき、多様な空間性があらわれる。迷宮性は円が持つ求心性、放射性という性質と異なるもう一つの特性と言えようか。

第四章　空白から浮遊へ

○日本建築における空白への手法―蟻壁、亀腹―バロックへの可能性
○浮遊の形
○白井晟一、丹下健三における浮遊
○偶数間の柱割り
○慈照寺東求堂の浮遊
○『方丈記』の家

石山寺多宝塔

石山寺多宝塔　見上図

○日本建築における空白への手法―蟻壁、亀腹―バロックへの可能性

空白をかかえる方法に、古くから日本建築では蟻壁《ありかべ》（図33）という天井を壁から浮かせてしまう造形がある。それは梁や天井を支える構造の主要構成物である柱を塗壁で隠してしまい、柱と梁、天井との関係を断ち切る。

日本の木造建築はそのほとんどが柱梁構成である。その建物を支え、最終的に大地に力を逃がしてゆく役割を柱が果たす。その柱を壁の中に隠してしまうのである。

日本建築は柱梁構成を見せることで安定した力学的バランス、視覚的バランスを追求してきた（図44）。それが天井との間に白壁を入れ、柱を消し、真壁《しんかべ》形式*1であるにもかかわらず、柱が天井を支えていない見え方をとる。つまりそこだけ大壁《おおかべ》*1にして、真壁の壁面に見えている柱の頂部を、蟻壁長押《なげし》、蟻壁という帯で室空間全体（四面）を水平に見切ってしまう。その蟻壁長押と天井との間の細い白壁（蟻壁）が空間を横に切断し、その室の四方を囲いとって、天井を宙に浮かせる。浮遊する空間が現出する。

つまり柱・梁を見せるという日本の伝統的壁面構成を破ってしまう。

蟻壁は、天井と蟻壁長押から下の空間を切り離す。かつ両者の空き間の伸縮度合いを観察者（viewer）にゆだね、高さに対する比例に、空白という曖昧な距離（空き間）を持ち込み視覚に対応させている。それは木割りなど各部の比例と大きさとの関係を曖昧にさせる。

蟻壁は天井に近いため、眼から遠く、座して下から見上げる視線に対し有効に働いた。つ

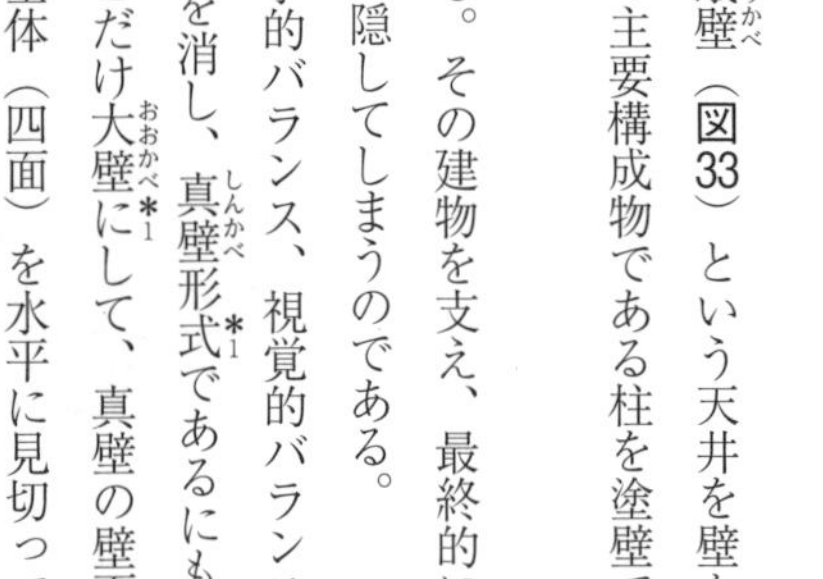
図33　園城寺光浄院客殿内部（一六〇一）（日本建築学会編『日本建築史図集』彰国社、一九八〇）

*1　真壁形式は軸組架構の柱・梁より壁を沈めて納め、構造軸組（柱・梁）を見せる方法であり、大壁形式は柱・梁の構造軸組を塗壁や板張りなどにして隠す方法である。

まり蟻壁とは一つには観察者に浮遊感を起こさせ、見え方において壁面の上・下のプロポーションを調整する方法でもあった。

蟻壁は、天井と壁を切り離し、天井を浮かせ、両者及び壁面のプロポーションを正確に測ることを難しく、あいまいにすることで空間造形への可能性を生み出している。蟻壁長押は上部に蟻壁をかかえ、天井と見切られることで、その下の壁面のプロポーションをも伸縮させる。

そのことで従来の壁と天井との関係のバランスを崩してしまう。天井が宙に浮き、柱・梁が支える日本建築の構造構成をそのまま見せることを否定する。

壁面構成の一部が抜けた状態、つまり壁面に空白をのみこんで一体的に囲いとるのである。蟻壁部分は室全体（矩形平面）で見れば方形《ほうけい》筒状に抜けている。つまり蟻壁をもつ空間は、あえて言えば現在でいう吹抜け的な見え方ともなる。

近世、日本建築の木割りという方法は柱の太さ（柱幅の寸法）からの比例で各部の寸法が決められ、それを全体に徹底して敷衍（全体化）することでなされてきた。つまり部分から全体を構成してゆく方法であった。柱が建物の荷重を支え、地震や風の動きに耐える構造的な構成を視覚的にあらわすバランスを追求してきた。

しかし木割りが細部まで徹底し決められてしまうと誰がやっても同じ空間を生み出してしまう。スケール感も似たものとなる。こうした規格化は作業性や生産性には有効に働くが新しい空間をつくり出す可能性が損なわれる。

蟻壁はそうした日本建築の手法に対する違犯である。

木割りは柱幅ばかりではなく、垂木断面の寸法、垂木間の心々距離（枝《し》）を規準としたその比例でも決められた。屋根を支える垂木の寸法が規準とされるということは外観が重視されていることのあらわれである。屋根の見え方が全体化への規準となっているのである。柱、屋根の見え方が日本建築にとって重視されていた。

日本建築は多くが柱・梁を露出させて見せる真壁構成をとる。柱幅の寸法を規準とすることもこれは外観、内観の見え方が重視されていることのあらわれである。柱は建物の外観、内観において基本的な空間構成要素として見え方を決めてくるからである。それを断ち切る蟻壁を存在させることは空間への重大な変更である。注視する必要がある。

柱や垂木を基準とすることは、いずれにしても部分の見え方が全体の見え方に影響を与えてゆく。全体化である。一つの寸法を決めることが全体を決めることになる。

蟻壁は、天井と壁を切り離し、天井を浮かせ、両者及び壁面のプロポーションを正確に知覚し測ることを難しく、あいまいにし、部分から全体をとらえる木割りという寸法体系に意図的に違犯する。しかし、それは一方で造形における大きな可能性をも秘め、生み出されていった。

蟻壁とは壁の、あるいは柱の空白化である。それがあることで室内に方形筒状の空白空間をのみこみ、壁と天井とが別々に見られ、観察者がそれぞれのプロポーションを感じ取ることが可能となる。空間の伸縮が観察者の視線に、観察者の見方にゆだねられる。そこでは壁、天井が、つまり対象が物として、あるいは寸法として絶対的にあるのではなく、空白をのみこんだ見え方として観察されているのである。さらに蟻壁の白い壁を見つめる時、そこに空白や浮遊の感覚が拡がる。

室が広く天井が高い時にしばしば用いられるとも言われるが、狭い室でも用いられている。

例えば慈照寺（銀閣）の東求堂同仁斎《とうぐどうどうじんさい》＊2（一四八五、図34）は、四畳半の小さな室で高さ約九尺一寸と天井のそれほど高くない室内空間であるが、ここでもこの蟻壁が造形されている。室の大きさが蟻壁の存在を意義づけているのではない。

いずれにしてもそれは空白を抱えながら上部に抜けているのである。新たな見え方、空間があらわれる。ここにも空白化という方法が取り込まれている。

蟻壁には、草庵茶室が室空間へは土庇の軒下天井高さなどを極小に押さえ、さらにそこから茶室に入る躙口《にじりぐち》をも極小に絞る方向性とは異なった方法、方向性があらわれている。草庵の茶室空間は内へ内へと空間的には縮まってゆき、最後に茶室の内部空間に座した客の意識の中で一気に拡がってゆく可能性を秘めている。茶室には中心性ではなく、露地を伝って歩いてゆくとたどり着くといった奥性が求められ、表現されている。

＊2　拙書『日本建築空間史─中心と奥』（鹿島出版会、二〇一六）第九章「書院造」の「浮遊」の項、参照。

図34　慈照寺（銀閣）東求堂同仁斎《どうじんさい》（一四八五）内部（日本建築学会編『日本建築史図集』彰国社、一九八〇）

蟻壁的な表現、操作は、西欧ではルネサンスにサント・スピリト聖堂聖器室（一四八九〜九五、ジュリアーノ・ダ・サンガッロ設計、フィレンツェ、図35）やミケランジェロのメディチ家礼拝堂（サンロレンツォ聖堂、一五二一〜三四、フィレンツェ、図36）、ロレンツオ図書館前室（一五二三〜五二、フィレンツェ、図37-1）などに強い意図性が込められ、こうした手法があらわれている。

コーニス（蛇腹、横線）や空白の壁を水平に一重、さらには二重に巻いて間を空けるなど操作することでなしている。[*3] 従来の比例に対する違犯である。従来の比例がくずされる。コーニスは西欧における空白空間をつくりだす手法であり、浮遊の方法でもある。西欧におけるマニエリスムの手法の一つである。それがバロックへと動いてゆく。

＊3　拙書『西洋建築空間史―西洋の壁面構成』（鹿島出版会、二〇〇七）第三章「近世」の「直線の理解」及び「浮遊」の項、参照。

図35　サント・スピリト聖堂聖器室（一四八九〜九五、ジュリアーノ・ダ・サンガッロ設計、フィレンツェ）（ピーター・マレー『図説世界建築史10　ルネサンス建築』桐敷真次郎訳、本の友社、一九九八）

図36　メディチ家礼拝堂（サン・ロレンツオ聖堂、フィレンツエ、ミケランジェロ、一五二一〜三四）

ヨーロッパで各階をコーニスで区画する方法が採られてゆくが、ルネサンスにパラッツォ・マッシモ（ペルッツィ、一五三五起工、ローマ、図37―2）＊4の壁面に新しい表現があらわれる。ここではコーニスなど見切りを使わず二階、三階、四階の外壁を一枚のつながった壁面としている。これはその後、近代建築が壁表現において着実に獲得してゆくものである。

バロックの空間では二焦点をもつ楕円形がしばしば使われる。これはそれまで多用されてきた円という一つの中心（一焦点）をもつ造形とはその形の性質上、大いに異なっている。円や球では求心的に向かう方向は一つ、中心である。

楕円ではそれが一焦点から二焦点に増えることで、それら二つの焦点の間が拡がり空くこ

＊4　拙書『西洋建築空間史―西洋の壁面構成』（鹿島出版会、二〇〇七）の第三章「パラッツォ・マッシモ」の項、参照。

図37―1　ロレンツオ図書館前室（一五二三～五二、ミケランジェロ、フィレンツェ）
(Peter Murray「RENAISSANCE ARCHITECTURE」Harry N. Abrams, Inc., New York 1971)

図37―2　パラッツォ・マッシモ（ペルッツィ、一五三五起工、ローマ）
（日本建築学会編『西洋建築史図集』彰国社、一九八一）

とになる。つまり二焦点の間に空白を含み込んだ空間が形成される。円という唯一の中心をもつ求心的な空間から空白を含み込んだ楕円空間へと変質してゆく。この空白をのみ込んだ空間は二焦点であることで空間に流動化をうながす。＊5 ここにも新たな見方、見え方、空間があらわれ工夫されてゆく。西欧における空白化という方法である。

本書第三章「宗教建築における中心性と空白」の中の「中心性と円—新薬師寺本堂」の項で相撲の土俵について記した。土俵は円形平面であり、中心は一点だがそこで二人の力士が相撲をとることで動く二焦点を形成する。場は円（一焦点）でありながら二つの焦点をもち、二力士の間に空白が発生する。立ち合うことで一焦点となる。動く一焦点である。円という求心的な形であっても空白化を取り込み、使い方によって動的空間となる。

また空白をかかえる方法として日本建築には多宝塔の亀腹《かめばら》（図38-1）がある。平面、円形と正方形を出会わせて、そこを亀腹という漆喰塗にすることで一体化した。その白い特異な造形がその形を整えてゆく。

蟻壁は内壁だが、亀腹は外観とかかわることだ。外観における日本建築の柱梁構成を破ってしまう。それは白い曲面を帯びた壁面が一重と二重を、造形的には水平に見切ってしまい、そこに空白を生み出す。外観プロポーションを観察者の見方にゆだねる。

亀腹で平面円形に上方先細りとし、その上の軒で驚くべき長さで屋根を跳ね出し構造的にも、また外観では視覚的にも日本建築に新たな緊張したバランスを生み出した。亀腹の上部へ向けた先細りの造形が対比的に上部屋根の跳ね出しを大きく見せる。上重（二重目）見上図（図38-2）の建物の円形平面（塔身）と二重目屋根の軒先を見る時その凄まじいバランスに驚かされる。この二重屋根の見上げ図が多宝塔の最も特徴的なバランスを明示している。

＊5　拙書『西洋建築空間史—西洋の壁面構成』（鹿島出版会、二〇〇七）の「ラテン十字とギリシャ十字」及び「バロック建築」の項、及び拙書『日本建築空間史—中心と奥』（鹿島出版会、二〇一六）の「バロック建築—カールス教会」「アプローチ上に流れる眼から聴く音楽（Visible Music）」「二つの中心」「浮遊」「日本の奥の特性」の項、参照。

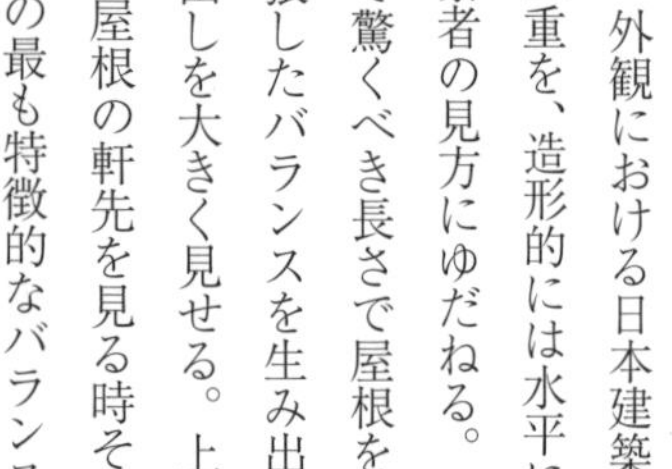
図38-1　石山寺多宝塔、一一九四年（写真筆者）

図38-2　石山寺多宝塔上重見上図（太田博太郎編集責任『日本建築史基礎資料集成十二』中央公論美術出版、一九九九）
二重目軒裏の円筒形塔身から四五度方向の跳ね出し《カンティレバー》の凄まじいまでのバランス。それでいて繊細である。

亀腹は内部空間とは関わらなかった。亀腹が蟻壁や支輪（支輪、軒支輪）、折上天井、さらに唐破風、千鳥破風など、仕上げでは金色、極彩色、漆塗り、螺鈿《らでん》、透かし彫り、金具などと重ねられ、さらに雁行、螺旋、浮遊、混成など相関して内部空間、外観が造形化されたなら日本にバロックのような激しい形があらわれたかもしれない。想像は弾む。これらの造形は外観、内部空間における上・下の見切り性の強さだけでなく内・外空間の形へも強い影響を及ぼしたであろうが、残念ながら展開されなかった。

日本では日光東照宮など多彩色（Polychromy）や黄金などの方向に向いていった。[*6] 色彩の過剰による造形とも言える。

建物の足元廻りでも亀腹は造形化されるが、その水平の区画性を強調し建物が地から切り

＊6　ポリクロミィ（多彩色）については拙書『近代日本の建築空間』（理工図書、一九九八）の「堀口捨己の住宅」の項、参照。鹿苑寺金閣の金が意味すること（金による建築的表現）については拙書『日本建築空間史―中心と奥』（鹿島出版会、二〇一六）の第九章「書院造」の第二節「日本建築の壁面構成」の「鹿苑寺金閣の先端性」と「鹿苑寺金閣とバルセロナ・パビリオン」の項に詳述している。

離される。浮遊の手法でもある。

石山寺多宝塔でも地面との見切りは亀腹だが、その回縁（板縁）は直接、地面からの縁束石・縁束で支えられているため、外観にその束の並びが見えてしまい地面と建物との見切り性、浮遊感が弱まる（図38-1）。

吉備《きび》津《つ》神社本殿（一四二五年再建、**図39-1**）の足元亀腹にはその浮遊感、見切り性を極めた優れた例が見られる。*7

吉備津神社では水平の回縁床、高欄（勾欄）が縁束で支えられることなく構造的に腰組（斗組、組物）で建物（本殿）から跳ね出して受けられ、さらにその下の亀腹で見切られる。しかも高欄・回縁の縁床と内部の床高は同じで水平線が強調され、外観の見え方にシンプルな透明感、合理性が表れる。近代的とすら言えるものである。亀腹の水平線が高欄、回縁床の水平線に視覚的に支えられ強く大地と見切られ浮遊感を極めている。ただし外観と内部空間の差は想像を越えるほど激しい。*7

高欄でも法隆寺西院の金堂、五重塔にある高欄は構造的（腰組）に支えられていない。屋根の上に載せられて荷重が受けられている（図18）。いわば膜（幕、仕切り）という被膜性、装飾性が強く、曖昧な扱いの造形である。同じ高欄であっても吉備津神社本殿と法隆寺西院では外観の見え方における空間性が大きく異なっている。

蟻壁は空間にさらなる可能性を生じさせる方法であったが、一部を除いて、多宝塔の白漆喰塗亀腹の見切り性とともに、既述した西欧のマニエリスムと異なり、以後、多様に展開させることができなかった。

しかし蟻壁、亀腹、両者はそれまでの日本建築の見え方を変えた。内部床面からの視線

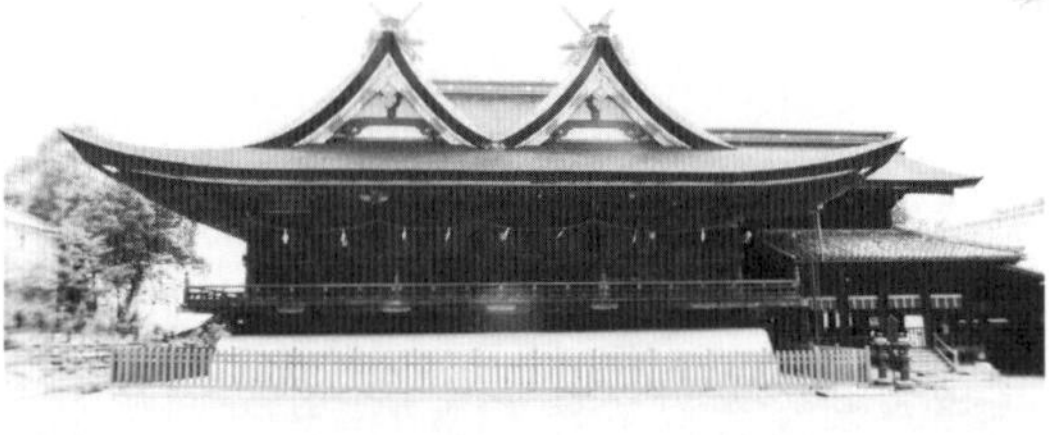

図39-1　吉備津神社本殿・拝殿、一四二五年再建（写真筆者）

＊7　吉備津神社本殿については拙書『日本建築空間史―中心と奥』（鹿島出版会、二〇一六）第十章「中心性から奥性へ」の「吉備津神社本殿」の項で外観と内部空間の差の激しいことなど詳述している。

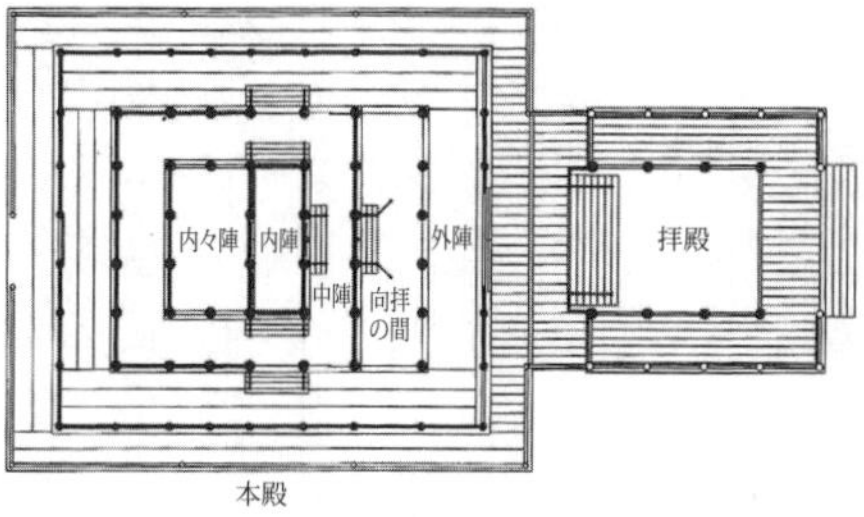

図39-2　吉備津神社本殿　平面図（作図）

（蟻壁）、外部地上からの視線（亀腹）、これら下からの人の眼の高さからの視線に向かう造形化がなされた。つまり平面や立面、木割りで考えるのではなく空間としてとらえるための手法がつくりだされたのだ。それは空白をかかえながら空間を構成し、プロポーション、バランスをつくりだし、一方で浮遊感、見切り性を生み出した。[*8] 蟻壁が内部の壁の空白化であるなら、亀腹は外部の壁のそれといえる。

多宝塔の一重屋根上の亀腹は上部に向けて細く絞られ、その上の十二本の円柱[*9]によって構成される円筒形の塔身でさらに細められ、そこから上部に向けて二重目屋根を極度に跳ね出してゆく（図38-2）。特に円形塔身から平面正方形屋根の対角線方向への跳ね出しは驚異的なバランスに見える。塔身の円胴の細さに対する軒の出の長さによってそれまでの日本建築

＊8　多宝塔と蟻壁については拙書『日本建築空間史—中心と奥』（鹿島出版会、二〇一六）第五章「古代建築と中心」の「多宝塔」及び、同第九章「書院造」の「浮遊」の項に詳述している。

＊9　塔身は十二本の円柱で構成され、南北、東西軸線は柱の間を通る。つまりここでも中心軸線上に柱は立たない。塔身の柱の数は多宝塔の大小にかかわらず十二本で偶数である。十二本が円を形成するので柱間も十二間と偶数間となる。円の中心を挟んで柱の対面には柱、柱間の対面には柱間が対置される。虚（柱間）、実（柱）ともに中心に対し十二の軸線が生じる。正面は柱間である。

と較べ浮遊感を極度に増大させた。軒は見ようによって鳥の翼のようでもあり、風が吹けば今にも羽ばたき飛翔するかのようでもある。

○浮遊の形

「一部を除いて」と記したが、白壁塗は近世の城郭建築や蔵（土蔵造）などの民家にあらわれる。防火という要素を含めて、木部を塗壁で従来の柱梁構成を隠してしまう。日本建築の造形において追求されてきた木部が構造を支えていることを壁面に見せる柱梁構成が隠される（図40）。線的構成が消され漆喰で包まれた面的構成に変わる。近世のこの外観における線的構成から面的構成をも包含してゆく変化は、日本建築に近代建築を取り込むことを容易にした一つの大きな要因である。

灰色（黒色）瓦葺の屋根面は、視覚的に白色の壁で切り離され浮遊する。城では戦火にまみれるため防火に工夫がこらされた。屋根は不燃材の瓦葺きで火に強い。各層屋根の間（外壁面）も防火性能の高い土塗り壁にして木部である柱梁が隠され、外観において白壁で各層の屋根面と屋根面との間を視覚的にも抜いて区画する。

さらに軒裏も防火や、延焼、類焼を防ぐため外壁と同じ白漆喰塗などで覆われ、各層の屋根（瓦面、灰色～黒色系）が、白い漆喰の中に浮いた形が現出する。屋根が浮遊する。上層にいくほど屋根は小さくなり地上からの視線に対しパースペクティブ感を強調する。浮遊感も増す。権力の頂点が奥へと高く遠ざかる表現でもある。

姫路城が白鷺城と鳥に譬えられるのも、見る人に与えるこの各層の屋根が、白壁、白い軒

図40　姫路城（池田輝政）一六〇一～一六一〇（写真筆者）

裏によって水平に見切られ、重なって生じる浮遊感から名付けられたものであろう。屋根が頂点に向かって小さくなってゆくことで上昇感も加速し生じてくる。城が白鷺城、鶴ヶ城など鳥に譬えられるゆえんである。

近世の城の天守閣には領地支配と被支配の両方の視線、見下ろす視線と見上げる視線が造形化されている。

城は江戸時代、幕藩体制にとって幕府や藩の中心であり、奥であり、それらが一体化した、一つの表現である。城の外観は天に向かって先細りとなっていることで奥性をも示している。被支配者が恐れをもって見上げる視線と支配者が権力をもって支配する見下ろす視線とが一体化した表現である。

城は山城にしろ、平城にしろ、その地域の中心性を外観で表し、防御における奥性を外観ばかりでなくその平面で表している。平面は敵方には見えない分、防衛機能が有効に働く。城の曲輪《くるわ》が天守閣に向かって複雑に、場合によって執拗に重ねられてゆくのも攻撃する側からその平面形が見えないからである。枡形《ますがた》も同じである。土（地面）が掘られ、盛られ、造形化される。

土蔵も白壁が強調される。町家の蔵は普通、二階建で一階、二階の平面形は同じで二階分のヴォリュームを一つの屋根で覆っている。いわば総二階建である。一階、二階を一枚の連続した外壁面で構成する。近代建築につながってゆく新たな壁面構成である。

防火や耐雨性能を高めることも兼ねて外壁腰に敷瓦などが四半《しはん》や布《ぬの》などに貼られる。それが二階分つながった高く長い壁面（空白）にプロポーションの調整効果を発揮する。

瓦屋根は一重で、二層分の連続した白壁外壁の上に浮いている。ここでは各層を上に向かって細める意識はない。財が鳥のように飛んでいっては困るからであろう。財力で得た結果を大きく収蔵し総二階のヴォリューム、高さを見せ、火災に耐え残り、富力が永代続く要素を強調している。

土蔵で木造の鞘《さや》屋根を架ける場合もあるが、よく見られるのは防火、耐火を徹底するために軒の出をなくし鉢巻きにして漆喰で固めてしまう合理性のあらわれた蔵である。飛び火や類焼を受ける恐れのある外壁や屋根・軒面を小さく、あるいはなくしている。総二階にするのも外壁面を少なくして延焼など抑える工夫であろう。蔵が足りない場合は普通、建物を大きくするのではなく、類焼などを避けるため各蔵を切り離し、あるいは区画し、棟を増やしてゆくという方法を採る。

歌川広重（一七九七〜一八五八）、最晩年の作といわれる『名所江戸百景』（一八五六〜五八）の浮世絵「鎧《よろい》の渡し小網町」（図41）などに描かれているが、江戸の川や堀に沿って妻側を水面に向けた総二階の蔵が並ぶ様子は、私財ばかりでなく、ここにその富が集

図41　『名所江戸百景』（一八五六〜五八）「鎧《よろい》の渡し小網町」、歌川広重）
「浮世絵大系十六　名所江戸百景（一）」（編集者　後藤茂樹、一九七九、集英社）

積、流通していること、その繁栄を象徴している。ここは日本橋界隈である。こうした場合、川や堀に向かって平側を見せるより家形である妻側を見せる方がその象徴性を高める。人々が面するのは街道ばかりでなく、川や運河の利用がいかに盛んであったかが知られる。広重はそれをとらえている。

○白井晟一、丹下健三における浮遊

現代日本で、白井晟一（一九〇五〜八三）の木造住宅の外観に、柱や束《つか》に支えられた形をしていない屋根がしばしばあらわれる。渡部邸（試作小住宅、一九五二〜五三、図42）、呉羽の舎（一九六三〜六五、図43）などである。その結果、屋根が構造から解放されようとし

図42　渡部邸（試作小住宅、一九五二〜五三、白井晟一）（写真筆者）

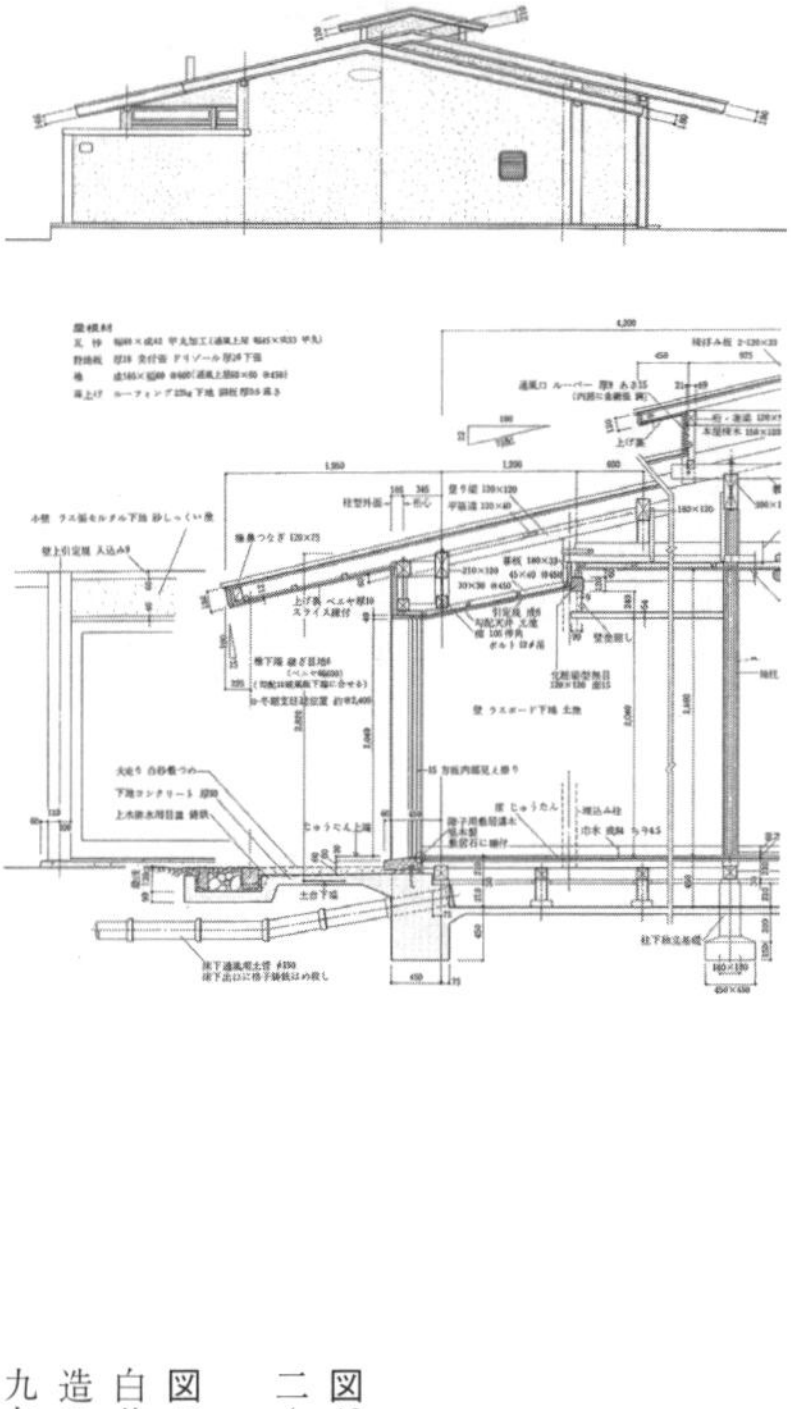

図43　呉羽の舎（一九六三〜六五、白井晟一）西立面図、断面図（『木造の詳細3住宅設計編』彰国社、一九七二）

て軽くなり天空に対し、浮遊のきざしがあらわれる。

切妻屋根の場合、伝統的日本建築の納まりでは、妻側に屋根面を支え、形成される棟、母屋、それを支える柱、束、梁、蟇股《かえるまた》の構成を見せる。法隆寺東院伝法堂の切妻側は二重虹《こう》梁《りょう》蟇股で建物を支える端正な構造の構成をそのままに見せている（図44）。ここでは妻側の中心線である棟筋に柱筋と連続させる束を立てずに虹梁と蟇股で屋根面を浮かせ、浮遊感を生み出している。

しかし白井晟一の妻側ファサードでは大壁・付け柱による工夫（呉羽の舎）や、束を内側にわざわざずらし塗り壁で隠してしまう工夫（渡部邸）などで構造的な柱梁構成を外観には見えなくして、上の屋根、軒を軽く見せ、浮遊する構成を獲得した。*1

柱や付け柱が内壁真壁、外壁大壁において、土台から棟、母屋を支える登り梁まで直接のびている。内部空間でも長押《なげし》を付けない。長押によって柱の垂直性を妨げることをしない。

通常、内法《うちのり》長押は床の間を除いて室内を水平に廻っている。しかし蟻壁長押とは異なり、その上の小壁を柱まで含めて塗り壁として隠し天井と切断することはなかった。柱は真壁構成のまま天井まで立ち上がる。

内法長押は柱・梁構成の柱が支える垂直性を断ってはいるが同じ木製であることで蟻壁長押と異なり断絶感は薄い。しかし、内法高さ部分と小壁、欄間部分を仕切っていることに変わりはない。むしろ書院の格付けをあらわすことに使われてゆく。

つまり長押でなく貫《ぬき》で構造が成立するようになると長押の構造的役割が減り、室の格式の高さなどを示す意匠的役割が強くなってゆく。

一方、書院の格式や木割を維持しようとする方法とは対比的な草庵茶室には、内法長押の

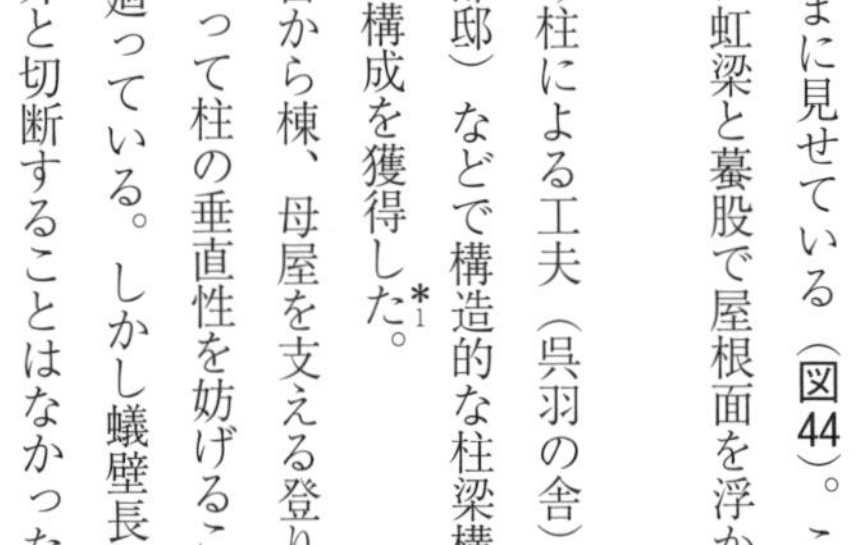

図44　法隆寺東院伝法堂
虹梁、蟇股が階段状に棟に向かって上がってゆき上昇感を高めている。浮遊感があらわれる。

*1　ギリシャ神殿のペディメントも木造切妻を石造化した形（三角形）とされるが、木造における屋根を支える母屋、棟、束は省略されている。ペディメントはエンタブレチュアの上に浮いている構成を取る。浮遊性がうかがえる。

ような高さを一定にして室を囲う材は付けない。書院造などの内法長押はその室内を一定の空間に一体化する意図が込められる。草庵茶室は囲われた各面すべて違う造形の面としながら一室空間にする意図が見える。囲繞性の強い長押など室内が均質化する構成部材を付けない。支配層の武士は「書院造」（屋敷図、図30）においてその両方（書院、茶室）を求めた。

近世以後は長押が和室の格式のある形式をあらわしているとされてきた。白井はそれに異を唱える。白井はその長押を付けない構成を探る。柱の垂直性が強調される。

真壁の柱や大壁の付け柱にかかわらず、白井は柱の垂直性を表現することにエネルギーを注いでいるかに見える。しかし、さらにそれにも違犯を企てる。*2 例えばノアビル（一九七二〜四）は近くの東京タワーという塔と対比され、塔というより柱を表象化していると考えられるが、その外観、柱と見えるシャフトの中間層一層分をスルリと透明ガラスにして抜いてしまい、柱の垂直性を絶って見せている。裂を入れ、柱を腑分けしているようでもある*2

また呉羽の舎では床下換気を工夫すること、一階の床面を外部地面（地盤面）の高さに近づけ掘立柱的相貌をとることで、また屋根も浮遊させた表現のまま低く押さえることで、屋根面と地盤面を近づけ、高床住居とは全く異なる低い、地に伏せるようなプロポーションを獲得した（図43）。

玄関前ポーチに入る時の大屋根軒先端の高さは約一メートル七十五センチほどで草庵茶室の入口（躙口《にじりぐち》）前の土庇ほどの高さである。身長が届くほど、あるいは手を伸ばせば楽に届く高さに押さえられている。靴など履き物のままアプローチするから軒先下で屈まなければならない。むしろその軒下ポーチにある玄関戸の高さの方が一メートル八十六センチと高いのである。草庵茶室が土庇の下にさらに低い極小に区画された躙口を設けることでアプロ

*2 拙書『白井晟一空間読解―形式への違犯』（学芸出版社、二〇〇五）第六章「立面と平面」の「軒による家形」の節、ノアビルについては「裂」の節、参照。松濤美術館については同著の「見えない柱―松濤美術館」の節、参照。

柱はギリシャ神殿に代表されるように主として外から見られるものであった。その概念を変えた。白井晟一はノアビル（一九七二〜四）で柱を透明に透かし見させることでその概念を変え、松濤美術館（一九七八〜八〇）で四層吹き抜ける中庭で透明の掘立柱を提示した。伊東豊雄のせんだいメディアテーク（二〇〇一）の新しいところは、柱の中に人が入り込み、柱の内側からの視線を得たことにある。柱というより空間（空隙）が荷重や力を支えているという見え方をする。建築空間における柱という概念を変えた。

ーチを工夫するのとは異なった空間性の扱いがなされている。草庵茶室の躙口では人の入る口を極小（幅より高さが少し広いが六十センチほど）と言えるほど狭く、小さく絞るがそれはその先の奥が意識されている。

千利休は茶室の広さにおいても極限を目指す。「宗易、京に一畳半の始めて作られ候。当時、珍しき事なり」（『山上宗二記《やまのうえそうじき》』一五八八）とあるから一畳台目の極限の広さの茶室空間をつくったと伝えられている。さすがに「珍しき事なり」とされる。「一畳半」の「半」は台目畳（四分の三畳）で手前の座となり、残る一畳に客が坐すことになる。

ここ呉羽の舎では茶室ではなく住宅であるため内部に入る所では背筋を伸ばして入ることが意図されているのであろうか。ここには内部空間に入る際の茶室躙口の扱いのような土庇軒高さ→躙口と次第に低くして、頭や身体を屈めながら小さな茶室空間（例えば「一畳半」、利休作とも伝えられる妙喜庵《みょうきあん》茶室〈待庵《たいあん》〉は二畳）にアプローチしてゆく構成とはまったく異なるあらわれ方がある。こうした地面とのさまざまな対応は縄文時代からの竪穴住居に通底してゆく。

白井は日本に伝統的な柱・梁構成を大壁・付け柱を工夫することで見え掛かり（見え方）において構造から解き放すことによって浮遊を試み、床を地面の高さに極限まで近づけることで大地へのつながりを求め続けた。

さらには松濤美術館（一九七八～八〇）では、地上から深く沈んだ地下二階から地上二階分まで四層を取り込んだ平面楕円形の中庭（噴水のある池）をつくり出す。この細く高い楕円の筒は、建物の中心部に立つ透明な柱を形成する。まさに土の中、二層分を掘り込んで立たせた透明な堀立柱にも見ることが可能である。白井の土への志向が示されている。

一方、同時代の丹下健三（一九一三〜二〇〇五）は、木造自邸（一九五三、図45）を、一階の木柱ピロティ（吹き放ち独立柱群）で居住部分すべてを持ち上げることでなした。地面から居住床面までの距離が離れ、浮遊があらわれる。

稲作は縄文時代末期には始まったとされているが、弥生時代以降、加速度的に拡がり、主要農作物となる。その過程でもたらされた大切な米を収納する穀物倉、宗教建築、富を占める権力者の建物などに高床の建物がつくられてゆく。

丹下自邸は古代の高床の建物と通底してゆく。高床が浮遊する。高床上からの高い視線が考慮されている。竪穴住居の地（土）に接した空間と較べれば高床は外観も、内部からの高い視線にとっても浮いた感覚をもたらす。

白井・丹下両者の間で対比的な方法が追求された。竪穴住居の地面の高さに近づくことで

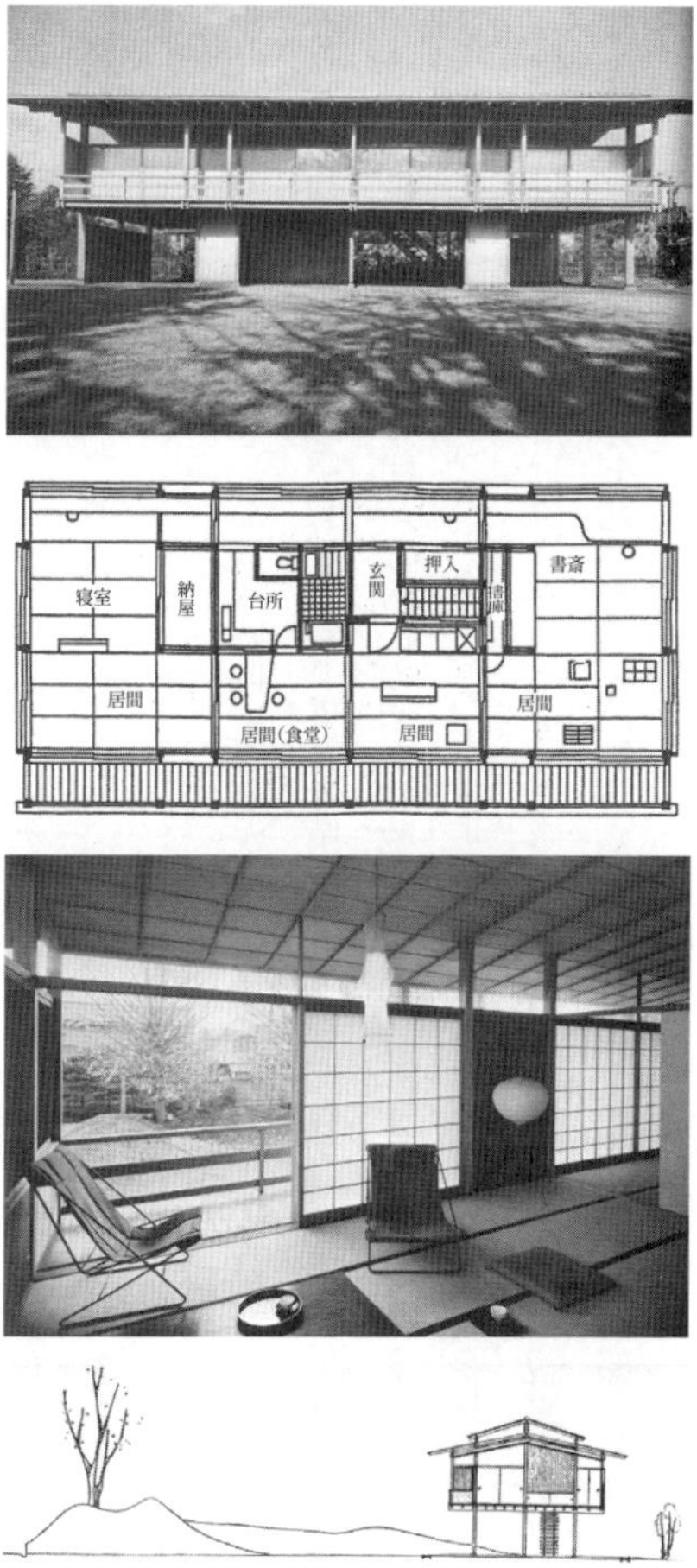

図45　丹下健三自邸（一九五三）外観（新建築一九七六年十一月号臨時増刊）丹下健三自邸二階平面図（作図）、内部、断面スケッチ

獲得されてゆく低い視線による庭・外部空間の見え方（白井）と高床の高い視線からの庭・外部空間の見え方（丹下）の違いが示される。見え方においては浮遊に対する対比的な方法でもある。

白井による地面にできるだけ近い低い視点からは、周りの庭は建物に近いほとんど接するような部分（近景）から中景、遠景までを見晴らすことができる[*3]（図43 断面図）。

一方、丹下自邸の主空間（二階）の床が畳敷きであるにかかわらずイスを使っている。床（畳）に座した二階からの視線は二階の床、またバルコニーの床自体に庭を見る視線が遮られ建物に近い部分の庭（近景）が見えなくなるからである。イスを使って視点を上げ、できるだけ庭の家に近い部分を見せる意図が働いている。それでも建物に近い部分の庭には視線は届かない。

つまりピロティで持ち上げられた内部空間の床高さからの視線には、床に座していてもイスに座っていても近くにあってディテールまで見えるはずの庭の近景が見られないのである。それがピロティ建築の一つの特徴である。しかし外部からの視線にはピロティの足元と庭の関係が際立って特徴づけられて見える。高床と庭との間には内・外の視線の違いによってこうした相反する見え方がある。庭空間の計画にはこうした見え方の違い、視線の違いを考慮する必要がある。

丹下自邸の庭に小山が築かれるのも、基礎掘削の残土の利用が考えられるが、高床による高い視点があることとの庭の景観を考えてのことであろう。視線の止まるポイント（小山の起伏）が配置される。

内部写真（図45）では座布団も置かれているが、畳に座す視点とイスに座す二つの視点が

＊3　平安時代の寝殿造はみな平屋である。一階の内部空間から外部の庭空間の見え方が重視される。庭の背景、前景に寝殿や対の建物も視界に映り込んでくる。平屋である渡廊を歩きながらの庭、建物の見え方も重視される。

写される。座布団に座す視点からは奥の庭（中景）、その先の遠景しか見えない。この写真からはもう一つの視点が見分けられる。このカメラの撮影視点である人が立った時の視線に見えるものである。ここに写されているのは、自らの視線の位置、そこから写るものの位置を意識し、三つの視点を写し込んだ、優れて意図的な写真家の視線である。小山も写し込んでいる。

丹下、白井の住宅空間における両者の視線の高さの違いは、見られる庭空間の造形を変える。断面図による検討が必要となり庭空間ばかりでなく内部空間、外部空間にさまざまな意図があらわれてくる。

近代建築におけるル・コルビュジエが主唱した「ピロティ」という概念も浮遊感を含めて表出されている。「ピロティ」には柱についての記述ばかりでなく内・外の視点の位置の差によって発生する空間の違いが表出されている。ピロティは一階の地面を開放するが、そこはピロティ上階の建物内部からは見えない。それは外部から、あるいは人が外からその建物にアプローチしてゆく動く視点によって認識されてゆく。このピロティという考え方を丹下はさまざまな建物に採用している。

近代建築においては、鉄筋コンクリート造や鉄骨造という、マス（塊）で支える組積造よりは軽いとしても、コンクリートや鉄という重い素材を使い、かつその材料的性質を高度に利用してその形をいかに軽く見せるかの工夫がさまざまになされてゆく。ピロティもそうした考え方の一つであった。組積造の構造バランス、空間バランスをはるかに越えた軽快なバランスを求めた。

ただし組積造に浮遊感が感じられないわけではない。イスタンブールにあるハギア・ソフィア（五三二～七、ユスティニアヌス帝再建、図46―1・2）は、頂点を覆う大ドーム（直径三十一メートル）の足元に開口部がリブを挟んで円周全体を取り巻いていて、重い煉瓦造*4でありながら上部のドームを軽快に浮かせている。さらに大ドームの少し低い位置で東・西両側に半ドームが架けられ、大ドームを支え、その頂点へ盛り上がって行き、内部床から見上げるとドームが軽く浮遊するかの感覚に陥る。観察者の組積造に対する既成の意識が払拭され、その差の意識の高揚が浮遊感を高める。

巨大な古典建築物（組積造）に充分に光を入れることはいつも難題であった。組積造の建築物にトータルで（合計で）大きな穴を空けることになる。組積造の構造的な弱点は開口部にあるからだ。中世ゴシック教会堂も組積造であるが、壁が担う力を、バットレス（控え壁、

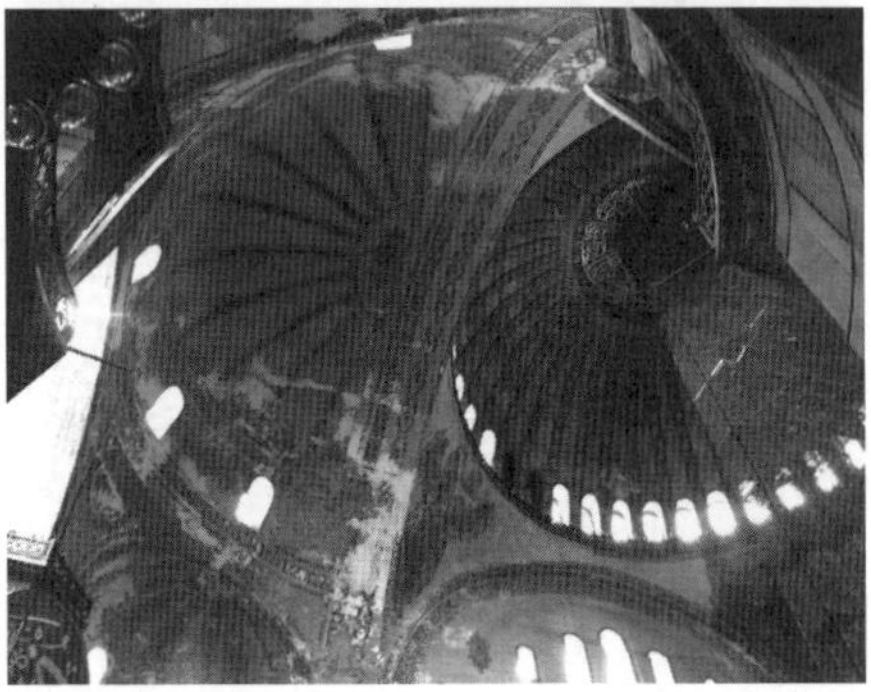

図46―1　ハギア・ソフィア（五三二～五三七、イスタンブール）（写真筆者）

図46―2　ハギア・ソフィア内部

＊4　煉瓦造の上に外部はモルタル塗だが、内部は大理石やガラスモザイクで覆われている。

飛び梁）等を工夫することで柱に集中させ、柱と柱の間をすべて開口部とし、その高窓（クリアストーリー）から光が直接、中心部である身廊に降りそそぐ構成とした（図59－1）。[*5] 組積造でありながら柱による構造、構成に見せる工夫が為され、目指された。

　ハギア・ソフィアではドーム下も三層にわたって開口部が取り巻き、壁と開口部が水平方向に層を重ね繰り返される。地上からの距離感が曖昧となり、高さが強調され、直径三十一メートルの巨大なヴォリュームが重圧感なく軽々と囲いとられ浮いているように見える。組積造で用いられる石や煉瓦という重い素材を造形によって軽く浮いた空間に構成し見せている。ハギア・ソフィアは組積造における浮遊の形でもある。

　先に例を挙げたコーニスによる水平方向の空白の壁や帯（図35、図36、図37－1）をつくり空間を操作することは、穴（開口部）を空けて操作する方法とは異なるが、ハギア・ソフィアに見られるように水平方向に開口部をポツ窓[*6]でありながら帯状に空けてゆき、下からの視線に対し距離を曖昧にし、浮遊感を呼び起こすことでは共通している。その開口から自然光が入り込み、光の帯を形成する。組積造に空けられた穴は空白でもある。穴を開けられる意味や形を決められてはじめて開口部となる。ポツ窓ではあっても光の穴の連続は光を注ぎ込みその場を照らすばかりでなく組積造のドームそのものに浮遊感をもたらす。

　すでに記したように浮遊は『古事記』の冒頭においてもあらわれる。最初に国が形をあらわすのは、天と「漂へる國」との間の「天《あめ》の浮橋《うきはし》」からイザナギとイザナミが「天の沼矛《ぬぼこ》」を下ろしてかきまわすことによってなされ、その位置関係、配置が描かれていて印象的である。「天の浮橋」と、「天の」とあることでその場所は天の「漂へる國」に近い領域の中に浮いている。橋（端）が意味することであり、日本の歴史書にあらわれる最初の浮遊の形であ

＊5　ゴシック教会堂の柱については拙書『西洋建築空間史—西洋の壁面構成』（鹿島出版会、二〇〇七）及び『続西洋建築空間史—壁から柱へ』（鹿島出版会、二〇〇九）参照。初期キリスト教会堂（バシリカ教会堂、図55－2）も高窓・クリアストーリーから光が直接、中心部、身廊に降りそそぐ断面形をしている。

＊6　ポツ窓とは連窓（連続窓）と対比的に使われ、単独で壁面にポツリ、ポツリと開けられた窓（単窓）を指す。

る。浮遊した空白の空間から日本の国生みがなされてゆく。日本の形が現れてくる。

○偶数間の柱割り

すでに第三章「中心の空洞化（空白化）」の節で法隆寺西院中門（図17）を例に挙げ記したが、間口偶数間の柱割りは真ん中に柱が立つため、その建物を前にした時、中心の柱に視線、意識が向かう。しかもその建物にアプローチする人は中心軸線から建物に入ることができない。中心の柱が視線、動線の内部空間への方向性をさえぎる。建物内から拒絶された感じを受ける。そのためその建物内部は閉鎖的に感じられる。逆に建物内から外へ出ようとする時にも中心軸に柱が立ち、外へ出にくいため閉鎖空間と感じられやすい。

つまり偶数間は左右対称に見えて人のアプローチという動線を考えると左右対称にならないのである（図47-1）。むしろ中心の柱に意識が向いてしまう。

偶数間は柱が中心軸に立つため一方で柱の象徴性が表現される。神社建築では出雲大社本殿（図3）、神魂《かもす》神社本殿（図4）、住吉大社本殿（間口二間、奥行四間）などにあらわれる。伊勢神宮（図14）と出雲大社（図3）は、高床という同じ形式でありながら、伊勢神宮は平面奇数間、平入り、主神が女神（天つ神）であり、出雲大社は平面偶数間、妻入り、主神が男神（国つ神）と、日本の神社建築の中で両極として対比され、象徴化されているように見える。

意図的に正面の柱割りを偶数間にする、つまり正面中心に柱を建てる現代建築家として白井晟一（一九〇五～八三）がいる。白井の作品には三里塚農場計画（一九四六）、秋の宮村

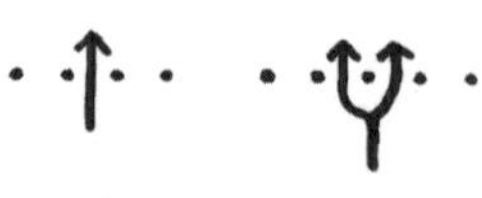

図47-1　偶数間、奇数間（作図）

役場（一九五〇～五一、図47-2）、広島原爆堂計画（一九五四～五五、図49）、松井田町役場（一九五五～五六、図48）など、しばしば偶数間があらわれる。

秋の宮村役場には正面ファサードが偶数間で、背面ファサードに奇数間があらわれ、この建物の内部空間は前・後を偶数間と奇数間にはさまれ成立している。

こうした構成は、戦後すぐの三里塚農場計画（一九四六）の正面ファサード二間（偶数間）の奥に三間（奇数間）の主要スペースが広がるプランにあらわれている。造形における一元的合理性とは異質なものを意図している。こうした白井の形式に違犯する造形には内部空間における空白化、空洞化をも意識していた建築家ではなかったかという思いが浮かぶ。[*1]

白井晟一だけではない。すでにピロティ概念を唱道したル・コルビュジエがサヴォア邸[*2]（一九二八～三一、図50）で、柱割に基本正方形グリッドを採り、外形グリッド割を間口、奥行共に四間で外形正方形とし、外回りファサードをすべて偶数間（四間×四間）で構成している。

しかし、その平面の内部に五間（奇数間）の構成を組み込む。ファサード四間の真ん中二間の内側に三間の柱割りを入れ、その三間の中心スパンに一、二階をつなぐスロープ、つまりメインの動線を取り込む操作がなされ、内部ではスロープが中心空間となる。平面図形的には外周も内部の柱割りも基本左右対称である。

もし間口、奥行共に四間の偶数間のまま内部を構成したなら中心に柱が立ってしまう。中心の柱は周りの空間に強い影響力を及ぼす。それはピロティという概念に新たな志向性を組み込むことになる。

平面全体が正方形という方向性を持たない図的特徴がこの長い、行って来いのスロープを

＊1　拙書『白井晟一空間読解―形式への違犯』（学芸出版社、二〇〇五）の最終章「結」「形式への違犯」及び本書第九章「浮遊の形」の項、参照。

＊2　ル・コルビュジエ及びサヴォア邸については拙書『続西洋建築空間史―壁から柱へ』（鹿島出版会、二〇〇九）の第十章「近代・現代建築の造形と空間構成」の「建築家」の「ル・コルビュジエ」の節に詳述している。

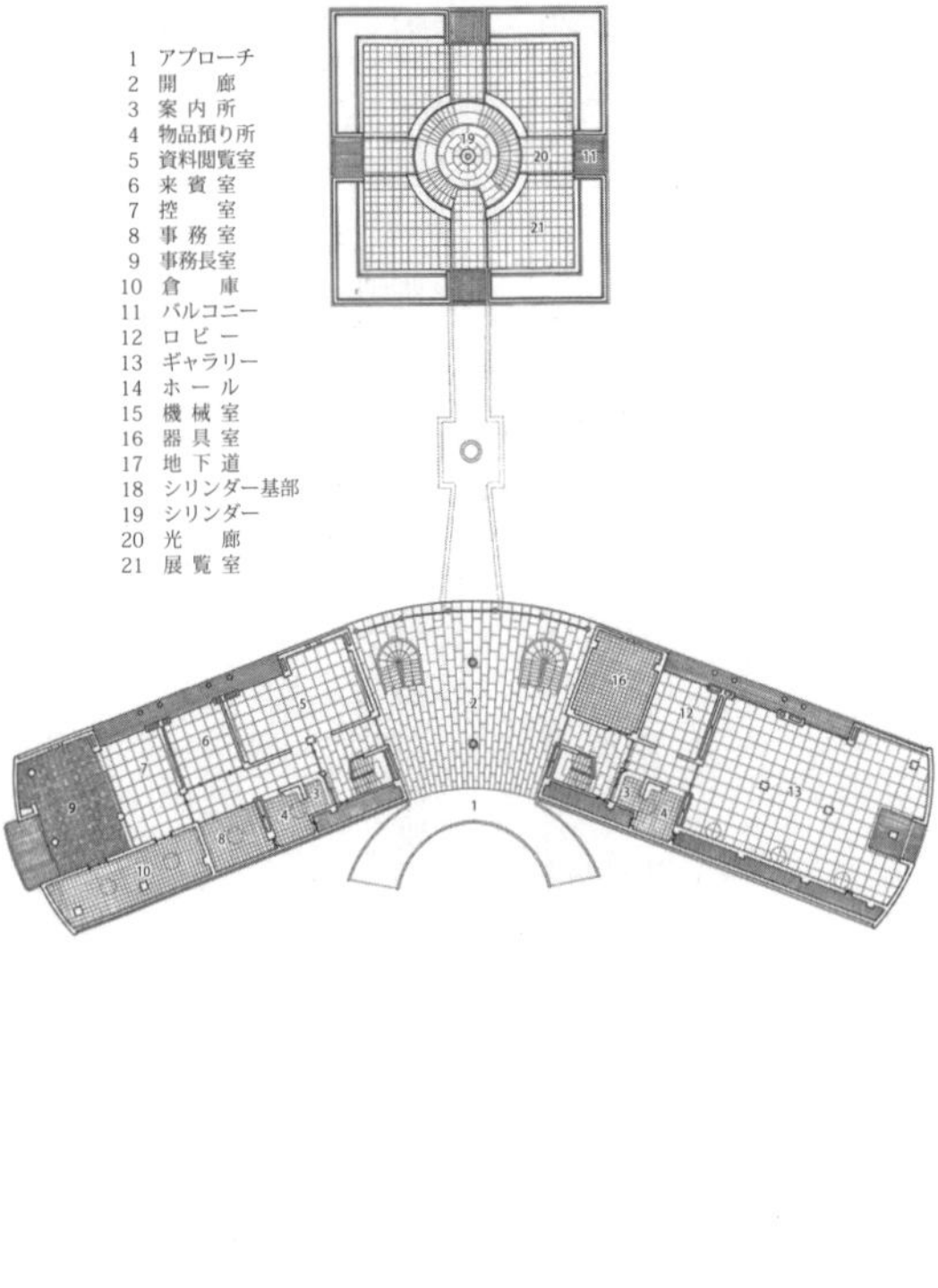

図47-2　秋の宮村役場（一九五〇～五一、白井晟一）正面、背面（写真筆者）

図48　松井田町役場（一九五五～五六、白井晟一）（「ＳＤ」一九七六年、一月号、鹿島出版会）

図49　原爆堂計画（一九五四～五五、白井晟一）（『白井晟一・建築とその世界』世界文化社、一九七八）

取り込むことで均質な空間に新たな方向性や特性、動的な視界が生まれる。

　外観ファサードは偶数間で囲うが内部空間では中心に柱が立たない工夫がこらされている。中心スパンを空けて、スロープや階段がもつ一種の吹抜け的要素を利用し、そのスロープを歩くことで上・下の空間構成、そのつながりが眼に入ってくる。上って（下って）ゆくと空間が次第に、眼前にあらわれ解るようにしているのである（図51-1）。

　つまり外部に対しては偶数間という閉鎖性を表現し、内部には奇数間で中心空間を空け、内部の主動線が中心を占める透明性の高い空間をつくり出した。近代住居の新たな形式、構造構成であり、その試行である。

図50　サヴォア邸（一九二八〜三一、ル・コルビュジエ）（写真筆者）

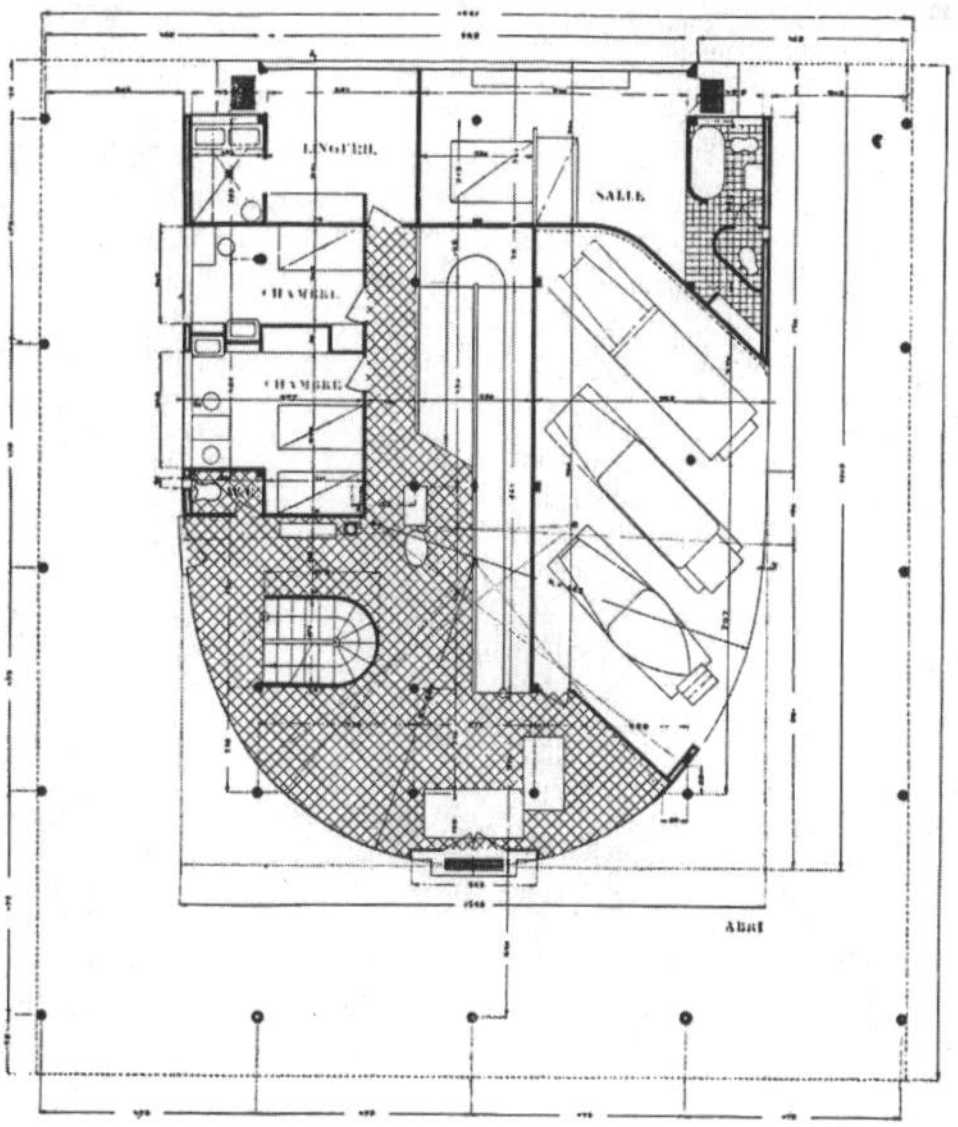

図51-1　サヴォア邸　平面図計画案（ル・コルビュジエ）『Le Corbusier 1929-34』Les Editions d'Architecture (Artemis), Zurich 1964

コルビュジエのピロティ概念は、均等な柱割プランが広がっていることだけがイメージされやすいが、サヴォア邸ではそのピロティ的表現を強調し、かつ偶数間平面にあらわれる中心柱の象徴性を取り去って内部に奇数間を内包し新たな構成をつくり出している。柱の割付けのあり方だけでも空間構成を多様にし、空間意図に大きな影響を及ぼすのである。コルビュジエはそのことをサヴォア邸で明解に示した。

コルビュジエはサヴォア邸（一九二八〜三一）よりはるか以前、一九一四年頃、すでにドミノ・システム（二間×一間、図51-2）という鉄筋コンクリート造によるシンプルな骨組構成を発表している。驚異的な先端性である。

これも偶数間を正面とするスケッチ（概念図）である。「近代建築五原則」（一九二九、図51-3）のスケッチも四間×三間とファサードは偶数間である。

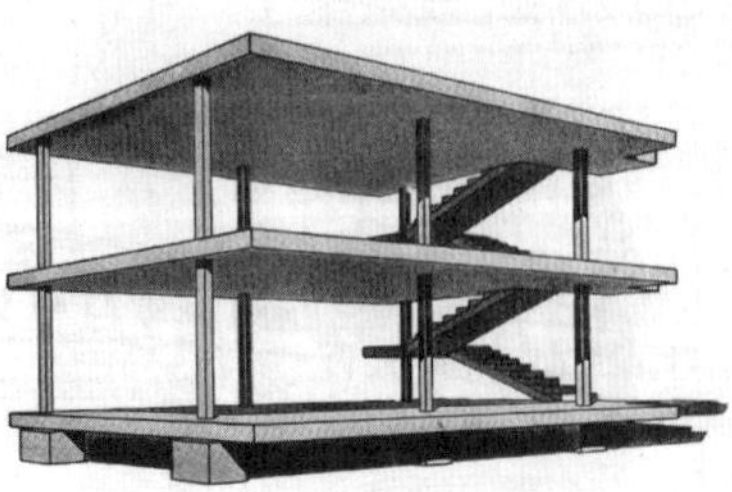

図51-2　ドミノ・システム図

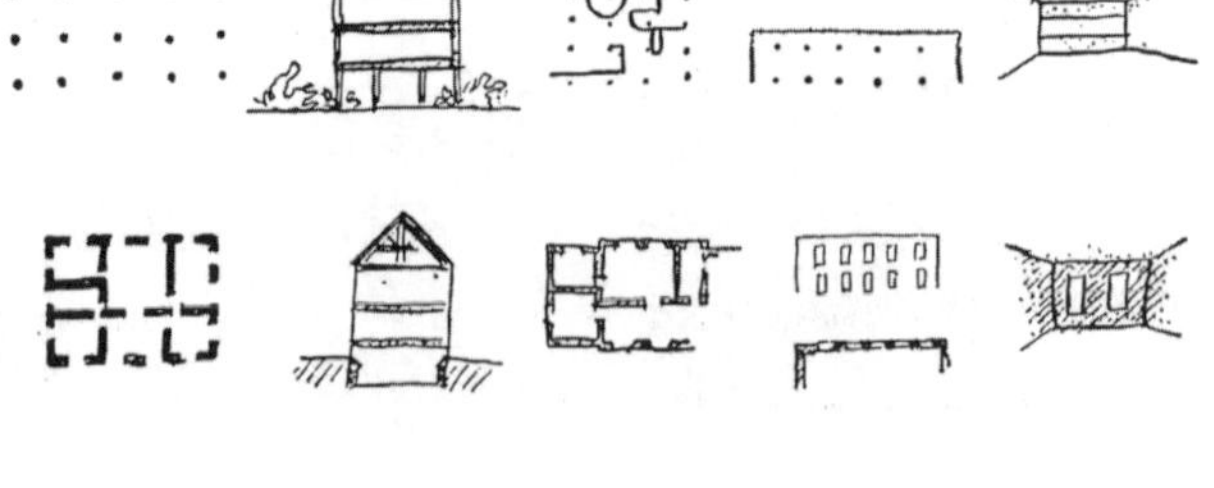

図51-3　近代建築五原則スケッチ

○慈照寺東求堂の浮遊

室町幕府、八代将軍足利義政（一四三六～九〇、在位一四四九～七三）の持仏堂であり、書斎として建てられた慈照寺東求堂（一四八五、図52、図34）の外観は、プロポーションを見ると垂直方向の柱が細く見える。柱に面《めん》を取っているのも柱を細く見せる工夫のひとつと考えられる。

水平方向も外観、内法高さの部分にあたる部材（長押）が細い。この高さのところに内法貫を通した上にさらに内法長押を内・外に通して柱を固めている。貫は見えないから同じ高さに内・外に長押を入れ、つまり三材を同じ高さに入れ外部、内部から共に同じ成《せい》の長押しか見えない構成とし横材の見え掛かりを細く見せている。これら三材はすべて構造材である。内法長押は内・外とも化粧材でもある。

古代の、あるいは鎌倉時代以前の太い構成が意図的に破壊され、細くされている感がある。特に、構造を支える柱にそれを表現しようとしたのではないか。外観を見ると、この屋根を支える柱としては細過ぎ、外観（外壁）の内法高さから上が柱幅と較べて広い感覚を覚えるが、新たなバランスの兆しでもある。

東求堂内部にある同仁斎（四畳半の室）の内部空間（内観、図34）では、外観とバランス感を変える。外観は柱・梁構成だが、内部空間は蟻壁長押で柱の頂部を水平に見切って蟻壁という白い塗り壁（大壁）の水平の壁をつくり壁と天井を見切り、天井を浮遊させている。そのため外観では内法高さから上が長過ぎて、あるいは広過ぎて見えるが、内部では蟻壁が

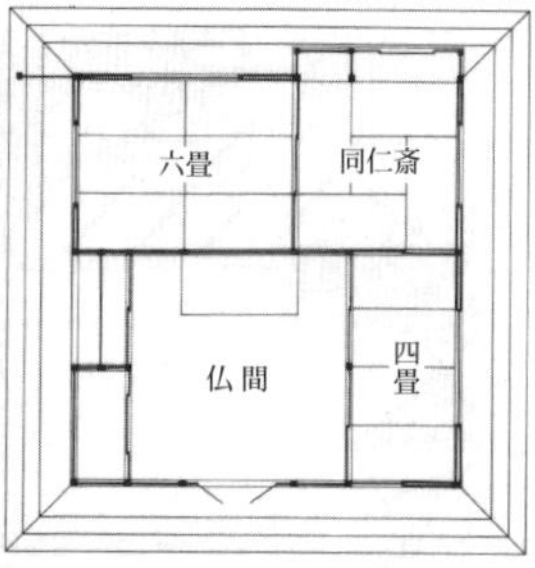

図52　慈照寺東求堂（一四八五）平面図（日本建築学会編『日本建築史図集』彰国社、一九八〇）（写真筆者）

あるためプロポーションが調整され観察者（viewer）の眼に整って見える。

つまり蟻壁で天と地を切り離して、内法高さから上部の長さ（広さ）を視覚的にも調整しバランスをとろうとしているかに見える。内部空間、外部空間で立面構成を変えている。内部の見え方と外部の見え方を意図的に変えているのである。新たなプロポーション化の創出である。この内・外で見え方を変えることは建築空間に対する新たな試みと考えてよい。*1

これらのことはそれまでの柱・梁構成の見え方に破綻を起こさせる。当時の既成の職人には考えられないアンバランスと言えそうなほどのバランス感覚である。徹底的に柱見付けを細めることで新しさ、新しいバランスを求めて、確かめているようなところが見受けられる。足利義政の指図であろう。

ただし東求堂という同じ建物の中でも仏間だけは蟻壁形式を採らず折り上げ小組格天井としている。同仁斎と異なる見え方をわざわざしている。両室は一部を壁（「張付壁」）で接している。天井高さは同じであるのに蟻壁と折り上げと形式が異なるのは同じ天井高で、同じ正方形平面の両形式がどう見え方が変わるか空間性の差を試しているようなところが見受けられる。仏間には仏像が安置されるから折り上げ天井との理由だけではあるまい。仏間だけ高いのではない。同仁斎の方が狭いのに同仁斎も仏間も同じ天井高なのである。その他の四畳、六畳の室も同じ天井高で同仁斎と同じ蟻壁で構成し猿頬《さるぼう》の竿縁天井である。四室とも大きさが違うのに天井高さはすべて同じである。内法長押と天井との間に欄間はなく小壁で塞がれている。室の高さと広さの違いによる空間の差が試されていることが考えられる。

同仁斎は畳敷き四畳半で、仏間は板敷き八畳である。同じ正方形だが書斎と仏間の差、室の広さの差と床仕上げ、天井仕上げの差を含めての異なる空間性の試行であろう。東求堂は

＊1　近代建築になると内・外の表現の一致、相互貫入が志ざされた。空間把握における内・外の差が意識される必要がある。次章のオットー・ワーグナーのところでも述べる。

こうしたことと同仁斎の付書院や棚の新しさをも含めて次の時代への新たな空間への試みを合体させた建物に見える。初期書院造の新たなあらわれ（「造りかた」『家屋雑考』）である。

　このあと書院造の代表ともされる園城寺の勧学院客殿（一六〇〇、図12-1）、光浄院客殿（一六〇一、図53、図13-1）があらわれる。その正面ファサードでも、内法高さ長押部分から上が長いが、中間に飛貫《ひぬき》を入れ構造及び外観プロポーションに破綻を起こさせていない。ここに至る以前の慈照寺東求堂及びその内部の同仁斎のバランス感には初期の新しさの息吹を感じる。

　勧学院客殿→光浄院客殿には古代からの柱・梁構成のバランス感覚を引き継ぎ、さらに繊細化させた形が見える。両客殿は、共に外観において外壁に内法貫と頭貫《かしらぬき》あるいは桁との間に飛貫を入れ構造的にもプロポーションの見え方においても緊張感のある繊細なバランス感覚でまとめ上げ（図53）、内部空間へはこの飛貫を見せないで隠し、共に蟻壁（図33）を設けることで内壁のプロポーションを調整し、内・外の見え方、空間の差を一体化し表現している。外観と内観に空間の差のあることを意識した意図的な内・外壁面の構成の企てである。

　慈照寺東求堂、勧学院客殿、光浄院客殿は三者共、外観の柱頂部に斗を用いず、直接、舟形の肘木で桁を受ける斗栱《ときょう》（組物、斗組）では最もシンプルな舟肘木で構成されている（図52、写真、図53）。他の斗栱と違い外部方向へは突出しないので桁と面一《つらいち》（ぞろ）になり壁面に影を落とさない。フラットでシンプルな表現となる。この舟肘木は日本古来の構成とも日本化された肘木とも言われ、それが三者のファサードにさらなるシンプルな見え方を加える。

図53　園城寺光浄院客殿 正面（一六〇一）（日本建築学会編『日本建築史図集』彰国社、一九八〇）

逆に古代仏教寺院などでは斗栱（組物）などで何段にも斗と肘木を重ねて構造を支え、軒の出を深くし、それが外壁面から外部に跳ね出すため、外壁、軒裏に複雑なかげを投げ掛け、それらが建物の陰影を深くまた連続的に変化させ、形の見え方に奥行を生じさせている。雨垂れ線をできるだけ建物外壁から離し、屋根を基壇の外まで跳ね出して木部の腐食を避けるとともに荘厳、立派に見せる工夫でもあり、陰影を深めて屋根をくっきりと見せる方法でもある。

慈照寺東求堂→勧学院客殿→光浄院客殿の平面、外観、内観、形の見え方の工夫、変化には当時の計画者、職人達の鋭い追求心、また鋭敏な感性があらわれている。*2

○『方丈記』の家

『方丈記』（一二一二、鴨長明）の方丈の家（庵）は木造で「広さはわづかに方丈《ほうぢやう》、高さは七尺《しちしやく》が内《うち》なり」と四畳半の天井の低い小さな家であった。「所を思ひ定めざるがゆえに、地を占めて造らず」と建っている場所が気に入らなくなったなら、ばらされ、車二両（「積《つ》むところ、わづかに二輛《にりやう》、車」）に乗せられ、他所へ移動してゆく。つまりバラバラにされることが最初から前提にされている。積み込む、あるいは下ろす順番、台車に載せられた状態までイメージされていたであろう。部材やパネルという空間のない状態と方丈という空間となった状態とが同時に包含されている。

移動の形が現われる。想像するばかりだが、この車二台で運ばれた方丈の家は線材と面材に分けられ運ばれたのではなかろうか。線材として柱は「七尺」位の長さで、梁、土台

＊2　本書第二章「勧学院客殿の空白」の項に他にもある三者の見え方の違いを記している。

（「土居《つちゐ》」）に九尺の長さのものが入ってコンパクトに積まれ、木という無垢《むく》の自然材であるから重たく、一方、柱の間《あいだ》（壁、開口）の構成は幅三尺、高さ約七尺位あるいはそれを分割してパネル化された面材によってであったろう。床や屋根、開口部（出入口、窓）も部材化、パネル化されそれらは「継目ごとに掛金を掛けた」、つまりジョイント部を掛金で接合するという乾式で専門職人を必要としない方法で建てた。屋根は「打覆《うちおほひ》を葺きて」とあるので樹皮などで葺いた軽いものであったろう。樹皮、草などの屋根材は現地調達であったかもしれない。面材はかさばるので一台に載りきらなければ、コンパクトに積まれた線材の車の上にも載せられたであろう。車二両であるから、車を引く二人がいれば建てるのに一日はかからなかったと考えられる。

方丈の家は土地から離れることのできない建築という存在の概念を変えた。場所を自ら選ぶことができること、持ち運びのできる家というイメージで受け取られる。それまでも組積造と違って木造建物は部材間の接合部が少なく移築が可能な構成であることから移築、移設、増築がさまざまになされてきたと考えられるが、『方丈記』の中で、言葉で直接表現されたことが重要である。読者が書の中に読むことで家のイメージを自分の生活の仕方とも関わらせて膨らませることができ、建築のあり方、考え方を大きく変えた。

移動や移設の軽快さはその家を浮遊する空間ともとらえられたであろう。少し前の平安時代後期には『信貴山縁起絵巻』に、家（倉）が空を飛ぶ様子（山崎長者巻「飛倉《とびくら》」）が描かれている。校倉《あぜくら》造の、つまり重い倉の、土台から上が空中を飛んでいる。重いものの浮遊、普通には動かせないものの浮遊が直接的に絵画表現されている。

第五章　闇と空白の形

○外観と内部空間―オットー・ワーグナー

○闇と光と空白

○外に向ける形、内に向ける形

郵便貯金局（ウィーン）

○外観と内部空間―オットー・ワーグナー

すでに空白の形について第一章「家屋文鏡の中心の空白」の節で家屋文鏡の中心に描かれた円などについて、また法隆寺西院のところなどにも記してきたが、ここではさらに西欧の具体的な建築空間についても取り上げてみたい。

論理的に考えれば、建築空間は外観の見え方と内部空間の見え方の差を表現しているとも言える。ウィーンにあるオットー・ワーグナー（一八四一～一九一八）のシュタインホフ教会[*1]（一九〇七、図54-1）の外部を囲うドームと内部を囲うドームとの高さの違い、形の違い、ヴォリュームの違いがそのことを示している。巨大な空白が内部に生じている。それも

＊1　拙書『西洋建築空間史―西洋の壁面構成』（鹿島出版会、二〇〇七）の第二章「中世」の「ラテン十字とギリシャ十字」の項、参照。「二重殻ドーム」についてもこの項、参照。アジアにも二重殻はある。インド・イスラム建築のタージ・マハール（一六三二～五三、ムガール王朝〈一五二六～一八五八〉最盛期、シャー・ジャハーン王の時代）である。頂部の葱頭形ドーム部分の内部は空洞である。

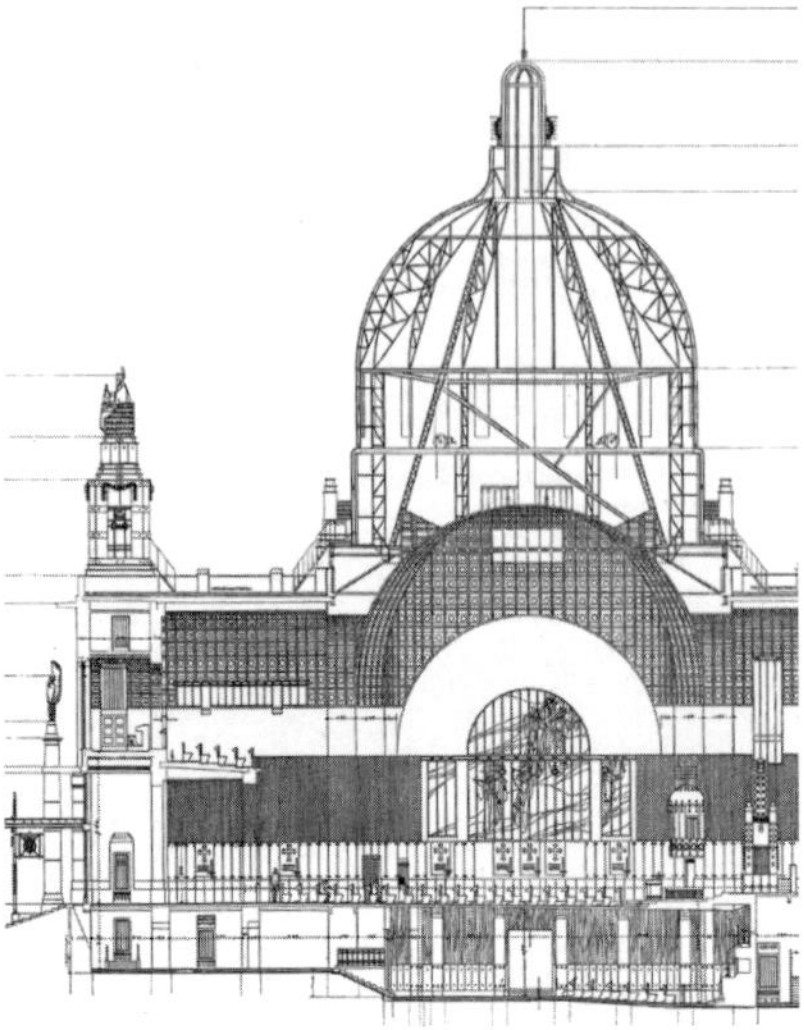

図54-1　シュタインホフ教会（ウィーン、一九〇七、オットー・ワーグナー）
（HEINZ GERETSEGGER and MAX PEINTNER『OTTO WAGNER 1841-1918』Academy Editions London 1979）

教会主要部（低層部）から突き出したドーム上部はほとんどすべてが、いわば屋根裏である。閉ざされた空白である。その部分がフラットルーフを突き破りドーム状に突出している。

内と外で見え方の違いが前提とされ、空白をのみこんで外形を外に向かって、内形を内に向かって提示している。西欧の合理主義がなぜ、このような闇の空間（空隙）をつくり出したのか。近代建築の大きなスローガンの一つに建物部位が囲いとった空間のすべてを使うことがある。そのことに違犯している。

すでに記した日本の法隆寺金堂、五重塔にもこの空白はあらわれていた。その断面（図18）を見ればこの空白の「ある」ことを無視することはできない。

現代建築はこの空白を忘れてしまった、というより過去に残してきてしまったのである。シュタインホフ教会のドームは内に向かう形と外に向かう形が異なることで内部に巨大な闇をのみこむが、この空白は意味を持ち、論理的でもある。ワーグナーのこの極端な二重殻は西欧の合理主義に問いを発しているのである。それは形をつくることへの問いであり、人間の空間を見る（感じる）ことへの問いである。

繰り返すが、我々、主体は外観を見ている時、内部は見えていない。内部を見ている時、外観は見えていない。

この二重殻と対極にあるのが、西欧を代表するドームである古代ローマのパンテオン（一一八～一二八年頃、図32-5）である。構造を露出させ、天井裏という空白をつくらず、半球ドームがすべての空間を囲いとっている。

ワーグナーはこのパンテオンを対比的に意識しながらシュタインホフ教会を設計したであろう。ただしワーグナーはその大きさを目指したのではない。

パンテオンは、イスタンブールのハギア・ソフィア（五三二～七、図46）や、フィレンツェ大聖堂（ブルネレスキ、ドームは一四一八設計、一四二〇～三六建造）や、サン・ピエトロ大聖堂（ミケランジェロ、ドラムまでは一五六四）がつくられた時、徹底して参照された建物である。この時はその内径四十三メートルのドームの大きさが主として目指され、それを越えようと努力された。パンテオンの巨大さが放った後世空間への大きな影響力の一つである。

それまでにない最大のドームを求めるのは当時、必要とされた機能を求めるのとは異なったわからない部分を含めた巨大さを求めていたことになる。今ある巨大さを越えた巨大さ、つまり体験したことのない大きさである。大きさは時に機能や形を越えて目指される。そこに空白の空間がのみこまれる。巨大空間を支える新たな構造ばかりではない。未体験の巨大空間は未知なるもの、未知なる空白、未知なる感覚をのみ込んでいる。それだけ先に進もうとするエネルギーが集中される。日本では出雲大社本殿、東大寺大仏殿などにそうした巨大さを求める試みのなされたことが推察される。[*2]

理由のない、あるいは理由の説明できないより広大な空間をどう表現するのか、向かうのか。観察者の前に建築空間が抱える問題を表現することが求められる。それが現代では宇宙にまで広がった広大さの問題が重ねられ提起される。Space（宇宙）のイメージは建築空間の中でも求められてゆく。

シュタインホフ教会が目指したのはその大きさではない。巨大な空白をのみ込んでまで提示した二重殻の意味を問うたのである。

ワーグナーは一方でウィーンに郵便貯金局（一九〇六、図54-2）を設計している。シュ

＊2　高さを求めることにおいても同様のことが言える。塔や超高層ビルは一番高いことが新しいとされ追い求め続けられる。それは天と地とをつなぐ高さである。天という空白に近づく高さであり、地という空白から離れる高さである。この最高の高さを求めることも今までの空間を超える最もシンプルな方法である。

タインホフ教会とほとんど同じ時期である。その中央窓口ホールの天井をガラス天井にして、屋根裏という空白をつくらないどころか、屋根の立ち上がりを含めて全面ガラスで自然光を採り入れている。光や視線が屋根を透過する。つまり屋根や天井を見えないもの、ないものに近づけようとする。

それは従来の上部から絞った光を入れるのではない。天窓ではない。つまり窓を問うているのではない。屋根全体、天井全体が抜け、光を、視線を透過する。屋根や天井の存在を問

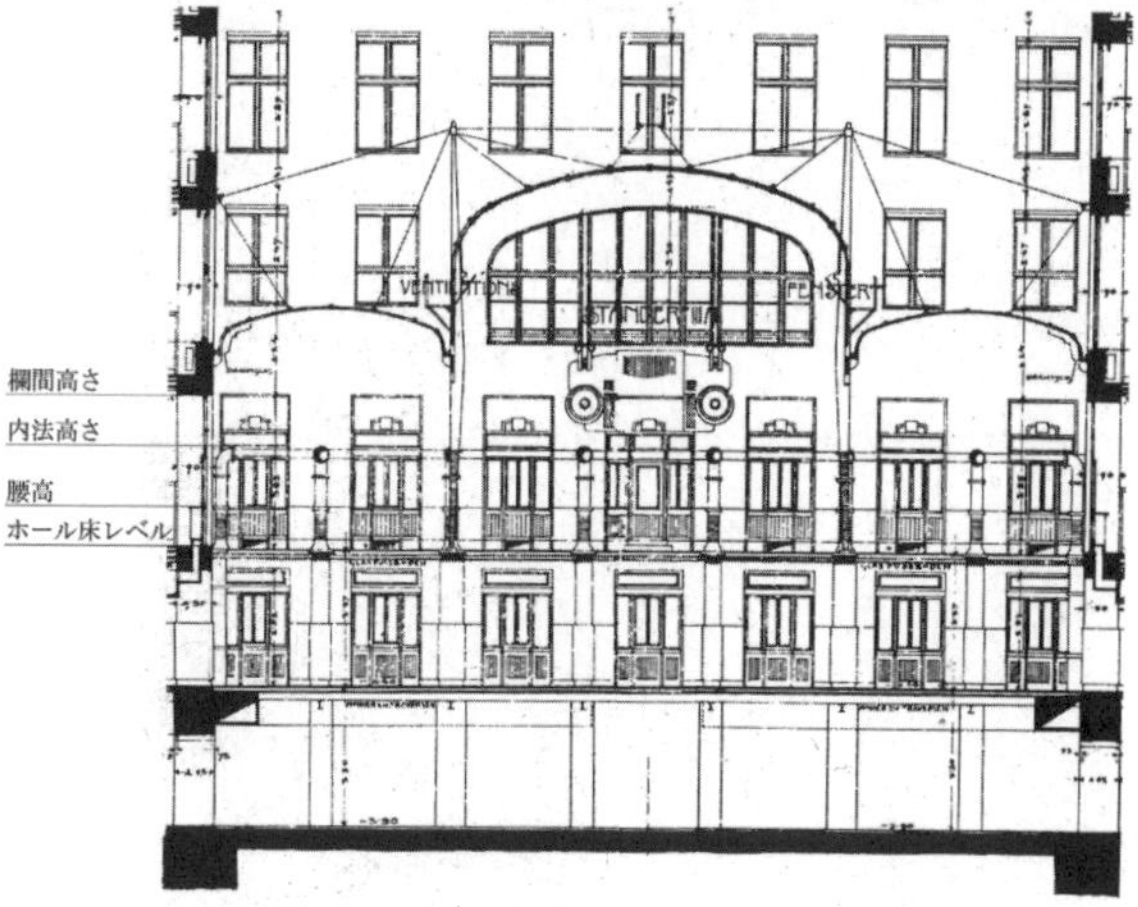

図54-2　郵便貯金局（ウイーン、一九〇六、オットー・ワーグナー）（写真筆者）郵便貯金局（設計競技案）の高さ構成（H・ゲレーツエッガー、M・パイントナー、『オットー・ワーグナー』伊藤哲夫・衛藤信一訳、鹿島出版会、一九八四）より。日本文字は筆者。

うているのである。屋根を抜ける浮遊感を超えて、天空（Space）へのつながりを求めていることすら感じとれる。そこに澄明《ちょうめい》な天空があらわれる。

現在、ガラスにスモークがかかっているが概念としては透明な屋根をそこに存在させ、見えない屋根に近づけた。概念のまま表現されることは稀にはあるがほとんどが既存の建築的納まりにしばられ、そこから少しでも脱出すべく格闘が始まる。

屋根がなければ、あるいは透明であれば、内部からの視線は天空に抜けてゆく。新たな視界が生まれる。光は直接入ってくる。しかし現実にはそこに透明ではあっても屋根はある。郵便貯金局として存在させなければならない。

シュタインホフ教会とウィーン郵便貯金局にはその屋根の見え方において対極とも言える差を表現している。両者を表現することで、屋根が「ない」ことも問われているのである。彼はまったく違う方法を追求すること、提示することで、屋根に対する西欧の知を全体的に問うている。

それは、闇、光、屋根、天井、形のことだ。一人の建築家（オットー・ワーグナー）がほとんど同じ時期に複数の視点をもっていくつもの建物でその空間を計画、具体的に地上に空間を存在させ、その差を現実に見せ、機能、材料、構造、納まりを含めて何が形を決めるか、形とは何かを問うている。形という存在のあり方を問うている。「ない」ということを含めて問うているのである。

ワーグナーは建築家であり、近代建築家に対する優れたMentor（教師、指導者、助言者）でもあった。

ローマのパンテオンについてはいくつかのことを記してきたが、理念という球を内包した空間はその天井中心に屋根を架けることをやめ、円形（直径約九メートル）の開口が空けられている。そこに屋根はない。古代ローマ、すでにここに、「ある」ことと、「ない」ことの初源が問われていたのである。

オットー・ワーグナーが見ていたのはこのパンテオンがあらわしたその「ある」ことと、「ない」ことの存在性である。シュタインホフ教会の中の屋根と天井の間の闇（空隙）とウィーン郵便貯金局の透明な屋根という実在させた空間によって建築における「ある」ことと、「ない」ことを問うたのである。

パンテオンは人間の理解可能な、あるいは理解を刺激する球の空間を表現した。この建物以降、それを参照して、より巨大な空間へ志向する傾向があらわれる。

既述したが重ねて述べれば、今ある巨大さを超える巨大さをつくり出そうとすることは、その「巨大」というスペースの中にわからないもの、今まで人間が体験したことのない大きさの空間を地上に初めて存在させることである。そこには機能を超えた、あるいは経験を超えた大きさを求める志向性があらわれる。

つくりだそうとする巨大さの中には空白がのみ込まれている。わからない部分だ。それを含んでの巨大さが問われる。パンテオンの放った巨大さは後世の巨大空間へ大きさということで強い影響力を及ぼす。

より大きな巨大さを求めることは今までの空間を超える最もシンプルな方法であった。しかしそれは巨大さという大きさばかりではなく、巨大さを超え空白を抱える空間が何かを問うこと、その問題をかかえることになる。パンテオンは球という理念を内包している。それを越えることが何かが問われていた。

大きさを求めること、高さを求めること、過剰さを求めることなど、地域や国や時代や計画者などによって異なることについてはさまざまな理由が考えられる。既述したようにローマのパンテオン（内径四十三メートル）はその建立以後、西欧において大きさの指標となる。さらには人類が天空という巨大なというより最大で無限の大きさを拡げるSpaceを意識し始めた時、人間がつくり出すドーム（穹窿《きゅうりゅう》）にそのイメージが重ねられてゆく。パンテオンはそのSpaceに球という一つの解答を提示した。それは完全な球を提示することでなしたのではない。すでに記したようにパンテオンが内包する球は見えない点・線・面によって形成されている。いくつもの「ある」ことと「ない」ことが重ね合わされ提示されている。その見方を求めている。

東南アジアのアンコール・ワット[*3]（十二世紀、参考図）は平面的には回廊に囲まれた広大な遺跡であるにも関わらず、しかも四十二メートル以上の高い塔を持ちながら、その内部空間に広い室や天井の高い室を持たない。空間に求めていることがパンテオンとは全く異なるのである。

アンコール・ワットでは回廊に囲われた広大な平面、回廊が囲いとる空白、そしてそこに対比された塔の外観に高い形が求められている。塔は周囲の平たく無限に拡がる密林の高さの上に突き出ることで天に向かって高くあるべきことが表現される。それは人の手がつくりだしたものだ（artifact）。真っ平らの広大な大地を占める自然の樹木（ジャングル）の高さを遥かに越える。そのことが表現される。

参考図　アンコール・ワット（写真筆者）
アンコール・ワットは十二世紀にスーリヤヴァルマン二世（治世一一一三〜五〇頃）によって、ヒンドゥー教のヴィシュヌ神に捧げられ、また自らの墳墓としても造営されたと言われている。アンコール王朝は八〇二〜一四三二年頃とされる。

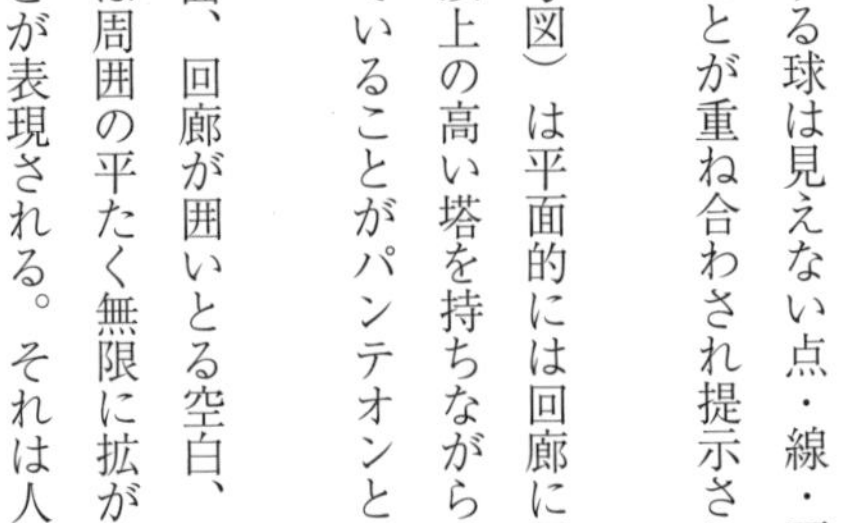

＊3　拙書『続西洋建築空間史—壁から柱へ』（鹿島出版会、二〇〇九）の第六章「日本建築と西洋建築の違い」の「アンコール・ワット遺跡群」の節、参照。

○闇と光と空白

日本建築にも、法隆寺金堂（図18）では二重目に使われることのない空白がある。空白ではあってもそこにある。そこでは「ある」ことと「ない」ことが問われているのである。まさにこの寺の本尊の真上に空白を抱えている。創建以来、今も、これからもずっとそこにある。

一階の中央、母屋には本尊である釈迦三尊を安置し、天井を折上組入《おりあげくみいれ》にして高くはとるが、それより上の二重目は空白として閉じてしまう。二重目に床はない。一階の天井を高くしようと意図すれば二重目を含めて天井高さを取れるのである。それをしていない。

五重塔（図18）に至っては使われているのは一重目だけであり、二重目以上五重目まで闇の空間、空白である。二重以上に床はない。いわば平屋である。五重に屋根を重ねているのであって、床を五階重ねているのではない。外観、五階建に見えるが外観をつくる意図と内部空間をつくる意図が異なるのである。すでにシュタインホフ教会（図54-1）のドームでは内に向かう形と外に向かう形が異なることを記した。

外観五重は当時のどの建物よりも高く、それが遠くからも見え、五重塔自体ばかりでなく仏教伽藍がこの地にあることをシンボライズしていた。いわば一階建の建物であるのにわざわざ五重の屋根を付けるのも日本の形のあらわれ方である。つまり一階建であるから外部をすべて壁とし頂部にだけ屋根を付けることでも高さをシンボライズできる。それをしなかった。[*1]

＊1　既述したように宗教建築ではないが、近世（江戸時代）の土蔵造（蔵）では総二階建てで二階にだけ屋根を架け一階には屋根のない構成を採る。一階と二階の壁面が連続し一枚の壁となる。第四章「空白から浮遊へ」の「浮遊の形」の節、参照。

中国山西省応県にある仏宮寺木塔（一〇五六）は六十メートル程の高さの外観五重の木塔であるが内部に多重の床があり、内部空間である各階に仏像が置かれ参拝されている。日本では五重塔に高さだけを求めたのではなかった。屋根が重なること、軒が重なることに価値をおいていたのである。床はない。屋根が重なることは外観からは階を重ねているように見える、あるいはそう見せた。屋根が重なることは軒、軒裏が重なることでもある。軒内包領域・軒内包空間（図11-3、図23-1）があらわれる。その建物にアプローチするにつれ、各重の屋根と軒裏が交互にあらわれてくる見え方をする。*2

つまりある重の屋根が見える地点から建物に近づくとある地点でその重の屋根が観察者の目から消える。その一瞬後、軒裏があらわれる。各重の屋根・軒ごと交互にそうした見え方があらわれる。アプローチ上にそのシークエンス（継起的連続）を見てゆくことになる。極度に近づいて行くと軒裏だけが見える空間領域に入り込み、屋根はすべて見えなくなり、視界から消えてしまう。

室生寺五重塔はその前に長い石段を設け、アプローチ上の下からの視線には五重すべて軒裏だけ見える構成をとっている。屋根側は見えない。ここには既述した山の断面を利用し造形化している姿を見る（図54-3）。山の形、地形が利用され、建物空間と相関した造形化が試みられている。

目に見えない線、つまり屋根延長線、軒裏延長線が空間領域（軒内包《のきないほう》空間、軒内包領域）を形成している。形は眼に見える輪郭線だけで形成されているのではない。見えない線が形づくる空間をも見てゆかなければならない。

視界全体は空白であり、言い換えれば無限に見えているのである。そこで見ることとは見

*2　軒内包領域、軒内包空間については、拙論・博士論文「『源氏物語』における寝殿造住宅の空間的性質に関する研究」（東北大学、二〇〇一）、拙書『日本建築空間史―中心と奥』（鹿島出版会、二〇一六）第七章「日本建築空間読解―空間の概念化」、その他に詳述している。

図54-3　室生寺五重塔、奈良時代末〜平安時代初期（写真筆者）
各重の屋根が見えず軒裏が重なる。建物芯と階段の中心線を重ね、塔、階段を含めた垂直性を強調している。山が造形化される。室生寺には優れて山が造形化された外部の三つの階段がある。金堂前（鎧坂）とこの五重塔前と奥の院前である。三つ共それぞれ建物と階段との関係が異なって山が造形化されていて個性的である。拙書『日本の建築空間』（新風書房、一九九六）の第二章「日本の建築空間の特性」の「室生寺」の節、参照。

えない線、視線を含めて主体が空間を区画し切りとって見ることである。また五感のうち聴覚も嗅覚も形のないものを感じとる知覚器官である。人間は、というより生物は、形あるものだけを知覚し生活しているのではない。匂いや音という形のないものを感じ取っている。しかも五感が多様に複合的に影響し合って知覚される。生物体によっては人間にはない知覚器官をも働かせる。

軒内包空間、軒内包領域は、拙書や拙論の中で概念化してきた言葉である。日本建築の傾斜屋根をもつ建物に近づいてゆく時、屋根が見えていた場所から一瞬、屋根が消え、軒裏が見え始める場・空間のあることを指摘し、それを軒内包空間、軒内包領域と概念化した（図11-3）。屋根は屋根と軒裏が一体となって建物から突出しているからだ。二重や五重の屋根であれば各重ごとに屋根・軒裏が見える変化が繰り返される。それは見える線（屋根面・線、軒裏面・線）と見えない線（屋根延長線、軒裏延長線）が合わさって形成される。動く（移動する）視線による見え方の研究である。

宗教建築の多くに、内・外に空白をかかえる構成が見える。内部の空白には外光や外気が入ってくる窓がない。床がない。入口すらない。しかし明らかに空白は存在している。それは存在させたと考える必要がある。

法隆寺金堂、五重塔の二重目以上の外観に見える窓状の造形（連子窓）は光や外気を取り入れる開口部ではない。擬似的なダミーであり窓に見せた造形物である。それは開口部に似せた造形とすることによって内部の空白がまさに隠されていることを意味する。外部からは階（床）があると見せている。普通、開口部は光、空気、人などが出入りする機能を有するものである。にもかかわらずその内部が床のない空洞なのである。開口部や窓に見せることによって、その結果、外観が整えられる。
外観を重視する視点から、屋根の二重や五重を支える構造部材が建物内側に多数、露出し、人が立って歩ける内部空間とはならないことも理由の一つである。逆に言えば、その空いた内部を構造的に自由に使って外観の形を整えた。

また理由の一つとして考えられるのは、当時の人々が闇を恐れていたことである。平安時代だが『源氏物語』に闇の中から「物の怪《け》」があらわれ人々に取り憑く場面がしばしば描かれている。[3] そのことを人々は恐れた。闇を避け、できるだけ近寄らないようにしていた。貴族の住まいである寝殿造の高い化粧屋根裏[4]の空間には光はなかなか届かず暗い空間となる。

宗教建築ではその闇を閉じ込め閉鎖した。そこに擬似的開口部（連子窓など）を開けることは闇への観念的な光をあてることを意識していたのかもしれない。観察者のいない光である。闇を閉じ込めるだけでなく、その闇の存在に対し観念の光を当てていたことの可能性を指摘することもできる。

「夕顔の巻」では、廃院（なにがしの院）の西の対《たい》に光源氏によって連れ込まれた夕顔が「奥の方は暗うものむつかし」と対の「奥」（母屋）の闇を怖がる。ここは廃院であって光源氏や夕顔が住んでいた住まい（寝殿造）ではなく、そこに男・女が入り込んだため外部に接する庇の場をその居場所としたのである。

母屋の闇に潜む「物の怪」が、光源氏が外部との間の仕切りである「格子」（板戸で光や外気を通さない）を閉めると、源氏と夕顔がいた庇にまで跳梁し、夕顔に取り憑き夕顔を死に至らしめる（図55-1）。「格子」が閉じられたことによって外光が断たれ、母屋から庇に

＊3　『源氏物語』における光と闇については、拙書『源氏物語空間読解』（鹿島出版会、二〇〇〇）、同『源氏物語 男君と女君の接近—寝殿造の光と闇』（河北新報社、二〇一三）に詳述している。

＊4　「化粧屋根裏」、この名称は「裏」が入っていて分かりにくいが、水平天井を張らず勾配屋根面を支える構造材など（梁、垂木、野地板など）そのまま内部側に見せる、つまり構造材をそのまま「化粧」（仕上げ）とする方法である。棟部分で最も高くなる傾斜天井を構成する。

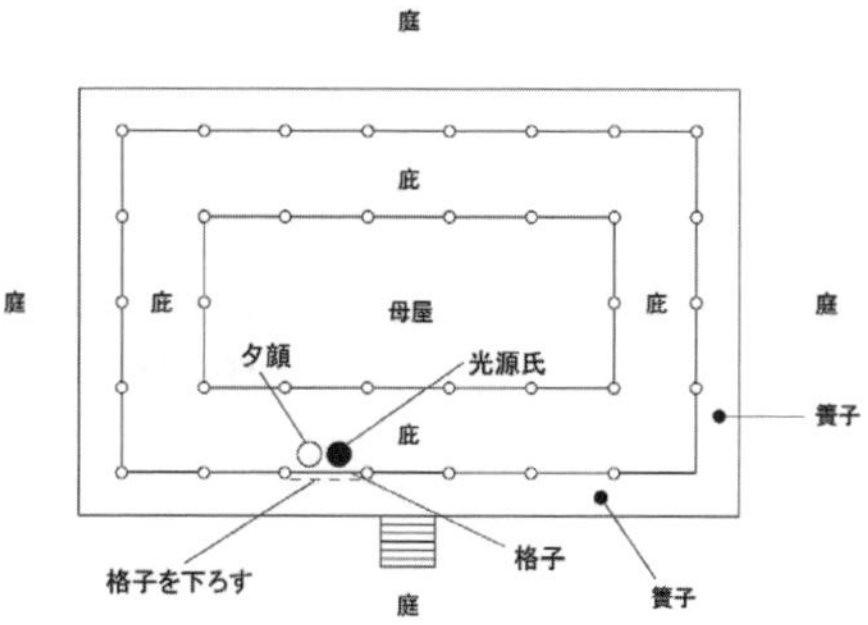

図55-1 『源氏物語』「夕顔の巻」（なにがしの院）男君、女君配置図（作図）

まで暗い闇の空間が拡がったからである。

光源氏はその名前からもうかがい知れるように明るく光輝く世界の象徴であるが、闇をもつくり出すことが象徴的に描かれている。

寝殿造の寝殿、対には水平天井は張られていない。室内側天井は化粧屋根裏、つまり屋根を支える構造をそのままに見せ、棟に頂点をもつ傾斜天井である。中心空間である母屋の中心線上（棟位置）で一番高く抜けていて闇を最も高く、深くかかえることになる。中心（母屋）と闇とが結びつく。内部空間において高い空間ほど闇を深くかかえるのである。

この物の怪は『源氏物語』に明記されてはいないが六条御息所《ろくじょうのみやすんどころ》ともされる。その場合は、死霊《しりゃう》ではなく生霊《いきりゃう》である。*5「物の怪《け》」にも差があり、そのあらわれ方によって物語性が

*5 この憑依《ひょうい》については拙書『源氏物語空間読解』（鹿島出版会、二〇〇〇）の「源氏物語の構成」「聴覚・嗅覚・触覚によって浮かび上がる空間」の項、及び拙書『源氏物語男君と女君の接近―寝殿造の光と闇』（河北新報社、二〇一三）の第五章「匂う肉体」、第七章「闇と光―夕顔」「闇の中の悲劇」の項、参照。物語の中での憑依も空間的闇と心的闇とから生じていることが考えられる。

変化する。こうした闇を人々は恐れた。闇が、物語の展開の重要な、というより基本的な空間構成要素となっている。

他にも六条御息所は生霊となって、源氏の子・夕霧を懐妊した正室・葵《あおい》の上に取り憑《つ》き、殺すほどにまで行きつく。さらに彼女は、後に、死霊となってまで紫の上、女三の宮に取り憑くのである。[*5]

『源氏物語』では、光源氏という名が象徴するように光が物語を生み出し、闇もまた物語を生み出すが、闇は物語の基本的な背景ともなっている。暗く沈んだ物語はもとより、光り、明るく輝く物語にもその背後には闇を抱えている。

闇は五感を鋭く働かせその場で対応しないと空間を解りにくくさせる。光と闇では物語の生み出し方が違うのである。光と闇のそれぞれに多様な空間構成要素や背景があり各々の物語性を生み出している。

法隆寺金堂、五重塔が構造そのままに、金堂の場合は一重から二重を、五重塔の場合は一重から五重までを高く、高く吹き抜けさせていたならどうであったろうか。内部空間は光がそこまでは遥かに届かなく闇を含んでいて、当時の人々はそのあり方に畏れを抱いたのではなかろうか。その場合は光をそこに注ぎ込む工夫をしたかもしれない。しかしそうはならなかった。

闇は理解できない恐ろしいものを含んでいると思われていた。その畏れは信仰ともつながっている。法隆寺では、二重目以上の闇の空間部分を封じ込めた。封じ込めること、距離をおくことが闇に対し人が対応できる方法であった。その怖さから逃れる一つの方法である。日本建築ではしばしばこの方法がとられている。傾斜屋根の内側に平天井を貼ることはそのひとつのあらわれである。

それは西欧のキリスト教会堂（図55-2、図59-1）の高窓形式（クリアストーリ）と異なり、吹き抜け上部に開口部をつくり、光を上から入れる工夫をすることを避けている。それが可能な断面形（図18）をしているにかかわらずである。西欧の高窓は積極的に光を中心に取り込むことでその建物の断面性を有効に徹底利用している。空間利用に関して合理的である。光を重視していたあらわれである。

一方、日本建築ではその高い闇の空間へは光を入れず闇のままとしている。それは闇をも重視していたことのあらわれとも考えられる。さらに言えば、建築空間においては闇の中にわずかに輝く光を、光の基本的な、あるいは本来的な存在のあり方としたのではないか。仏像はそうした御堂の闇の中でひっそりと照り映え、輝きを増してゆく。日本と西欧とでは光（外光）の入れ方ばかりでなく光の扱い方が違っている。

東大寺大仏殿（金堂、図56）は日本で一番天井の高い内部空間だが、大陸からの大仏様《だいぶつよう》という内部空間の構造、造形をすべて露出させ、見せる合理的な構法をとった。水平天井を張って天井裏という空白、闇をつくることはせず、大仏（盧遮那仏《るしゃなぶつ》坐像）を坐像ではあるが高く立ち上げ、しかも光背をさらに高く立ち上げ、屋根面へ近づけている。[*6] 上部に闇をできるだけつくらない工夫であろう。大仏様は開明的な方法であった。それでも上部から光を入れることをしていない。

光は庇の空間の開口部から入る光（横からの光）、その光を床で反射し、光をできるだけ室内、奥まで届かせようとする。それらの光の中で金色《こんじき》に鍍金《メッキ》された大仏の輝きが周囲を照らす。それでも大仏を納める高さ以上の化粧屋根裏に近い頂部は暗かったであろう。光背を

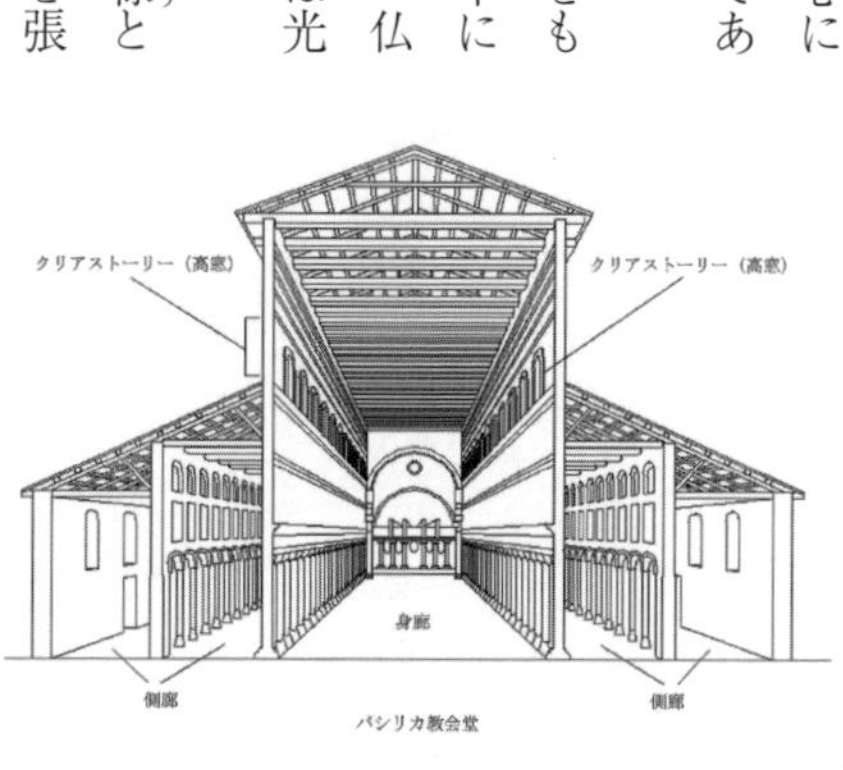

図55-2 バシリカ教会堂（旧サン・ピエトロ大聖堂、ローマ、三三〇〜三九〇頃）（作図）

＊6 現在の大仏殿（一七〇九年再建）は平天井が張られている。天井裏ができ闇が隠された。東大寺南大門（一一九九）は創建当時の大仏様のままである。

大仏より高くあげる一つの理由である。しかしその闇の中で大仏は余計に光って見えるのである。光と闇が同時に存在している。仏像の特性がひき出される。

和様の場合、闇の濃さがもっと深い中で仏像が光り出す。

金色は闇を背景とすることで複雑、微妙な輝きを見せる。大仏殿でも大仏を見上げる視線に、化粧屋根裏の頂部の深い闇を背景とした大仏が浮かび上がる（図56）。日本では金色は闇と関わってその空間性を発揮する。

本尊が坐像であることは立ち上がればその上の暗闇が照らされるという意識も働いていたであろう。

大仏殿では大仏という巨大な像が先につくられる。建物はその大仏の大きさに合わせ囲い

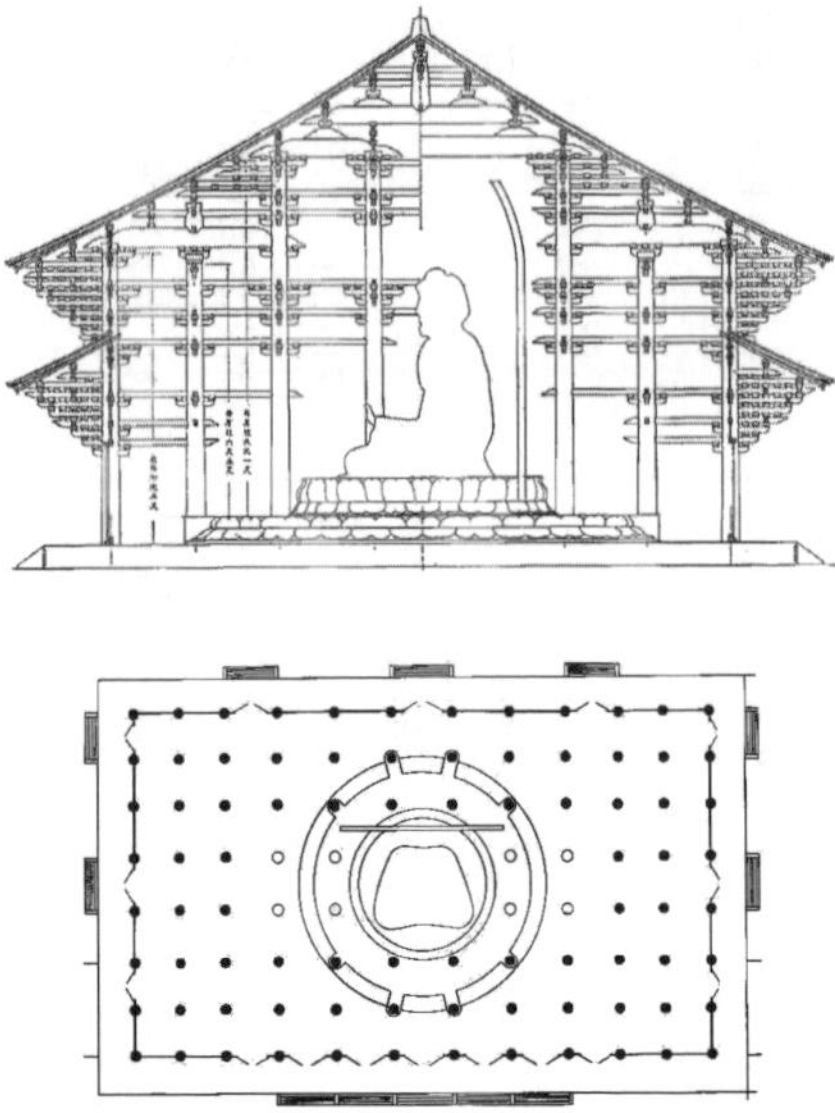

○印柱8本は建久再建時補加

図56　鎌倉再建東大寺大仏殿（日本建築学会編『日本建築史図集』彰国社、一九八〇）

とるように後から造られる。闇や空白も囲い取られるが大仏像が先にあることで空間の大きさに機能性が見えている。最終章で述べるミースのベルリン新国立ギャラリーの内部空間とは性質を異にする。

同じ大仏様でつくられた浄土寺浄土堂（一一九四、図57）の木像阿弥陀三尊像は立像（「丈六」）である。円形須弥壇上に安置された仏像の高さは大仏様がつくり出した化粧屋根裏にまで届く内部空間の高さを徹底利用している。水平天井を張らず、闇の部分をつくらず、化粧屋根裏とし、構造を露わにされた方三間（柱間が同じで約六メートルと大きい）の堂内、一間四方の母屋の中、内部高さいっぱいに三尊像が立っている。その立像の輝きが上方を照らす。そのため光を帯びた化粧屋根裏となる。*7

＊7　浄土寺浄土堂については拙書『日本建築空間史—中心と奥』（鹿島出版会、二〇一六）の「浄土寺浄土堂」の節に詳述している。浄土堂では「丈六」の立像がそのまま表現されているが、「丈六」という高さが立像、坐像によって操作されていることについては＊7及び拙書『源氏物語空間読解』（鹿島出版会、二〇〇〇）の「平等院鳳凰堂」の節の「ロ　拡大された鳳凰堂」の項、参照。

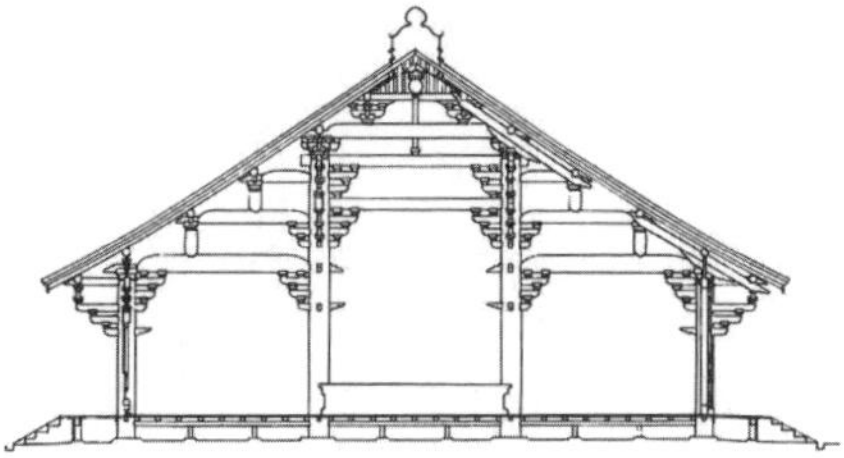

図57　浄土寺浄土堂、一一九二年（日本建築学会編『日本建築史図集』彰国社、一九八〇）

ここでは来迎壁（本尊背面壁）で仕切られた北庇（礼拝軸が南・北の場合）がある本堂形式と異なり、三尊像背面（西側）の西庇（ここでは東・西が礼拝軸）もただ空洞としてあるのではない。来迎壁はむしろ積極的に外されている。光背も普通にある正面性が強い、視線を跳ね返し本尊に向かわせる視線を裏側に行かないよう塞ぐ造形ではない。光の筋を象徴する仏像を中心とする放射状形で視線の抜ける線的表現で構成されている。透明感の高い造形である。線と線との間が空いており、視線をも光をも通し、正面から参拝者が見上げると仏像の背後に構造を露出した傾斜天井が背景を占め、見えている。ここでは内部空間（母屋・庇）を一体化させるディテールがさまざまに工夫される。

背面透蔀《すきじとみ》を通して直接入ってくる西日の逆光と床の板面に反射した光とで、仏像の姿が内部に浮び上がる構成をとっている。その光は線的表現の光背を透過して本尊の後ろ側から参拝者側に向かって放射される。西からの光を利用し、西方浄土を具現化しようとする。ここでは闇より光がその空間性を主張する。同じ大仏様でも大仏殿と較べはるかに小さな御堂であるから入った光も母屋まで届きやすい。母屋も庇も平面は同じ大きさである。円形須弥壇（母屋内）としたことは四方の庇からの視線が意識されている。ここでは母屋と庇を含めて一体化、空間化され、中心的な扱い方がなされている。

この透蔀方向の外部彼方を小高い丘陵地のつながりが水平に天を切っている。かつては本堂から見えていたのではなかろうか。この風景（背景）の丘陵の水平性があることで、それを取り込み、この三仏の立像という垂直性がさらに強調される。

闇を見せること、光を入れること、遮ることでは建築空間の表現ばかりでなく、仏像が、立像か坐像か、また透明感のある光背など、その造形表現まで変わるのである。同じ大仏様の東大寺大仏殿の大仏は、坐像であることでこの像の立った時の高さが想像され余計に巨大に見える。

しかしこの合理主義的な大仏様は以後、日本に拡がらず闇を取り込んだ和様が残ってゆく。このことは人の理解を超えた仏陀という光り輝く部分と、同じく人の理解を超えた闇という部分があること、その両者を表現せずにはいられない当時の人々の意識があったと考えることができる。

仏像は闇を背景に、あるいは闇を上部にかかえているためにかえってわずかな光で輝くのである。しかも闇をそのままにせず、一つには闇を封じ込める（法隆寺金堂、五重塔など）という方法でも表現した。

○外に向ける形、内に向ける形

オットー・ワーグナーの二重殻（シュタインホフ教会、一九〇七）における外に向ける形と内に向ける形の違うことについてはすでに記した。

カール・フリードリッヒ・シンケル（一七八一〜一八四一）のアルテス・ムゼウム[*1]（一八二四〜二八、図58-1）のドームは内部空間にのみ向いている。外部に向かってはパラペットで隠され、ドームという特徴ある外形は外部からは識別できない。

それはパラペット天端《てんば》（頂部）の水平のスカイラインを強調する外観を形成する。ドームの多方向に向けた空間性から見れば一方向性である。内・外の形に異質なものがあらわされ全体が構成、表現されている。ワーグナーのシュタインホフ教会では形の違いはあっても二

＊1　拙書『西洋建築空間史—西洋の壁面構成』（鹿島出版会、二〇〇七）第三章「近世」の」の「ヴィラ・ロトンダ」、また『続西洋建築空間史—壁から柱へ』（鹿島出版会、二〇〇九）の第九章「近世、ルネサンスの造形と空間構成」の「アルテス・ムゼウム」の項、参照。

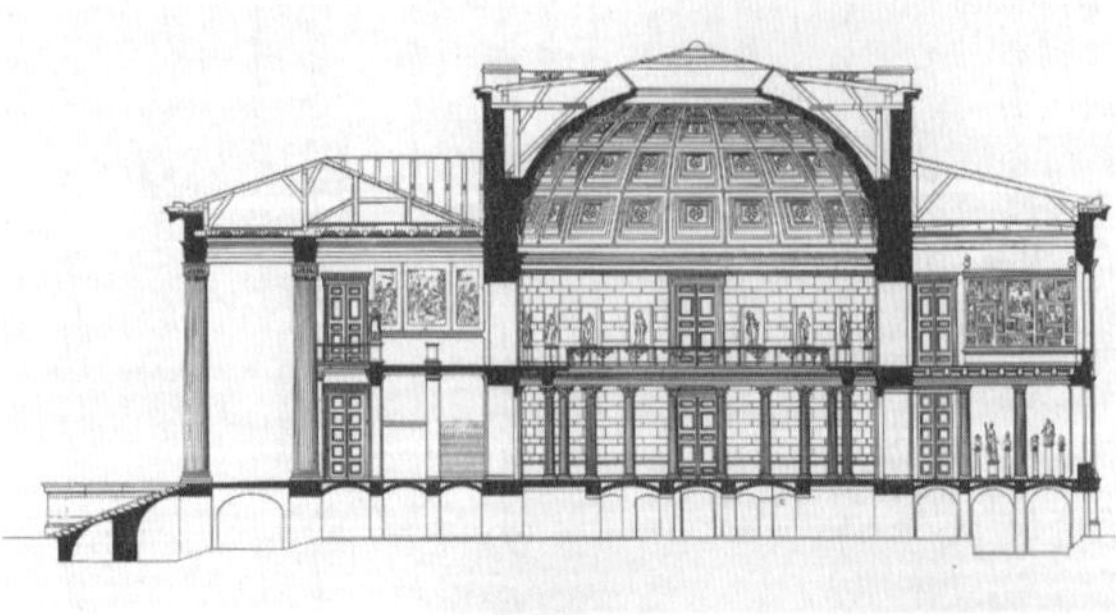

図58-1　アルテス・ムゼウム（一八二四～二八、カール・フリードリッヒ・シンケル）、断面図、この屋根裏も外観とは別に木造でつくられている。
（*KF SCHINKEL SAMML VNG ARCHITEKTONISCHER ENTWVRFES* Princeton Architectural Press New York 1989）

図58-2　アルテス・ムゼウム　内部（写真筆者）
ローマのパンテオンをとりこみドームが強調される。ただしドーム頂部中心部の開口から光は入るが博物館であるためガラスの屋根がある。外観、内観で空間が離反する。両者に別々の意図が見える。

重殻という外観も内観もドームという形をとっている。しかしすでにアルテス・ムゼウムでは外観と内観に離反を起こさせている。

内部はドームでローマのパンテオンを取り込んでいる（図58-2）。しかしここにはパンテオンのドーム頂部を切断し光や大気を入れる開口はない。そこは美術館という内部機能からドーム頂部の天窓からの採光に変わっている。開口の意味が、パンテオンが問うたことから変換されている。つまり機能が、パンテオンが表現したことを遠ざけ、別の方向を

図58-3　アルテス・ムゼウム　正面（写真筆者）
水平のパラペットが重なる。ここでもシンケルが好んで配置する風を眼で感じ取る装置、噴水が入れられ風になびいていた。建物前の庭園（ルストガルテン）の空白空間を感じとれる。シンケルと風については拙書『西洋建築空間史―西洋の壁面構

向いている。
外観に向けては、ファサードのイオニア式・大オーダー列柱（十八本で奇数間）のエンタブレチュア天端コーニスの水平線に合わせてパラペットを立ち上げ、正面に水平線を重ねている（図58-3）。ドームがある部分の外観をファサードに合わせたのだ。ドームの曲線を隠している。外観、内観に別々の意図が見える。図58-1と図32-5の両断面図を比較してみれば、たとえ内観は似ていても外観、内部空間に向けて形をつくることの意図の違いが露出する。この円形広間（ロトンダ）は間口の広い矩形平面の建物の中心部を占め、両脇に方形の中庭を抱えている。パンテオンの内形、外形が円で基本構成される空間構成のストイックさと比べ、意味を変える。

中世ゴシック教会堂でも石造の天井を形成する交差ヴォールトの上に、木造の小屋組があり、そこは人の入らない、また見ることのない閉鎖された闇の空間（空白）であった（図59-1）。その小屋組の上に内部の交差ヴォールト天井の形と異なる中心軸線に棟をもつ木造傾斜屋根[*2]が形成された。またその端部切妻を必ずしも外観に見せない。屋根の内・外で形の見え方が変わる。

近代建築の合理主義、機能主義に至って、あるいはその勢いが突き進むと、建築物が囲いとったすべての空間を使うことや内部と外観とが互いに相関し合って形がつくられるということが空間づくりにおいて当たり前となり、空白はつぶされ、あるいは剥ぎとられ、その存在を問われることもなく、人の意識から遠ざかり、意味性を失い、消されてゆく。

しかし空白はいつまでも存在し、また残っている。

逆に見れば「空間を満たす」ということが可能なのだろうか。いつも空間は満たされず空

成』（鹿島出版会、二〇〇七）第四章「近代・現代」の「光と風と建築」及び「シンケル小論—風とシンケル」参照。

＊2　二〇一九年四月十五日、パリ大聖堂（ノートルダム寺院、一一六三〜一二五〇頃、図59-2）で起こった火災で焼けたのは主にこの木造屋根部分であった。炎上、倒壊した尖塔も十九世紀のもので木造である。

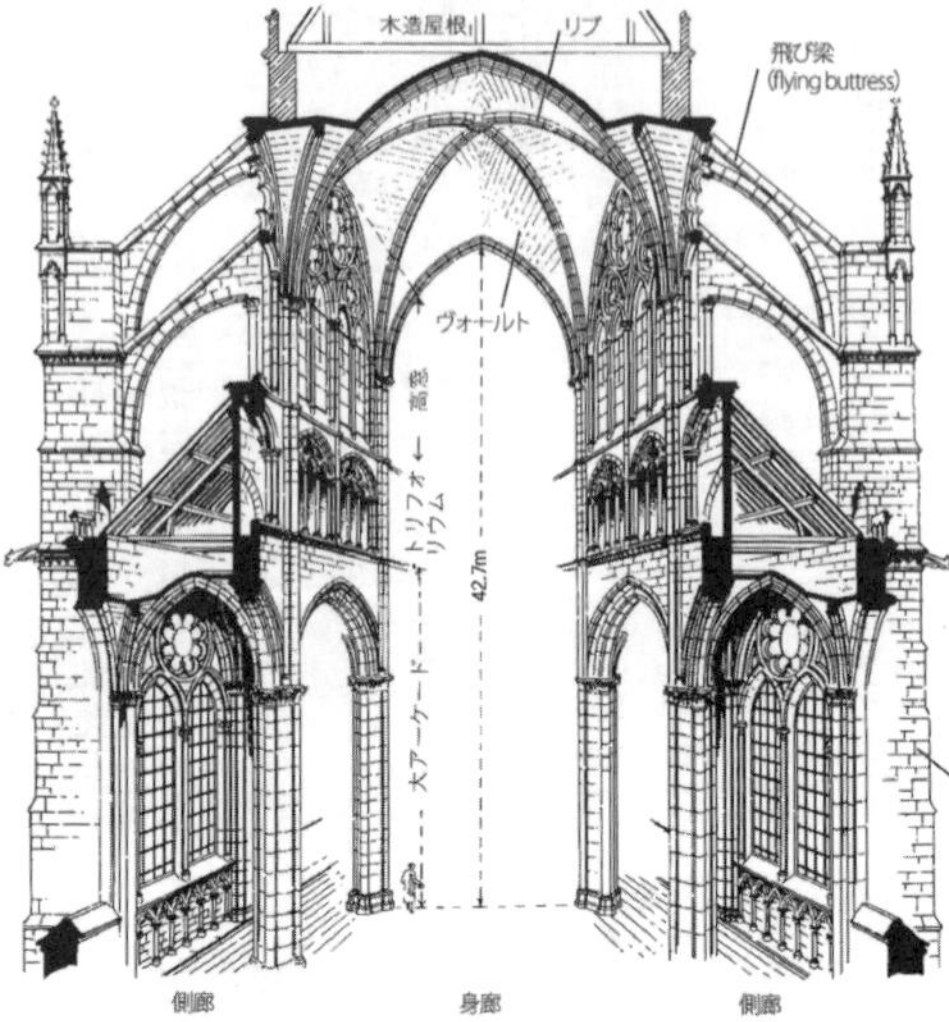

白がある。現実には空白を含み込みながら形成される。

宇宙Spaceはどうだろうか。人知がたどりつこうとする空白である。序章「無と有のはざまに」で記したように、そこはあることとないことの根源である。

図59－1　ゴシック教会堂（アミアン大聖堂、一二二〇頃起工～一四一〇頃完成）断面図（ジョン・モスグローヴ編集『フレッチャー　世界建築の歴史』飯田喜四郎、小寺武久訳、西村書店、一九九六）

図59－2　パリ大聖堂　一一六三～一二五〇年頃（写真筆者）

第六章　建築作品についての試論

〇秋田市立体育館　渡辺豊和・作
〇意味の重畳化、形の混成化の先に──空白をのむ
〇吹き抜ける
〇既製品
〇餓鬼《がき》の舎《や》　渡辺豊和自邸
〇赤鉛筆
〇幻庵　石山修武・作
〇鉄筋コンクリート造
〇白井晟一の秋田の建築
〇混淆による魅殺──伊東忠太

羽後病院（白井晟一）

この章でなそうとしているのは形、空間を視点とした建築作品論の試みである。人物論ではない。建築家論は人物と作品が相関、錯綜、複雑となりその構成に多大な工夫が必要となる。

○秋田市立体育館　渡辺豊和・作

（註）この節の文章はBSジャパンの秋田市立体育館についての取材（二〇一六年六月二十五日、放映二〇一六年九月二十日）に対し述べたことに加筆したものです。

どの建物を計画、設計する時にもあるが、計画時点で依頼者（クライアント）側から条件が出される。建築家はその条件を造形化しなければならない。

この秋田市立体育館（一九九四年竣工、図60）では、最初に基本的な条件が二つあった。

・秋田市制百周年記念として秋田市内に建てられること、つまり場所である。
・オリンピックの屋内競技ができる体育館をつくってほしいという要望、つまり機能的な要求である。ただしこの言葉には「オリンピック」という依頼者側の強いイメージがあり、そのメッセージが含まれていると感じ取ることができる。

建築を設計する場合、建築家はいろいろな条件を建物の造形の要素に用いる。ここではオリンピックがあげられている。一つの始まりはここからではなかっただろうか。

図60　秋田市立体育館（一九九四年竣工、渡辺豊和）（『新建築』、一九九六年十月号）撮影　新建築社写真部

オリンピックは古代ギリシャのオリンピアが発祥なのでギリシャがイメージされる。特にギリシャで建築と言えばアテネのパルテノン神殿（図2-2）に代表されるギリシャ神殿がイメージにあがってくる。ギリシャ神殿は主として柱、あるいは列柱で表現された建築空間である。*1 以後、ヨーロッパの建築空間の造形を主導してゆく。

ギリシャ神殿の聖室は壁で囲われるが、一般的な組積造という構法は壁があることで対比的に外周を取り囲む柱が強調して表現される。特にアテネのパルテノン神殿（図2-2）では外観ばかりでなく内部にも独立柱が立つため東室、西室の内観もこの壁を背景とした柱が強調される。ギリシャ神殿の中でもパルテノン神殿の一つの特徴と言える。ただしこれら神殿の柱も、一本柱（ニケ神殿）の場合もあるが多くは石を積み上げた組積造である（図4-2）。それを一本の柱に見せるべくさまざまな工夫（refinement）が凝らされる。*1

ギリシャ神殿のオーダーも柱頭は具象というか、具体的にあるさまざまな形が重ね合わされイメージされている。最もシンプルで建築的、構築的な形式がドリス式オーダーである。このオーダーは木造の形式が石造に変換され、あらわれてきたと言われている。イオニア式やコリント式は柱頭に渦巻や植物模様を取り込んだ装飾的な要素が強いものである。

この体育館の形もさまざまな構築的なイメージが重ねられていることが想像できる。アプローチなどにおける柱の多用やさまざまな形、状態の柱が表現されている。この建物は柱の建築でもある。

またもう一つの条件、この建物が建つ秋田という場所だが、日本の北方にあって、縄文時代の遺跡、遺物が多く残っている。それに関わる縄文の歴史、文化があるということである。例えば縄文土器だ。

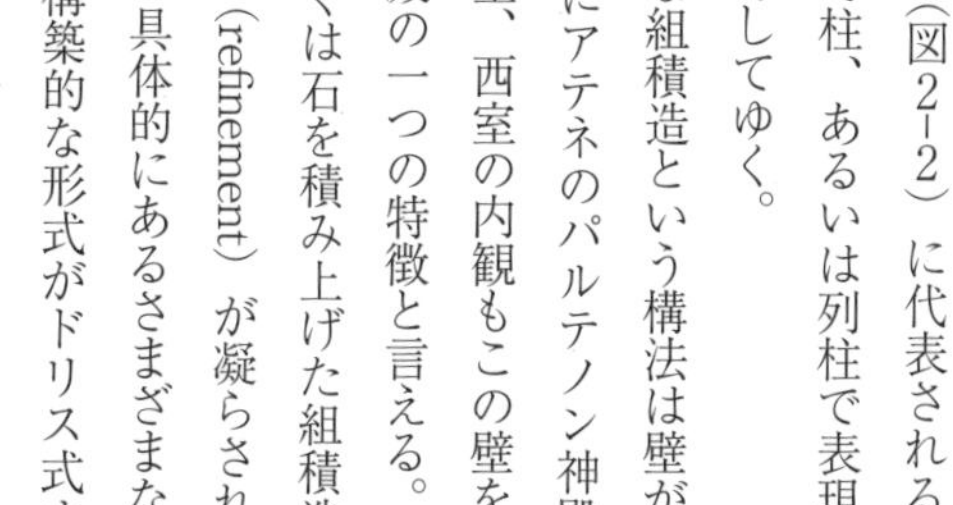
秋田市立体育館（写真筆者）

＊1　一方、日本建築は木造である。柱は一本の柱である。普通は途中で継ぐことはない。継いでしまえば一本の柱としての耐力は失われる。組積造の柱の一つひとつ石やレンガを積み上げてつくる柱（図4-2）とつくり方も力学的な力、荷重の流れ方も違う。両者がつくり上げる空間には大きな違いがある。異質な空間と言ってよい。それは日本の建築空間と西欧・西アジアの建築空間との違いとも言える。

この建物の設計者、渡辺豊和さんは縄文時代が日本の空間に大きな影響を与えていると考えている建築家である。秋田出身であることも大きく影響しているだろう。場にこだわる建築家だからである。

その縄文時代の中の火焔《かえん》土器という土器の形に惹かれ、その壺の口が炎のように揺らめき、噴き上げているような造形を取り入れていると考えられる。そこに縄文のエネルギーを見ているのだと思う。それは縄文時代のすぐ後の弥生時代の素朴で端正な弥生土器の造形とは大きく異なった形である。

縄文土器には蛇がうねり、とぐろを巻いたような造形がある。この体育館の、うねるアプローチ、ジョギングコース、屋根のうねりにそれらが造形化されているといえる。

結果としてでき上がった大・小体育館という大きな空間と小さな空間は、親亀が子亀を大切そうに、まるでカルガモの親子のように、引き連れて地を歩いている造形を生み出した。建築に時としてユーモアが必要である。

先ほど述べた火焔土器の炎がうねり、噴き上げる形は、蛇がうねる形にイメージが重ねられる。

亀に蛇がからみつく形は、中国では玄武という北をシンボライズする神の形に表れる。日本でもそれが取り入れられ明日香村の高松塚古墳、キトラ古墳などの石室の北側に描かれた形に表れる。

秋田は東北という日本の北方にある場所である。玄武的表現にはその北をまもるというシンボル性も暗示されているといえるだろう。

大・小体育館の大きなドームと小さなヴォールトは西欧のキリスト教会堂建築と西アジア

のイスラム建築のドームやヴォールトの造形が、建築家の感性、知性を通してさまざまに変換され、新しい形として提示されていると考えられる。そして縄文土器のふくらみ、ゆらぐ壺の形もイメージされているだろう。さまざまな造形が重なり合っている。

また、四神相応《しじんそうおう》という吉の地相に、玄武（北）方向に山（丘陵）のあることがあげられているので、これらのドームやヴォールトは北方が意識され、山がイメージされているのかもしれない。

小さなほうの体育館の四隅に平面正方形の塔状の部分がある。位置、形としては日本の城郭建築の隅櫓《すみやぐら》のようにも見えるが、機能的には階段室であり、避難通路ともなり、それぞれの縦シャフト四面が壁に囲われている。それが一階にいくとその壁が消えて中心の柱一本で受けたかに見える地上に浮いたような形となる。

私は、はじめこの形に驚いた。構造合理的な考え方からは出てこない形である。普通、構造的には壁主要部は大きく削られることなく地面の硬い地盤までのびてゆくことで安定し、地とつながり支えられる。ここではそうした壁による力の流れに違犯が試みられている。そのため浮遊するイメージが重ねられる。

またこれらの階段室の頂部は上にいくほど階段ピラミッドのようにすぼまり、その中心の突起が長くなり天に向かっている。これらのことはこの塔は地への方向性より天への方向性が強いことの表現だと思う。内側は空洞で天にまで吹き抜けている。

秋田には大湯の環状列石（ストーンサークル）があるが、日時計とも天体（星座）と関わっているとも言われている。縄文の遺跡である。この小体育館の階段室（隅櫓）のあり方も天に向かっているとも取れる。ここにも環状列石の天（空）へのイメージが重ねられているのかも知れない。

基本的には、結果としての大・小体育館は這うような、地とかかわった形をしており、こうした天と地との関わり、イメージがこの体育館に重ねて埋め込まれていると考えられる。親亀、子亀のイメージを含め設計者の天地創造のイメージと重ねられているのかもしれない。

また、この建築（群）には列柱の上に卵型（縦《たて》楕円形の枠）の、真ん中に横線が入った形が連続している造形があちこちで見られる。これはギリシャやルネサンスなどにあらわれる卵舌《らんぜつ》飾り（egg and tongue）、卵鏃《ぞく》飾り（egg and dart）と呼ばれる繰形（moulding）を巨大化させたものではないかと私は考えている。

この飾りは古代建築では柱頭やエンタブレチュア（柱上の水平部分）などにあらわれる細い紐状（帯状）の繰形だが、普通は建物の表情を豊か（enrich）にすることに用いられる。

この体育館ではそれが巨大化され異なった意味性がもたらされていると考えられる。建築家の手によって概念的にも変換されているのである。つまり飾りが巨大化し、表情といったrefinementの要素にかかわるのではなく強く意味性が変換されているのだ。それは多くは大きく連続して帯状を形成することから空間の囲繞《いじょう》性とかかわっていると考えられる。しかも繰形と異なり視線が抜けてゆく。それ自身で建物の輪郭（outline）まで形成する。

西欧古代やルネサンスの細かい卵舌飾りでは、繰形としてエンタブレチュア、コーニスなどを帯状に取り巻き、そうした形式で空間を取り巻くという要素にも関わるが、輪郭に関わるというより、強くは柱や梁状のものなどの表情を豊かにすることとかかわっている。秋田市立体育館ではこの帯状に取り巻く要素、構成が躯体から切り離され、新たな構成要素として肥大化されて表現されていると思われる。

このことと関わるかどうかはわからないが、この建築家は平等院鳳凰堂の形を分析して、斗組（斗栱、組物）の一つの部分の形が全体の形をも決めていることを「フラクタル」という数学での考え方を使って証明しようとしていた。部分と全体がつながっていることの一つの証明の仕方と思われる。

先ほどの卵型（縦《たて》楕円形の枠）の、真ん中に横線が入った形だが、卵舌飾りともとれるし、人によっては東北地方で主に出土する縄文時代の遮光器《しゃこうき》土偶《どぐう》の眼が表現されていると見る人もいるだろう。眼に強い特徴を持たせた土偶である。するとその眼が囲い込んでいる場は縄文の視線に視られている場ととることもできる。この体育館にはこうした観察者の視線がさまざまに選びとることのできる場・空間が提示されているといってよいと思う。

卵舌飾りの大きさの拡大であれば、そのことは卵舌飾りがもっていた機能性や装飾性とは意味が変換される。例えば巨大化は原寸大の時とではディテールの意味を変えてしまう。ある大きさで成立するプロポーションは拡大するとその大きさでは構造的に耐えられずその形を保つことができない。つまり拡大化によってそこに設計者の意図が露出してくる。構造も変わる。巨大化は元の形が意味することと概念を変えてゆく。しかも元の形が表現した概念ともつながっている。

逆の縮小化、微細化も同じである。そこに小さな形の新たな構造化があらわれる。

建物という構築物だけでなく生物の形にもあらわれる。蝶を巨大化してゆくとあの軽快な薄い羽根（翅）の形を保つことはできない。比例は大きさ（実寸）とは異なる。現実には実際の長さをもった形があらわれてくる。

また人にとって気持ちが悪いと思われる形をした虫や菌を顕微鏡で拡大してゆくと、細胞大に見える頃からみな自然が生み出した美しい造形に変わる。美醜という認識が変化してゆく。人が現実の眼の状態で感じとる気持ち悪さという感覚から離れてゆく。

スケッチや図に書かれたものの形は大きさではない。比例化されたものといえる。模型も同じである。縮尺化されているのである。つまり実際にあらわれる形と距離を置いている。こうした比例化は一つの抽象化であるから中途でもある。それを変換しない限り現実の形はあらわれてはこない。

現実に形をつくり出すことは寸法を決めることなのである。実際の寸法（ミリメートルなど）[*2]を決めた時現実に形が姿をあらわす。形と大きさとの意味、大きさをもつ形の意味というたらいいだろうか、その違いを理解しなければならない。[*3]

画家と建築家との違いでもある。画家は実物大で絵画を描くことは普通ない。建築家がつくりだす建築はいつも実物大である。図面と出来上がった実物空間の違いを常に意識していなければならない。現実に存在するものはみな大きさをもつ。比例は大きさではない。

この体育館アリーナを囲う屋内ジョギングコース（廊下）三階の上部（屋上）にチャトリ（Chatri、ヒンディ語で傘）と思われる、柱で支えられ頂部にドームの載ったパビリオン状のインド・イスラム建築に見られるような構築物が置かれている。チャトリは普通、建物の屋上部分の四隅に目立つように建ち、方向、方位を知らせ、また隅を固めることとも関わっていると思われる。

しかしこの秋田市立体育館では、建物の屋上部に建てられることはチャトリと同じだが、一つひとつは少し離れて独立し、大ドームを取り囲むように多数立っており、囲繞性と関わっていることに変換されていると思われる。

＊2　ミリメートルは現代では普通、建築物を表現、図面化する際の最少単位となる。もっと小さな単位に眼を注いでいくと別の世界が開けてくるはずである。それも「ない」(nothing) のではなく「ある」ことの形である。

＊3　現実化にはもうひとつ、材料を決めることがある。

それらはポツポツ、ぐるりと無数に連なり建てられ、一つひとつが下の階に光をもたらすトップライトでもある。この柱で支えられたチャトリの形は小さな吹き放された円形のピロティ（独立円柱）で形成されている。これらチャトリ群も中心の大ドームを囲っている。

この体育館におけるこうした造形、視線が抜けてゆく透明感のある格子、列柱、うねる屋根、視線の抜ける卵舌模様、チャトリなどは、囲繞性に関わるさまざまなスクリーン、仕切りを形成する。それが鉄筋コンクリート造、鉄骨造としてあらわれる。この設計者の他の建物ではそれに木造が加わり、このように混成されていることが特徴である。それらスクリーンを通しての見え方、空間の遮り方、透過性に差があらわれる。ここでは格子割の仕切りや列柱などが多用されている。

混成はこの設計者の建物の共通した設計意識とかかわっていると思われる。構造ばかりでなく、形や意味などにまで拡がっている。

この体育館は歩いて見て回わると、見る場所によって空間の形が変わる。つまり歩く先々に違った形があらわれる。そのシークエンス（継起的連続）が単体を越えて空間を形成している。この建物の平面形や形が多様であることがその一つの要因である。移動するにつれ場所、場所で眼に見える形が変わってゆくことで時間も意識されてゆく。混成という混じわってゆく一つひとつが形を主張し、またその主張を多様に変化させている。

こうしたイメージ、形の重なりを建築空間の中に見ながらこの建物の内・外を歩き回ると、さまざまなイメージが重ねられ、この体育館ができ上がっていることに気づく。

既述したように、うねる形が火焔土器の炎の形ばかりでなく玄武の蛇の形と、さまざまに重ねて、合わされ、空間の形に造形化されているのを見ることができる。設計者の膨大な知の集積を通して生まれてくるこうしたさまざまな形がこの建物を全体化してゆく。

さらに、設計者のイメージ、意図に出会うばかりでなく、私達見る者自身が、観察者となって新たなイメージと形との関わりを見付け出せることの瞬間に出会う。見る者の見方、知を刺激する。そこでは設計者を離れ、建物そのものがその存在を主張し始めていると言ったらいいかもしれない。（二〇一六年六月二十二日）

○意味の重畳化、形の混成化の先に—空白をのむ

渡辺豊和のこの意味の重畳化、形の混成化はその先、どこに向かってゆくのだろうか。渡辺がその先を見ていることは間違いがない。いや、今までの作品の中にすでにそれらがあらわれている。

渡辺の作品に建物内部空間で上部に高く抜けているものがしばしば見られる。秋田市立体育館の大体育館の天井（屋根）はその平面に較べ、異常と呼べるほど高く抜けている。内部で行われる競技からみてこれだけ高い必要性はない。

また小体育館の四隅の階段室（隅櫓）も小さい平面ながら、吹き抜けが地から天まで抜けていてその形状は異様に高いと言ってよい。天への志向性が強く表現されている。抜けていない空白（仏教寺院の二重以上の内部の空隙など）と較べればほっとする。抜けていることで意図の一部が見えるからである。

しばしば屋根自体に非常な高さがある。しかもそのメイン空間にそのほかにも塔が突き出ていてそれらはさらに異常なほどの高さに形が突出する。特に体育館、「文化ホール」など

のアリーナ、ホール、その周辺にあらわれる。「秋田市立体育館」（一九九四）ばかりではない。例えば「黒滝村立森のこもれびホール」（一九九五）、「上《かみ》湧《ゆ》別《べつ》町ふるさと館ＪＲＹ」（一九九六）、「新世紀通天閣計画案」（一九九三〜九六、図61）などである。つまり「必要以上」という空白である。

壁も天井もコンクリート型枠外しのママ、放置されている場合もある。見上げるとあっけらかんと空いていることに、まず驚く。抜けたような感覚も起こってくる。そこには何もない。

光が入ってくる場合はほっとする。光に対する意図があらわれているからである。それは

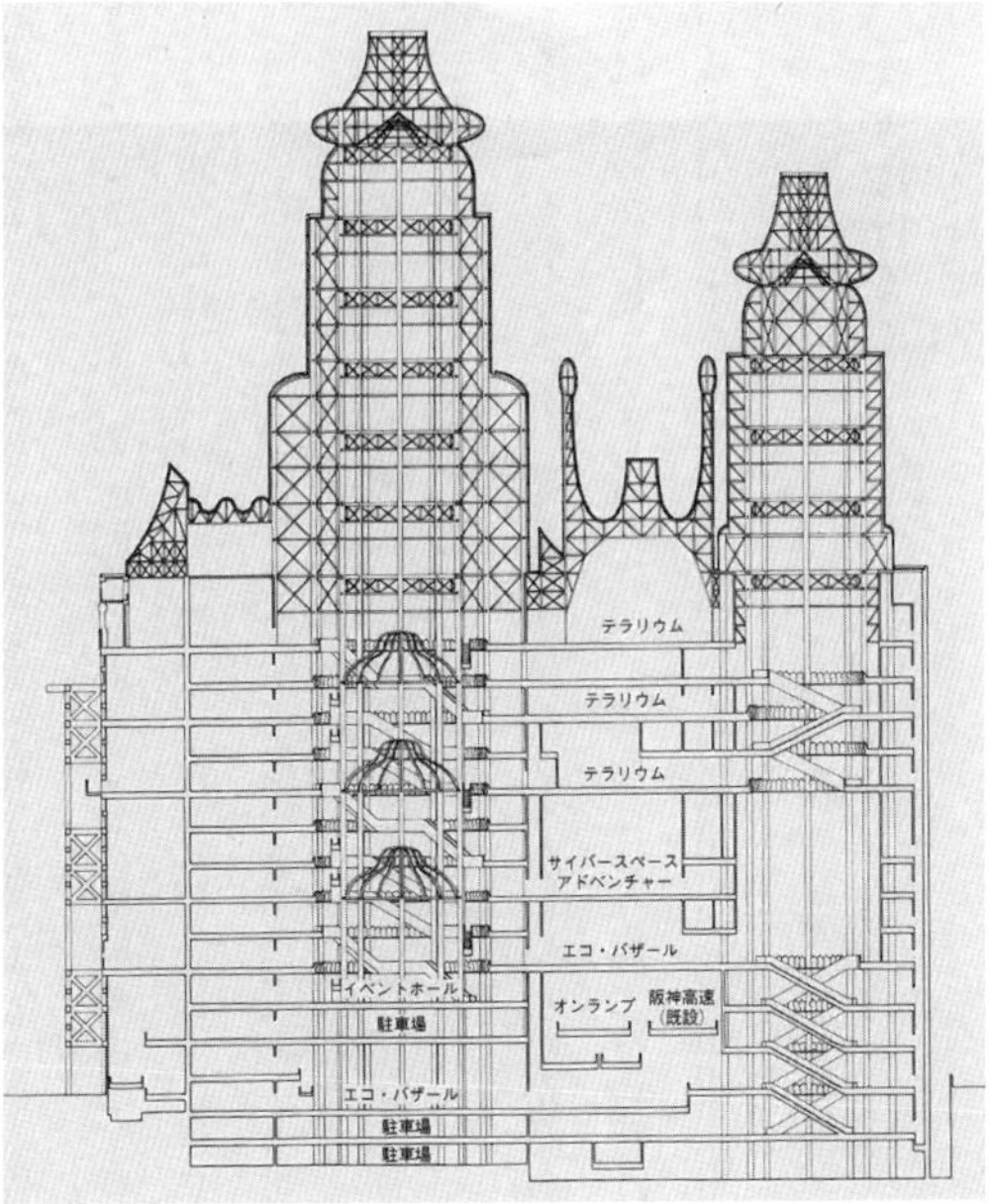

図61　新世紀通天閣（プロジェクト、一九九三〜、渡辺豊和）（『新建築』誌、一九九六年十月号）

光が充分にとれるようにつくられた開口部ではない。しかし、いかに小さくても開口部があるものは光、大気への志向性があることの表明である。特に細く異様に高い塔に空けられた穴は、光を入れるというより竪穴住居で生存するに必須であった竈や炉の上の高所の換気穴と通底してとらえられているのかもしれない。明かりは期待されていない、がそこにある。

観察者は、その建物のメインの場所（アリーナやホール）へ到達する前に、すでに渡辺が重ねたさまざまな異形を見せられ通過してきている。そして出会うその先に見えてくる空白を含んだ空間である。そこで抜けたようなと記したが、むしろそのことが意図されているのではないかと思えてくる。異形は異形という形のためだけにあるのではなく空白をかかえている。だからこそ異形が見えてくる。渡辺の形のつくり方であろう。

○吹き抜ける

渡辺豊和の吹き抜けた空間では二重殻ドームを使わない。いかなる高いドームもすべてを見せてしまう。つまり吹き抜けた空間の中に機能性を越えた空白をものみ込み、見せている。高さに空白を取り込んでいる。

住宅にも初期から、通常の屋根から突き出たドームや球状の形、それを半分に割った形などがある。

初期の吉岡邸（一九七二〜七四、図62）では、一個のドーム（住居部分）＋1／2のドーム（診療所部分）が使われ向かい合う。1／2ドームはフル・ドームを半截して内部を見せる解剖図のようでもある。それが外科の医師の家の診療所部分とはでき過ぎている感じだが、

図62　吉岡邸（一九七二〜七四、渡辺豊和）『別冊・都市住宅一九七四秋　住宅第7集』（鹿島出版会、一九七四）

『GA 日本の現代住宅一九七〇年代（GA HOUSES〈世界の住宅〉4）』（一九七八年）は一九六〇年代、七〇年代の日本の当時の若手建築家の住宅作品のすぐれた収集である。編集者・植田実《まこと》の手腕が発揮されている。植田は建築雑誌『都市住宅』（鹿島出版会刊、編集長時代一九六八〜七六）を通して当時の若手建築家、学生たちに夢を与え続けた。七〇年安保、ベトナム反戦、異議申し立ての時代である。たまたまおとずれたわずかな機会である小さな住宅設計（例えば自分の家、親戚・知人の家など）の中でしか自己の建築表現のできなかった当時無名の、無数の若い建築家、学生たちにとって、建築雑誌『都市住宅』作品掲載は希望であった。また名前の出始めた若手建築家達にとっても継続的に設計意図を発表してゆく可能性の拓けた稀有で有効なメディアであった。他

たとえば、1／2ドームの内側（体腔）を見透かせるガラス面が、ドームにぶつかる部分で内側に傾いており、屋根裏のないドーム屋根の厚さそのものが表現されている。それは両ドームによって建物のスカイラインを強く形成し、半ドームと傾斜したガラス面においては見ようによってイスラム建築のイーワーン（Iwan）を意識しているのではないかとの想像を呼び起こす。イーワーンはフル・ドームと取り合わせてしばしばイスラムモスクやマドラサ（学校）にあらわれる。

またドームは円筒形の空白をかかえて高く差し上げられ、ドーム部分を内・外に露出させ、建物のスカイライン、内部空間に強い特徴を与えている。この設計者の意図が強く露出する

雑誌である『新建築』誌、『建築文化』誌などの名と伐り分ける『都市住宅』という名もこの夢を実現する概念としても有効に働いた。何とか手に入れた「都市住宅」は複雑、変化、巨大化してゆく都市に住む当時の中流家庭、個人クライアントの夢ともつながっていた。（植田実については拙論「建築と社会」誌一九七八年十一月号、及び拙書『空間に向いて—建築空間から空間史へ—』（アドスリー・丸善、二〇一〇）の「渡辺豊和・植田実」の項、参照）

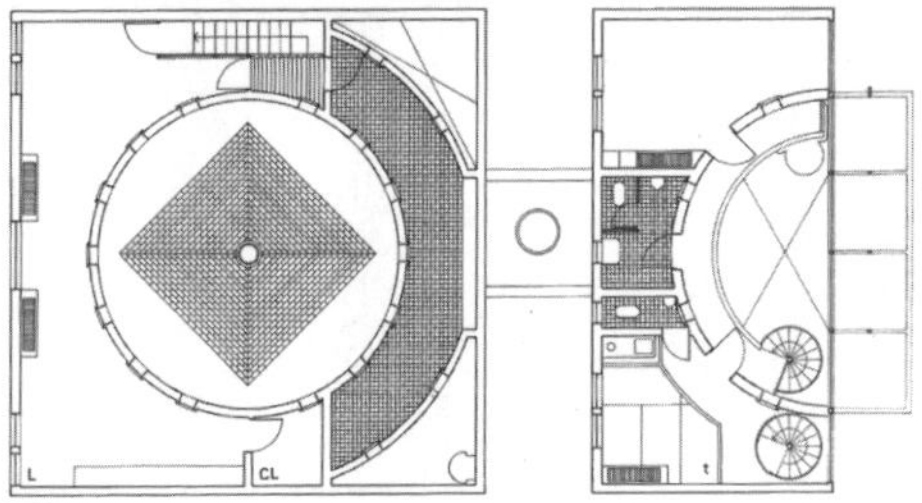

2階平面図

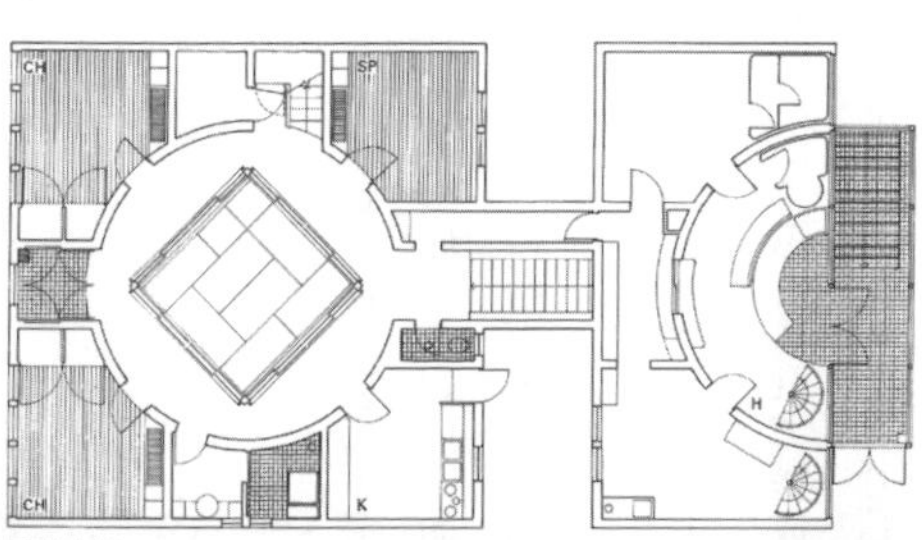

1階平面図　1／150

ところである。それらの形を内・外共に見せようとする。建物のスカイラインは形に強い表現力を及ぼす。

渡辺の空間にはさまざまな意味が重ねられ、形が混成しているが、その中に空白がのみ込まれている。

吉岡邸は正方形平面の住居部分とそれを半裁した1／2正方形平面の診療所部分が連絡通路を介してつながる構成を採っている。住居部は中心を一つにして、全体の正方形平面の中に円形平面が囲いとられ、その中にまた正方形平面（和室）が四十五度角度を振って囲いとられるという入れ子の平面をしている。

空間的には平面の円形部分が上部を球形ドームで覆われ、その円形平面の中心であり、正方形内部の中央にトップライトをもつ宝形《ほうぎょう》屋根の和室（八畳間）がのみこまれて構成されている。この和室のトップライトは外光を直接入れるのではなくドームの内部に入り込んだ光を意識させる感知装置、触角のようでもある。ここではこの既製品トップライトをなくし、空気や光の通るただの穴とする方法もあったであろう。

和室八畳間は正方形であるから畳の敷き方においても対称形をとるが、同じ正方形でも角度を振ることで空間に回転の動力が加わり、畳敷きも左右対称ではなくなる。ドームという「洋」に対する「和」を表現しようとする。これもまた混成の一つの表現であろう。

その角度を四十五度に振るより中途半端な角度の方がその動きを伝えやすいとも思われるが、渡辺の作品やドローイングに見られる異形を強調する激しく動く部分ではなく、きちんとした性格の部分が、和室コーナー柱をドームと半ドームをつなげる軸線に合わせて、四十五度に振り、図形としての力強さを選ばせたことが考えられる。

図63　渡辺豊和自邸・餓鬼の舎（一九七六～七七）平面図『都市住宅8201』（鹿島出版会、一九八二）（写真筆者）

住居棟においては和室中心と円形の内部ホールと外形（外枠）の正方形はすべて中心を一つにしている。正方形・円形・正方形と中心を重ねている。これら平面、立面、断面が図形的にも力を発揮している（図62）。

正方形八畳間や円形ホールを、角度を振るだけではなく、それぞれ中心をずらし、かつ外枠正方形の外壁枠を越えてこの両者の位置をも散らし、正方形・円形・正方形の各々を流動化させる方法もあるが、それをあえてしていないことは当時、渡辺がこうした図形的整合性にこだわっていたからであろう。曼荼羅図や多宝塔は同じ中心点を重ねた正方形と円形によって構成された世界を図や建物平面によって表現している。渡辺はこうした表現にも振れ幅をもっていたであろう。

後述する渡辺自邸の当初の木造住宅部分（図63）に一室空間に和室と水廻り部分が分節されそれぞれ自由に取り付いているプランが見られる。このあたりは渡辺が独立以前、所属していた設計事務所ＲＩＡ（山口文象創設）ゆずりのものである。吉岡邸とは対比的である。この木造自邸をのちにＲＣ造部分と並立させ「餓鬼《がき》の舎《や》」（一九七七）として一つの敷地の中にさらしてゆく。これも建物形態ばかりでなく自身の設計意図の変遷、つまり時間を含めた混成であろう。

吉岡邸では住居棟（フルドーム）に対し診療棟のドームを半裁（１／２ドーム）、対置させ、なおかつ内部を解剖図のように見せ、図化することの意図が強く表現されているように見える。並立や対置が意味をもちはじめる。

吉岡邸ではこの高く吹き抜けたヴォリュームが、この和室があるため、室内の床に立つ観察者の視点からは全体がよく把握できない。つまり和室のシルエットや仕切りを透して吹抜

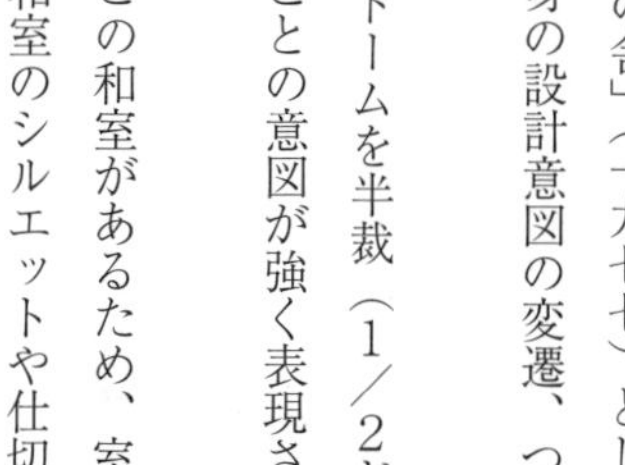

1階平面

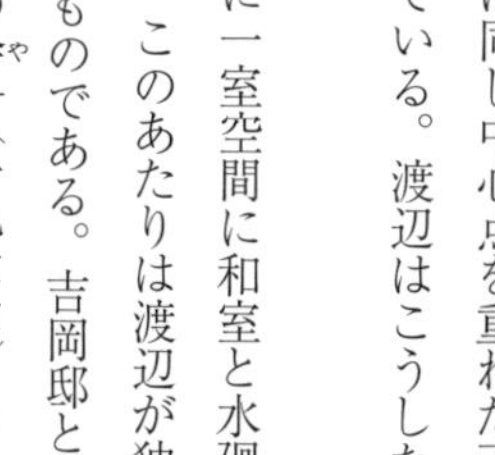

2階平面図

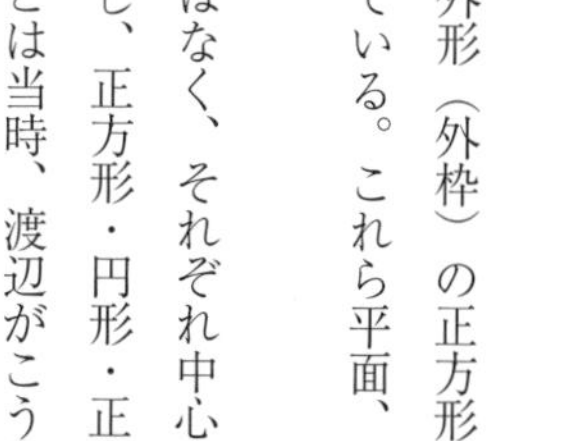

3階平面図

けを見ることになる。

さらにこの吹抜け部分は、天井部分の半球及び1／4球両ドームと円筒部分が各々合わさり高く吹き抜けているのだが、この接合部分と円筒形上部にあたる部分に二段のサイドライト（円窓）がポツリポツリと離れて水平に取り巻いている。

上段（ドームが始まる部分）は外光を取り入れ、下段は吹抜けに向けて内部仕切壁に開けられ、異なった性質の開口部である。両者で光の特質が変わる。見え方も変わる。上段の円窓は外光を直接入れ、下段の円窓はその光をさらに仕切られた奥の内部空間に入れる。夜には室内人工照明の光が逆に内部から外に向かって漏れてゆくことになる。上・下の円窓で光の受け入れ方、発し方で差ができ、見え方にグラデーションが生ずる。

上段、下段の窓の間《あいだ》の距離が曖昧となり抜け、全体の吹き抜けたヴォリュームの見え方に上・下方向への伸縮が起こる。

このあとの中内邸（一九七四〜七五）では日本住宅風外観が西欧様式風混淆インテリアを囲いとるという吉岡邸の逆転劇に挑む。表・裏がひっくり返る。

秋田市立体育館（一九九四年竣工）と時期が重なっているが、渡辺の大規模な計画案がある。「新世紀通天閣」（一九九三〜九六、基本設計、図61）である。大阪難波（ミナミ）の最もにぎやかな戎《えびす》橋から少し離れた道頓堀沿いに計画された。

ここでは百八十メートルに及ぶ吹抜けがある。内部に、浪速のもうひとつの歓楽街・新世界にある通天閣（高さ百三メートル）を悠々とのみ込むスケールである。恐らくそれが意識されている。「のみ込む」という言葉の形容詞的あるいは副詞的用法がこの建築家の形づくりを表すにふさわしい言葉なのかもしれない。

要求された駐車場や温室、ミナミのアミューズメント施設を取り込み高層化したコンプレックスの中をすでにあった阪神高速道路が貫通してゆく。ここにもいくつもの細く、高く天に突き抜けてゆく高塔がある。内部にあるのはまさに必要をはるかに越える高さであり空洞である。

上部は温室のガラス、低層部は駐車場外壁をグリッドで抜いた光や空気の透る外壁としている。そこに提示されているのは骨組み（架構）であり、空洞である。渡辺が好んで構築しようとしているものだ。

○既製品

渡辺が使う照明器具は、同じ物がしばしば選ばれ、使われているように見える。白熱ホワイトボール球であり逆富士型蛍光灯という汎用既製品である。昭和の時代から機能のいかんにかかわらず散々使われてきた照明器具である。

この照明器具を見るだけで「センス」という言葉は渡辺が最も嫌う言葉の一つであろうと想像できる。

既製品という他者の常識のはざまに入り込んでゆく。同じものが時間を隔てたさまざまな建物に使われ、観察者の意識から消えてゆく。恐らく渡辺の意図はそこにあるのではなかろうか。

つまり渡辺には照明器具は要らないのである。人工の光がない時、彼の提示する形（架構、空洞）が光とかげとを呼び込んでくる。全体、それぞれの部分、建物のシルエット、仕切りの形の輪郭、さらに通り抜ける外光が強調される。「既製品」は観察者の意識から照明器具を消す概念として使われている。

渡辺の照明器具は、西欧の王の住まいである宮殿の中心に吊り下げられ、その存在を主張し、内部を照らすシャンデリアと対比的である。シャンデリアはその一つだけのためにつくられ、対象は貴族の視線に向けられる。一方、渡辺の汎用照明器具はどこにも見られる「既製品」という概念によって消され、日（太陽）の光が主張される。

貴族の視線に対する庶民の視線などと、ゆるい言葉を使うと彼は知らぬ振りをするだろう。そうではなく照明器具は存在としてないのである。誰の目にも止まらない。そうした視線で視る時、渡辺の空間が浮かび上がってくる。ここには「既製品」というすでにある物から概念だけが引き剥がされ提示されている姿がある。空洞や架構（骨組み）は渡辺の嗜好するところである。

空洞や架構が自然の光とそれがもたらす闇の中に形をあらわす、浮かび上がる。

○餓鬼《がき》の舎《や》　渡辺豊和自邸

住宅では渡辺の自邸「餓鬼の舎」（一九七七）にも吹抜けがある。鉄筋コンクリート造L字型平面の部分に、小さいが幅一間ほどの細長い室、間仕切壁のない長い一室空間扱いであるが、その一番奥の正方形部分が高く吹き抜けている（図63）。ただしここには途中まで中央にコンクリートの円柱が立っている。一間四方（一坪）ほどの狭い空間である。これが木造であっても真ん中に柱はいらない。構造的にはなくてよい柱である。柱を存在させることに強い意図が込められていると想像できる。

構造的になくてもよい柱があることで柱と壁とがまったく異なる存在として意識される。その柱は出雲大社本殿、神魂《かもす》神社本殿の正面から見て前・後中央にある棟まで伸びるうず柱でなく、棟まで伸びていない梁の下で切れている中心の柱（心の御柱）を抽出、象徴化したものであろうか。伊勢（天つ神）ではなく出雲（国つ神）であることが東北秋田に根をもつ渡辺の処し方なのであろうか。

出雲大社の巨大さがここでは極小にスケール化している。一間四方の中央に、それもコンクリートの円柱が立つのである。スケールをイメージするだけで感じ取れるが、この場を機能的に何かに使うことは考えられていない。

出雲大社本殿内部に光は入《はい》らない。闇が占める。言ってみればその時々で降臨する神が光なのである。

「餓鬼の舎」でもこの荷重を担わない円柱は頂部を切断され塔屋は柱なしで吹き抜けている。ここにトップライトがあり光や天への志向性があることでまったくの空白とは異なる雰囲気がある。光への志向性がある。柱が途中で切れていることでその上部のスケールがあいまいとなる。

この円柱が鉄筋コンクリート造であれば、建物全体がつながり一体となるから実際に力はこの柱にも流れてゆく。もしこの柱が無筋のコンクリートであれば構造的には力の流れが伝わってもこの柱に構造的な耐力はない。すると無筋にしたことで形や構成にさらなる意図や意味があらわれる。柱に象徴性があらわれる。

この餓鬼の舎でも使われているが、渡辺のトップライトの開口部にしばしば既製品のアクリルドームが使われる。このアクリルドームは日本で一九六十年代後半頃から既製品として、しばしば使われた。渡辺はトップライトの開口部のデザインなど望んでもいないのだ。光が入ることだけが志向される。できうればローマのパンテオンのドーム頂点中央開口部のように光、風雨の直接入る穴としたかったのではなかろうか。光の筋は時間とともに動き回り空間を変化させる。

このアクリルドームも彼の意識の中では既製品の照明器具と同じようにないものなのである。それは光が入ってくることだけを表明する。その光が床まで届くかどうかですら自然に任せている。光ばかりではない四季、時間（太陽の位置）、天候などである。

かつて四十年ほど前の大昔に、ここ「餓鬼の舎」に一晩泊まったことがある。座して、コンクリートの壁を背に一間の距離の内側で向かい合い[*1]、果てることのない議論の後、二枚の長い壁の間に五人ほどの建築家がまさに枕を並べて平行に並んで寝《やす》んだ。足を伸ばすと、打ち放しのコンクリート壁に足の裏が触れ、ひんやりとし、頭部の頂点も各人の背の高さで壁に近づく。さすがに、

「ひやひやと壁をふまえて昼寝かな」（芭蕉、元禄七年、一六九四、逝去の年）

の境地にはいたらなかった。

そこにはル・コルビュジエのように手をあげ伸ばしたスケール（「モデュロール」）でなく人間の背の高さというスケールがあった。二枚の壁はこの人間の背の高さが収まる寸法で決められたのではなかろうか。それは寸法というより人間が納まる大きさと言った方がよい。

＊1　『山上宗二記《やまのうえそうじき》』にある利休の一畳台目の茶室もこうした距離感であったろうか。

古代ローマのヴィトルヴィウス→ルネサンスのレオナルド・ダ・ヴィンチの「ヴィトルヴィウス的人体図」（一四八五〜九〇、図64－1）→近代のル・コルビュジエの「モデュロール」（図64－2）、それらが意識したのは、人が手を上げ伸ばす姿勢から採られ表現されている。ギリシャ・ローマ、ルネサンス、近代という肉体を理想化し賞美する平和であるべく希求した時代の表現を、その人体の比例に求めた。それは肉体を伸び伸びと拡げる。手を上げ、足を伸ばし拡げ、胸や腹、四肢をすべて見せ、人間の弱い部分を曝す姿勢であった。

渡辺のスケール感はそれへの反抗であったのかもしれない。むしろ狭く低い竪穴住居の中の土間（土）の上で縄文人の頭、胸、腹という人体の弱い部分を防御する屈曲して寝む姿勢がスケールのイメージにあったのではなかろうか。

現在、モデュールは物（製品）をつくるにあたって便利に使われるが、人間を測る寸法と

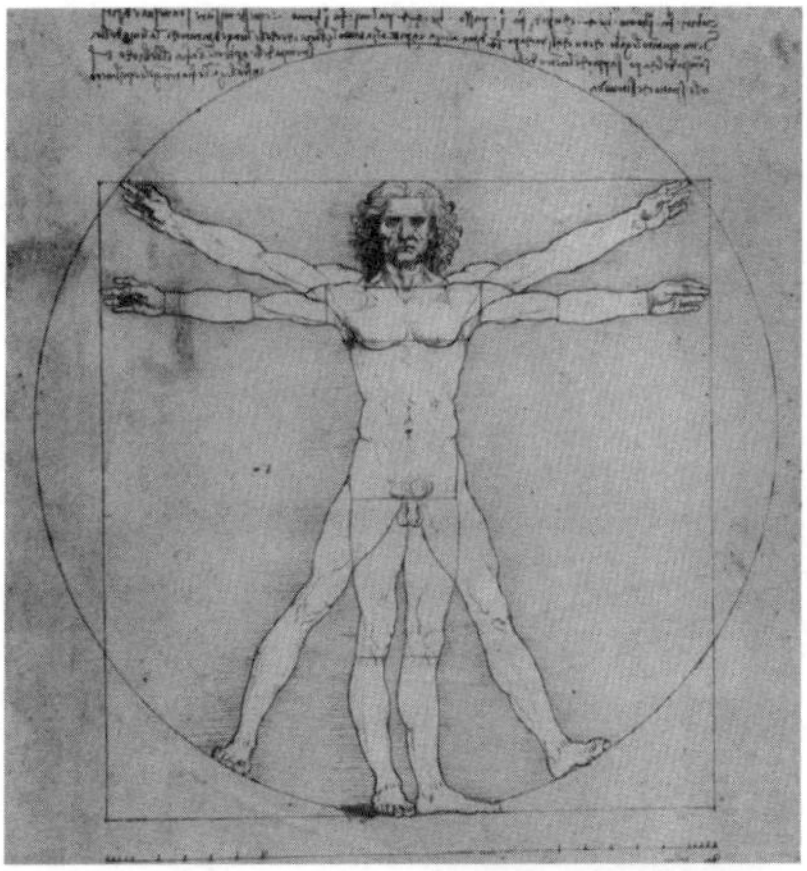

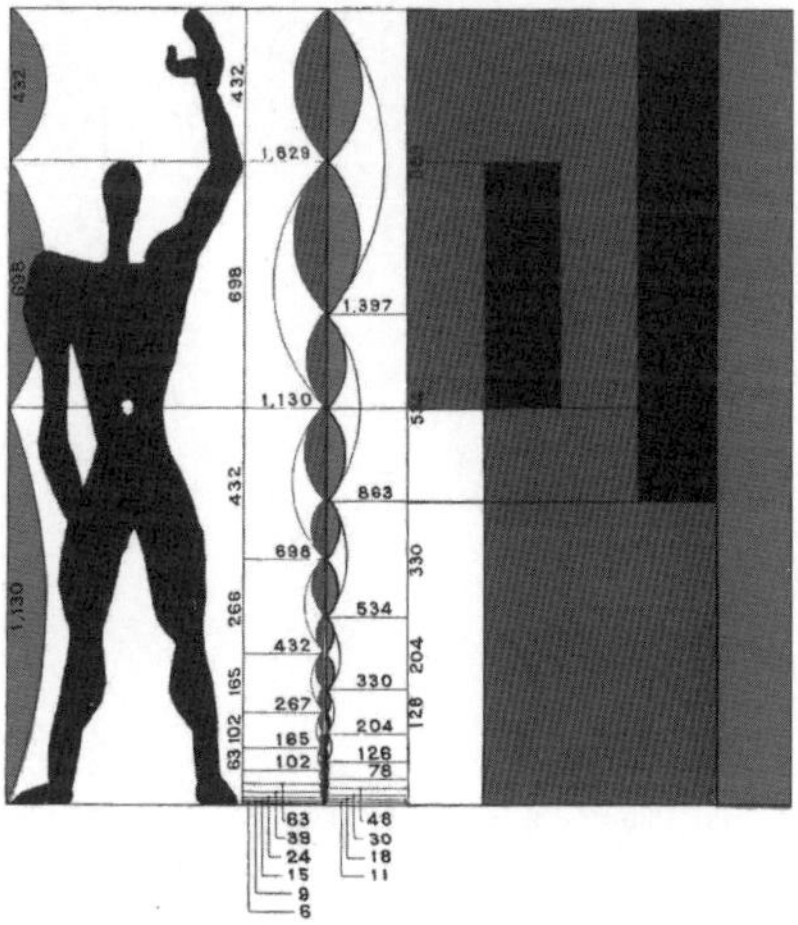

図64－1　レオナルド・ダ・ヴィンチの「ヴィトルヴィウス的人体図」（一四八五〜九〇）
（Peter Murray「RENAISSANCE ARCHITECTURE」Harry N. Abrams, Inc., New York 1971）

図64－2　「モデュロール」ル・コルビュジエ
『LE CORBUSIER 1946 〜 52』Les Editions d'Architecture（Artemis）Zurich 1953

しては意味を失っている。

臥して吹抜けを見上げながら、はるか上部の手すりの上に無造作に積み上げられた本や段ボールがいつ落ちてくるかと不安であった。しかし一方でそのことは空白ばかりではなく住まいともつながっていた。

○赤鉛筆

建築家について書く時その人物の謦咳《けいがい》に触れたような書き方をするのを好まないし、してこなかった。批評と離れ、もっともらしく思われてしまうのを避けるためである。空間について記してきた。つまり人間がつくってきた形について記してきたつもりである。

しかし、以下のことは書いておいてよいかもしれない。

はじめ、渡辺豊和さんが赤鉛筆でスケッチしていることを、インターネットの「世田谷村日記」だったろうか、石山修武《おさむ》さんがそのことに触れていたことで知った。

そのときこの赤鉛筆はカステルやスタビロの赤ではなく、近所の文房具屋さんで売っているトンボ鉛筆とか三菱鉛筆の赤だと思った。ちょっとしゃれたコーリン鉛筆もあったがそれは使われていないだろう。小学校の頃、使っていた「赤エンピツ」だと。先生が赤丸、赤バツをくれる時、使うやつだ。多分、使い古し短くなると赤鉛筆一本単品を、散歩の帰りに求め描き続けたのではなかろうか。想像するに、鉛筆を削る時も自分で研いだ肥後守《ひごのかみ》（折りたたみ式ナイフ）あたりを使っているのではないか。

子供の頃、肥後守は宝物のように一人ひとりに秘匿されていた。鉛筆を削る時、木の枝を木刀にする時、工作の時、それがたまたま目に入る。相手の研ぎ方の自分との違いにいつも心動かされた。一人ひとり、形が違っていた。研ぐ石を野原に求めた。

赤鉛筆では「名画」をスケッチし、それを次に水彩の赤のみで描いていることを知った。これからターナーだという。

紙はスケッチが「B5のらくがきちょう」に、水彩は「小中学生用の画用紙」にである。これも近所の文房具屋さんで求めたものだろう。このあたりも渡辺豊和である。昔と変わらない。

「B5のらくがきちょう」には、一枚の紙の裏・表に印象派やターナーが描かれていた。それもびっしりと何冊にもわたって。恐らく一本の赤鉛筆で。

ページをめくるたびごとに左・右のページに赤い印象派やターナーがあらわれてくる。それはできあがった本の構成をとっていた。しかしこれだけ裏・表に描いていてバラバラにされていない。間紙《あいし》なども挟まれていない。「らくがきちょう」という形のままである。

おそらく一枚一枚の絵に描く順番があり、渡辺の記憶とつながっているのだろう。渡辺は語らないが、赤を使うこともこの記憶と関わっているのではなかろうか。描く順序が新たな記憶をもたらしてゆく。

渡辺豊和、石山修武は一九七〇年代、婆娑羅《ばさら》（毛綱毅曠《もづなきこう》（モン太）、石山修武、六角鬼丈、石井和紘、渡辺豊和）というゆるい、といっても精神的には強力に他から自己を切り離しながら「グループ」を形成していた。日本のメタボリズムグループ（川添登、菊竹清訓、黒川紀章、大高正人、槇文彦）がその主張（メタボリズム、新陳代謝）につながりを求めたのと異なり、バサラは異質性が結果としてつながりをもったと言えるかもしれない。

個々の表現の違いがきわだち、既存の建築界でも異質であったため、個々が結びついていったように思う。
最初は毛綱毅曠、渡辺豊和が関西を基盤として活動していたが、毛綱が中央に惹かれてゆき、渡辺だけが関西に残った。(二〇一八年四月上旬記)

○幻庵　石山修武・作

何といっても波形鋼板を使った大型パイプ状の構築物であるコルゲートパイプの外観、内観が目を引く。鉄板ということで無機質に感じられがちだが、光、熱、風、雨、時間(季節など)によってこのパイプの内・外の波形はそのまま建物の躯体でもあるためさまざまな環境の変化、表情を住む人、見る者に伝達してくるだろう。

「幻庵」でまず見たくなるところは、コルゲートパイプのお腹が土に埋まっているところである(図64-3)。

子供の頃、少し埋まった石を地面から引き剥がし、貼りついた石の裏の世界とそれがあった土の上の世界を見るのが好きだった。その一瞬の静止、黒く濡れた土に埋もれ、あるいは土を被り湿って光る虫達、そのあとの虫達の蠢《うごめ》き、石の表・裏でまったく異なる世界があった。

そして日の光を浴びて次第に土が白化してゆき、人が普段目にする日常性に戻ってゆく。石を元に戻すとそこに元の世界があった。石を剥ぐ自分の行為が別の世界を見せてくれた。夏の日の追憶である。

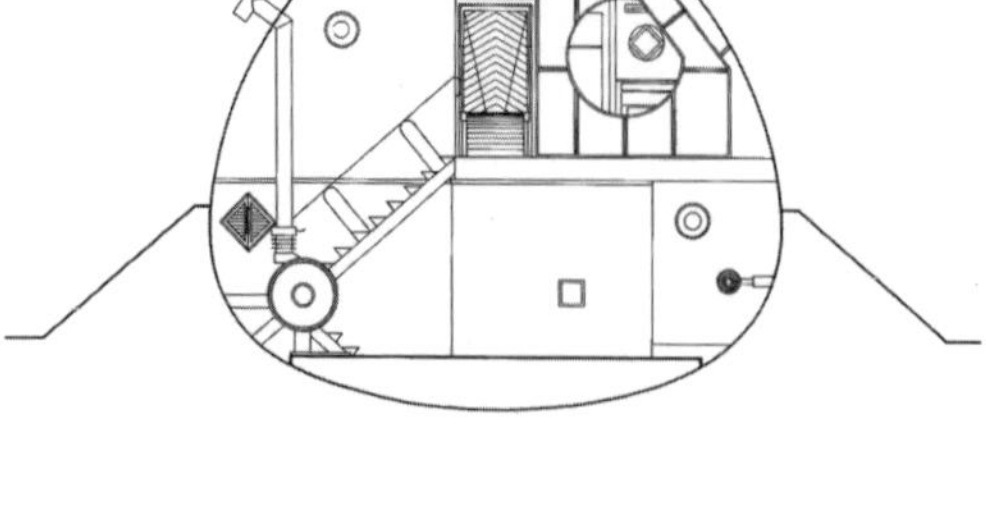

図64-3　幻庵(榎本山荘、一九七三〜七五、石山修武)『都市住宅8409』(鹿島出版会、一九八四)

建物において基礎という土の中につくられる部分とその上につくられる上屋と呼ばれる部分では何か空間に違いを感じる。それは土と接しているか、いないか、土に埋れているか、いないかが大きく影響しているのではなかろうか。

ここでは大地にコルゲートパイプが転がされ大地の納まるくぼみに一瞬静止する、そこが居場所だ。転がされたコルゲートパイプの下面には自然が貼りつき、地面の方も波形に窪み、大地が形成される。

例え大地の凹凸に合わせて斜めに転がされても内部に曲線で、かつ普通にない傾いた断面の空間が生まれる。メインの床は水平につくられる。残りが内部空間となる。幻庵はその基本的な形を示している。コルゲートパイプの腹は土の中に埋まっていて内部の床はその上に浮いている。この床の高さが外部地盤面より下にあるのもいい（図64-3）。浮遊の床は地盤面より低くなってもつくられる。つまり土の中に浮いている。幻庵がその一つである。

このコルゲートパイプの波形と床のぶつかるところに興味が湧く。コルゲートパイプという水平面のない断面形に水平である床をつくることの浮遊性である。少し空け、栗石が撒かれているようにも見える。[*1] 見切って床《ゆか》を宙に浮かせる。その床下《ゆか》を覗いて見たくなる。そこにどんな異境がはりついているだろうか。

また柱がないこともこの庵の特徴である。この庵に柱が使われていないことは意図的であろう。コルゲートパイプの形が生き生きとする。柱を使えば柱の神性が頭をもたげ、この庵が床《とこ》的になってしまう。

ここでも概念が現実の建築空間に変わる時、さまざまな工夫がこらされたであろう。コルゲートパイプをころがす地盤、基礎もさまざまに工夫されたであろう。

＊1 『GA日本の現代住宅一九七〇年代（GA HOUSES〈世界の住宅〉4）』（一九七八年十月十日発行）

石山修武はアナロジーを嫌うだろうが、体感的に言えば、コルゲートパイプのお腹が土の体温計だ。それだけに断面図に興味が湧いてくる。お腹が大地を感じとり、「家」にその温度や季節や地の動きを伝える。風を伝えるのは背中側のコルゲートパイプの被膜だろう。そこが全体に響きを伝える。

コルゲートパイプは鋼板製である。その他の構造物（鉄筋コンクリート造、鉄骨造、木造など）の外壁と較べれば被膜と言えるほど薄い。自然の風、雨、熱を感じとる。薄いだけに感性は敏感だ。

その繊細さに「伝導」という響きが浮かんでくる。部品（「工業製品」）が寄せ集められ、その一つひとつが存在を主張し、それを響かせ伝えようとしている。さまざまな刺激が伝わってくる。

細部の部品ばかりでなく主空間を囲うコルゲートパイプがその部品の一つである。その波板という部品をつなぎコルゲートパイプという空間が構成される。それは部品でありながら無限を志向、表現する。

コルゲートパイプはこの庵のその他の部品とは扱いが違い、唯一内部空間を形成する。基本的には無限に長くつながってゆく空間を一部だけ切り取り定着させる。それはどこを切るかではない。どこを切ってもよいのである。断ち切りその断面を提示する。それは無限への志向性を、一部切り取り提示することで示している。無限への形である。

寄せ集めた感覚、セットする感覚、それらのコンパクトな一体化が、コルゲートパイプ作品群の中でも、この空間を特別に「幻庵」と草庵茶室的な名前にした理由だろうか。

草庵茶室はバラバラなものを寄せ集めているのである。統一された和室空間ではない。バラバラなもの、その一つひとつが存在を主張している。それをひとりの茶頭《さどう》（利休など）が一つの空間に存在させている。いわばひとりの人間の力業である。それが草庵茶室である。その基本を「幻庵」は示した。

石山の部品は、その一つひとつが異なった存在感を発して場をつくりだしている。しかしこれを「石山好み」とは呼びたくない。その先があるに違いない。

ジョーゼフ（ヨセフ）・コーネル（Joseph Cornell、一九〇三～七二）のつくる箱がある（図65-1）。夢や記憶が箱の中に梱包され、拘束されている。箱や枠の中にセットされたさまざまな形をしたもの、写真や絵などを含めて、その選択、置かれる位置が問題にされる。アッサンブラージュである。

他者（観察者）は箱の外である。つまり見ている側から、箱の中へは、決して踏み込んだり、手を入れることができない。中のものに触れた途端、箱は壊れ、すべての箱の中のものはバランスを失い無限に遠ざかる。決して元にもどせない。触れてはならないもののように見える。箱が他者を拒否している。つまり箱自体がジョーゼフ・コーネル。無限に続く記憶の一瞬を自己という箱の中に切りとる。それは誰もが触れてはならないもの、私である。

この箱を見ることには覗き見るという快楽をうながされる。見る側（観察者）の記憶とも関わってくるからである。箱の中からは、見る側の心の中をものぞき込む作者の視線が注がれているのを感じ取ることができる。

「無題」（Untitled）と掲げられた作品が多いこともコーネルの特徴である。そこではもっと広く、漠然とした記憶までも刺激してくる。名前を付けないことで観察者の意識も拡がってゆく。題名を付けないことで作品と観察者の間に空白を挟んでいる。観察者がこの空白を

図65-1 ジョーゼフ・コーネル（一九〇三～七二）
The Hotel Eden (1945)
『JOSEPH CORNELL』1977, by Diane Waldman. George Braziller New York

挟んで作品の意味を見出して行かなければならなくなる。題名を付けないことは作者の意図がいまだタイトル（題）という言葉に収束できない状態を示しているのかもしれない。そうした空白をも含みこみ無題の作品が提示される。

触れてはならないという意味では、神社の内部空間のようでもある。ただしコーネルはそれを触らせてはいないが、見せている。表現である。神社はその内部空間を見せることも勿論、触らせることもない。

幻庵には内部に入っていける。コルゲートパイプが石山ではない。そのことがコーネルの箱と大いに異なるところだ。その中に部品の記憶も示されるが、幻庵は小さな箱ではない、小さな「庵」である。観察者が中に入って部品の記憶を探ることも触れることもできる。それらがコルゲートパイプに囲われている。小さいが無限への志向性を込めた庵である。

渡辺豊和は既製品を概念として使い、その汎用製品の姿を消してしまう。汎用照明器具（逆富士型蛍光灯、白熱ホワイトボール球）やトップライト用アクリルドームである。多用され、どこにでもあり当たり前であることで観察者にとって姿のないものとして扱われている。渡辺は自然光、大気を入れるかどうかだけをそこに、示している。

石山修武のコルゲートパイプや部品は、既製品（工業製部品）をその形のまま姿あるものとして使う。その一つひとつの姿、形、存在のあり方を露出させようとする。恐らく石山自身の記憶が込められているだろう。手が加えられていても元のバラバラな一つひとつの既製部品の形が利用されている。主空間であるコルゲートパイプもバラバラにされ部品となる。*2 すべてバラバラな部品からつくられてゆく。このバラバラが石山の方法の基本にあるので

＊1 『GA日本の現代住宅一九七〇年代（GA HOUSES〈世界の住宅〉4）』（一九七八年十月十日発行）。

＊2 コルゲートパイプには収納、移送のためスタッキングstackingが工夫されているだろう。円と違い曲率が違うからそのユニットや形はどう工夫されているのだろうか。それとも工場で組み立てて移送するのであろうか。バラバラが一つの仮の形になるとき仮の状態も形をつくる。流通の形と呼べるかもしれない。それらを集める、あるいはすべてが現場に集めてこられる過程も幻庵である。

はなかろうか。しかし幻庵と草庵茶室的に名付けることからもそれらバラバラな部品を一体化している石山の強い意志が見える。幻庵における設計意図は「目録」[*1]でリストアップされる。このリストの内容はそれぞれを強いて相互に関係性を持たせようとしていない。つなげているのは石山である。

この方法は、コンクリートを流し込まれ一度ですべてが連続し一体化して打ち上げられ、建ちあがってくる鉄筋コンクリート造、コンクリートそのものを仕上げとしている打ち放しコンクリートによる空間づくりとはその対極にある。空間は使われる材料、構造、構法などの相違で異なる空間のテンションが生じる。

幻庵はバラバラから生じさせている。バラバラに集めること、バラバラにすること、バラバラにされることを始めからイメージさせる。一方、鉄筋コンクリート造はバラバラにされることをイメージさせない。むしろ構造的にも建物の内側に向けて強く引っ張り一体化しようとするテンションが強く働いている。

そのコンクリートの形をつくり出す型枠は空《くう》を形にしている。どう打ち上がって固体となっているかは型枠をバラしてみなければわからない。コンクリート打ちとは空間の表・裏を逆転することである。空間の Inside-out であり Outside-in である。型枠が囲いとる空隙は液体（状）である生コン（生コンクリート、ready mixed concrete）の一つの存在のあり方である。型枠はなくなることを前提に建て込まれる。[*3] 現場に着く前の木製型枠の流通の形は定尺のベニヤパネル（コンパネ）と桟である（最近では定尺のままパネル化している）。直線で形成されるコンクリート現場打ちの建物であればどこも同じ形である。つまり同じ形の型枠がすべての異なった形の建物を生んでいる。

＊3　組積造でも型枠がある。例えばアーチは多くは木製型枠の上に石や煉瓦を積み重ね、頂部キーストーン（要石）が入りアーチ全体が積み上がると型枠が外され、はじめて一つひとつの石や煉瓦が力を担い全体で構造（力）が一体化する。

コンクリート打ちの前日と打ち上がった翌日、型枠を外す前の現場の空間の差は鉄筋コンクリート造がつくる形の特性を表象する。

幻庵にイームズであろう有名作者デザインのイスが配されているが、草庵茶室内の点前で使われる茶器の「名物」と考えればよいだろうか、それともこれも既製品ということか。イスよりイームズにこだわる理由があるのかも知れない。イームズ自邸のつくり方、その姿勢に。

恐らく石山はイスも自分が部品でつくりたかったに違いない。「目録」にイスの記述がないことはそのあらわれであろう。それはこの場だけに置かれるイスである。幻庵に配された他の部品の存在と相関、対比される。イスは人に座られることによって人間をのみ込む空間性をもつ。部品による新たなイスの形、イスの空間である。

渡辺、石山両者で既製品の扱いがまったく異なる。

○鉄筋コンクリート造

フランソア・アンネビックの「コンクリート・システム図」[*1]（一八九二、図65-2）とレオン・クリエ（一九四六〜）の「第六様式《オーダー》」（一九七七、図65-3）には鉄筋コンクリート造とは何かのイメージが描かれている。鉄筋コンクリート造における柱とは何か、梁とは何か、床とは何か、型枠とは何かのイメージである。

アンネビックの図には鉄筋コンクリート造の躯体の一部が空白に抜け柱、梁、床の型枠を入れる前の鉄筋が見える状態を一部、透視状態にすることで示している。いわば「異時同図」

＊1　拙書『続西洋建築空間史―壁から柱へ』（鹿島出版会、二〇〇九）の第十章「近代・現代建築の造形と空間構成」の「レオン・クリエ」の節、参照。

的に表現され、鉄筋コンクリート造が鉄筋とコンクリートが合体して強さを発揮していることを明快に示した。

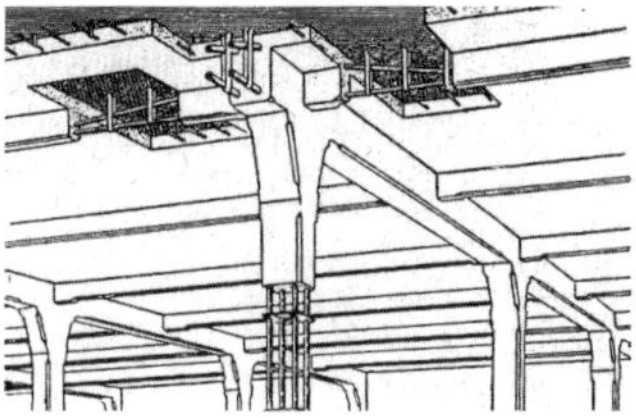

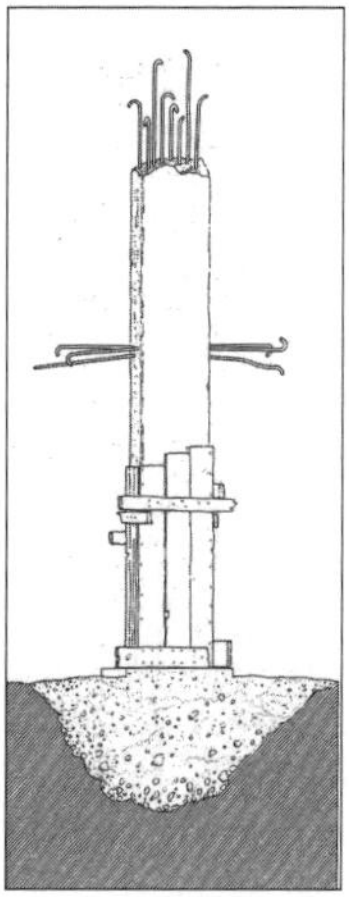

　レオンの図はこれも鉄筋コンクリート造の柱である。解体途中の型枠が描かれているが、堰板《せきいた》と一部、端太角《ばたかく》と覚しき支保工だけが残されている。この状態では支保工としての形ではなく、なくなることによってはじめて形があらわれる型枠とは何か、コンクリートの柱とは何かが描かれる。すでに柱の神性が失われている。それでも「第六様式」(the 6th order or the end of architecture)*1 と六番目の「様式《オーダー》」にこだわるレオンの意識が見える。レオンの鉄筋コンクリート造への否定的意識も表出されている。

　ギリシャ・ローマの古典オーダーには組積造によって一本の柱をつくり出す基本的な五つの形(ドリス式、イオニア式、コリント式、トスカーナ式、コンポジット式)のあらわれ方があった。すべて円柱である。レオンの柱はその次の六番目の柱ということである。しかしタイトルはそのあとに「あるいは建築の終末《OR THE END OF ARCHITECTURE》」と続けられる。

図65-2　アンネビックのコンクリート・システム図　一八九二年(『現代建築事典』浜口隆一・神代雄一郎監修　鹿島出版会、一九七二)

図65-3　レオン・クリエの「第六様式」一九七七年(『Leon KRIER DRAWINGS 1967-1980』AAM EDITIONS)

この柱では円柱から角柱に変わっている。ギリシャ神殿では円柱の根元の直径がモデュールの基準とされる。円柱では移動する視線に対し太さの見え方に変化が起こらない。そこでオーダーが追求されてきた。角柱の柱は例え正四角柱であっても見え方において観察者の視線の移動によってその太さが柱幅からその四角形の対角線の長さまで変化する。オーダーとしては曖昧である。つまりオーダーとはなり得ない形である。そのことを含めて表現しているであろう。

角柱を積極的に使っているのはカール・フリードリッヒ・シンケル（一七八一〜一八四一）である（図66-3）。彼の場合の角柱は新たな挑戦といえる。[*2]

（註）この文章及び模型写真は日本建築学会誌『建築雑誌』の二〇一二年一月号に掲載されたものです。

○白井晟一の秋田の建築

東北・秋田に来て白井晟一の作品を見、調べる機会が増えた。偶然も重なっている。白井は戦後、秋田県に多くの建築を設計、竣工させ、しかも最も数多く現存している。他に計画案もいくつかある。

二〇〇二年、文化庁が全国都道府県で進めていた「近代和風建築調査」が秋田県で始まり、そこで私は白井晟一の作品二件（湯沢市「高久酒造酒蔵茶室」一九五三、協和町「奥田邸」一九五七）などを取り上げた（報告書、[*1]二〇〇四）。近代和風を調べるにあたって他の和風

＊2　シンケルについては拙書『西洋建築空間史―西洋の壁面構成』（鹿島出版会、二〇〇七）の「シンケル小論―風とシンケル」及び拙書『続西洋建空間史―壁から柱へ』（鹿島出版会、二〇〇九）の「シンケル」の節の「アルテス・ムゼウム」「ベルリン王立劇場」の項、参照。

＊1　『秋田県の近代和風建築―秋田県近代和風建築総合調査報告書「由利高原鉄道駅舎・鮎川駅、黒沢駅、西滝沢駅」「鮎川小学校」「西滝沢小学校」「小坂醸造店」「マルイチ醤油・味噌醸造元」「両関第二工場」「高久酒造酒蔵茶室（白井晟一設計）」「奥田邸（白井晟一設計）」』二〇〇四、発行・秋田県教育委員会（秋田県文化財調査報告書第382集）

と距離をおいた白井晟一の「和」を忘れてはならないと思ったからである。白井を取りあげないことは明治十年工部大学校開校以来、軽視され続けてきた「和」の一部を置き忘れることになる。

二〇〇五年、空間史のディテールの一冊として拙書『白井晟一空間読解―形式への違犯』（学芸出版社）を上梓した。二〇〇六年、現・羽後町立羽後病院金庫から白井晟一の未発表作品で、すでに解体された旧「羽後病院」（一九四八）の図面が見つかった。二〇〇七年、その図面を私の研究室（秋田県立大学）でデータ化、模型化（縮尺1／50、図66-1）し、羽後町立歴史民俗資料館に展示した。

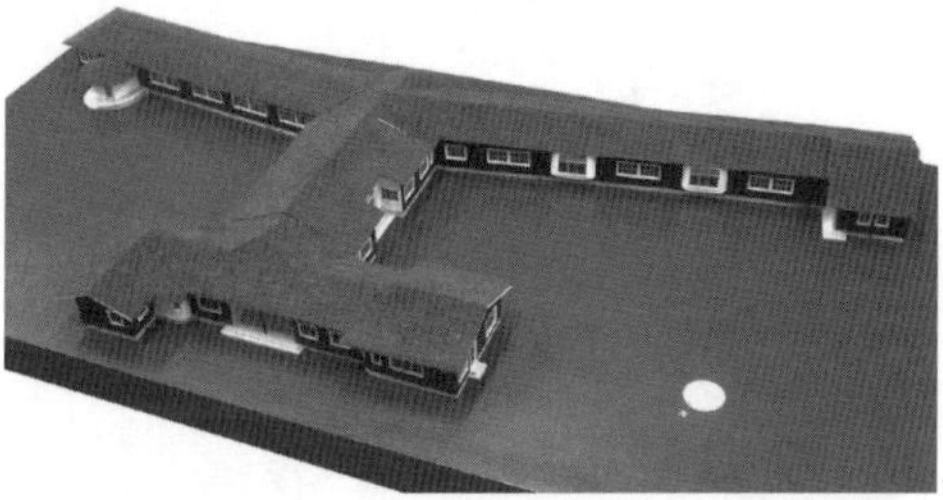

図66-1　羽後病院（一九四八、白井晟一）模型写真筆者

白井の形づくりにいくつかの共通性が見られる。柱がファサードの中心、ないしは入口の中心に建つ建物がいくつもあること、また同じ棟に屋根形式（切妻、寄棟、入母屋など）の混成が見られることである。実作では正面ファサード中心に柱の建つ建物には羽後病院（一九四八）、秋の宮村役場（一九五〇～五一、図47-2）、松井田町役場（一九五五～五六、図48）がある。計画案では広島原爆堂計画（一九五四～五五、図49）などがある。また切妻と寄棟が合体した建物に羽後病院が、寄棟と入母屋が合体した建物に知宵亭（一九五二）がある。

最も初期の羽後病院の場合、柱は玄関前中央に建つが、中央廊下の棟位置とは、ずれている。整理される前の変化のあるバランスが表れている。平面形（エの字形）も左右対称を避けている。この後ひとつの方向として対称性への方向が少しずつ探られてゆく。ファサード中心柱と棟とが同一線上に納められた秋の宮村役場、松井田町役場への方向である。

白井には当初から形における混淆、混成が根底にあった気がする。戦後最初の実作と言ってよい羽後病院にすでにこうした方法が表れていた。初期における形式への格闘が秋田の白井建築に表れ、そこから白井晟一の形をつくり出してゆく。

もう一つ印象的だったことがある。わずか十四坪の木造平屋住宅・渡部邸（試作小住宅、一九五二～五三、図42）が東京・上野毛に建っていた。二〇〇四年九月突然、持主の秋田県湯沢市の医師、渡部三喜氏から電話を頂き、白井晟一に興味を抱く方々が見学できる住宅として保存してほしい、そのように使っていただける方、法人、団体にお譲りしたいとのことであった。詳細は省くが、それがなかなか進まなかった。ある晩、再び電話を頂いた。「最後にどうしようかと迷い、一日泊まってじっくり見て、過ごしました。自分で残すことに決めました」と。私は電話に向かって頭を下げた。建物は氏の居住地、秋田県湯沢市に移築保存された。移築工事を監理したのは白井晟一建築研究所（白井原多氏）である。

　一方で解体されてゆく建物もある。北隣、横手市の横手興生病院（一九六二～七〇）である。白井作品が残ってほしいと思う。が、全国で解体が進んでいる。これは白井作品だけのことではない。（二〇一一・九・八）

○混淆による魅殺—伊東忠太

　混成、混淆《こんこう》、そして混沌《こんとん》についても記してきた。このことや折衷について触れる時、日本では伊東忠太という大きな存在に突き当たる。

　伊東忠太については拙書『近代日本の建築空間—忘れられた日本の建築空間』*1（理工図書、一九九八）の中でさまざまに触れた。特に「第五章日本建築に向いて」の中の「2日本建築への目覚め」「6伊東忠太（イ）外国人言説偏重への異議（ロ）混淆による魅殺（ハ）伊東忠太の留学（ニ）建築という概念（ホ）建築方法論」「7戦後へ」と、まだまだわずかであるがそこに記したので繰り返さないが「混淆による魅殺」という伊東の言葉については少しく触れておきたい。

　建築史家であり建築家である伊東忠太の設計した主な建物と大まかなスタイルを、時代を追って記す。平安神宮（和、神社形式、明治二十六年）、二楽荘（インド・イスラム、明治四十二年）、真宗信徒生命保険会社（インド風、ヴィクトリア朝風、和風、明治四十五年）、不忍池弁天門（中国、和、インド、大正三年）、明治神宮（中国様式を取り入れた和、大正

＊1　この『近代日本の建築空間—忘れられた日本の建築空間』（理工図書、一九九八）は私にとって『近代日本建築空間史』に当たる。さらに今回の書と『日本建築空間史—中心と奥』（鹿島出版会、二〇一六）、『日本の建築空間』（新風書房、一九九六）、『西洋建築空間史—西洋の壁面構成』（鹿島出版会、二〇〇七）、『続西洋建築空間史—壁から柱へ』（鹿島出版会、二〇〇九）の計六冊はその内容を建築空間史、あるいは空間史として、そして通史として上梓した。その他の『源氏物語』（紫式部）、松尾芭蕉、白井晟一にかかわる拙書では空間史のディテールとして三者の作品について詳説している。

九年）、三会寺仏堂（タイ、大正十一年）、靖国神社神門（和、神社形式）、大倉集古館（中国、昭和二年）、震災記念堂（和、社寺形式、昭和五年）、靖国神社遊就館（和風、昭和六年）、築地本願寺（インド、昭和九年）、湯島聖堂（中国、昭和十年）などである。

伊東を魅きつけたものが何であったかは、彼の一生を大きく動かした旅で出会ったものが大きく影響しているだろう。それらがさまざまなスタイルで彼が建築をつくっていったことの一つの理由である。

中国雲岡石窟（五世紀後半）を調査（明治三十五年、一九〇二）した時の彼の率直な感激の言葉がある。

「私は今日はからずもこの遺跡に接して、一見してその北魏の創作であることを知ったのであるが、それは石窟内の彫刻及び装飾文様において、我が法隆寺及び一般飛鳥芸術に現われたものとほとんど同型同式であり、あるいは全然符節を合せたるがごときものが少からず見受けられたからである。さらに意外の感に打たれたのは、窟内の手法に多種多様なインドないしガンダーラ式の仏像及び装飾文、ペルシャないし東ローマ系の細部の手法、さらにさかのぼってギリシャクラシックの系統を示すイオニア式柱頭や、コリント式の変種と見るべき柱頭、その他なお系統未詳の西亜的香気の高い幾多の資料が、支那周漢以来の伝統と混淆錯綜して、複雑怪奇、縦横無尽な乱舞を演じているのを見て、私は歓喜と驚嘆とにみちてほとんど魅殺されんとしたのである。」（伊東忠太「無量の感慨」昭和十七年、一九四二）『建築と生活』学生社、昭和三十七年初版この言葉の中には伊東の多くの極を見つめる眼、それへの嗜好、それを見分ける眼が描かれている。「支、印、土（中国、インド、トルコ）の留学」（明治三十五年、一九〇二）がこの鑑識眼を養ったのである。

そして結論を言ってしまえば、彼がアジアのさまざまな国のさまざまな形式、様式を建築に「混淆」表現し日本に実現させたのは、彼がこの雲崗石窟で味わった「歓喜と驚嘆」の再現、「混淆錯綜して、複雑怪奇、縦横無尽な乱舞」を通じて日本を「魅殺」しようとしたと見てとれる。あえて言えば伊東は出現するのは遅かったがバロック的意識をもった人物であったのではなかろうか。

そして彼はこのアジアの「混淆《こんこう》」の中に、法隆寺から西アジアばかりでなくギリシャにまでつながる道を見付け出した。それは彼の「法隆寺建築論」（明治二十六年、一八九三）とつながっていた。彼は旅によってそれを自分の眼で確かめたかったのだ。それゆえ留学先を自らあえてアジアに求める。それもアジア、西アジア、ギリシャまでの広いつながりの中で求めることになる。当時の工部大学校（東京帝大）造家学科、首席卒業生の国費留学先は伊東の師であった辰野金吾の経験したイギリスが普通であった。

伊東がつくり続けた建築群にはアジアを旅して廻った時に見た「歓喜と驚嘆」の記憶が重ねられていたろう。ただしそれは「混沌」ではなく「混淆」という差異を含めて表現されているものであった。批評でもあった。

伊東はそれら「混淆」の形を自らもつくり出し、それを日本の中に点在させたのではなかったろうか。それはアジアからヨーロッパにつながる視線であった。引用文の中だけでも「北魏」、「インドないしガンダーラ式」「ペルシャないし東ローマ系」「ギリシャクラシック」

「系統未詳の西亜的香気」「支那周漢以来の伝統」と列記される。

第十四代ローマ皇帝ハドリアヌス（七六〜一三八、在位一一七〜三八）がヴィラ・アドリアーナ（一一八〜三八）の中にこめた、自分が旅した「帝国」の記憶や夢のようであったかも知れない。それは侵略の旅であった。ハドリアヌスが旅したのは、東はメソポタミアから西はイングランドに及ぶものである。ローマ近郊のティヴォリの広大な自ら所有する敷地の中に、旅のさまざまな場所の建築や美術はもとより、さまざまな物、記憶、空間を別荘、庭に取り込み造形、配置したのである。十五年とも二十年とも言われる時間をかけて次第に増築されていった。それは皇帝ハドリアヌスの記憶を呼び覚ます混成であったろう。ローマ皇帝であるがゆえに可能であった。

皇帝ではない建築家・伊東忠太ができたことは自分がつくり出す建築、様式の「混淆」を日本の中に点在させ、自分を含め、人々を「魅殺」せんと謀ることではなかったろうか。

日本人最初の工部大学校造家学科教授で建築家であった辰野金吾は三年間のイギリス留学中（明治十三〜十六、一八八〇〜八三）、学んでいたウイリアム・バージェスから日本建築とはどういうものかを問われて答えられなかった。帰国して工部大学校の教授になると日本建築史の講座を設けた（明治二十二年）。辰野はそこに「法隆寺建築論」（明治二十六年、一八九三）をまとめた伊東忠太を講師として招き（明治三十年、一八九七）日本建築史を研究させた。伊東は日本初めての建築史家となったのである。

そしてこの法隆寺論の中ですでに、

「吾人何ヲ苦ンデ強テ東西ノ美術ヲ比較シ、強テ優劣ヲ論断スルコトヲナサンヤ」

と述べ東・西の美術の差は優劣にあるのではないことを的確に指摘している。このことはすでに『米欧回覧実記』[*2]に明治五年（一八七二）、岩倉使節団がイギリスの博物館を見て感動したときの記述、

「進歩トハ、旧ヲ舎テ、新キヲ図ルノ謂ニ非ルナリ、故ニ国ノ成立スル、自ラ結習アリ、習ヒニヨリテ其美ヲ研シ出ス、知ノ開明ニ、自ラ源由アリ」

とあって、東洋と西洋との文化原理に基本的に差のあることがとらえられている。「旧」を捨てるのではなく、「其美ヲ研シ出ス」（その美を研ぎ出す）必要性を説いている。彼ら、岩倉使節団の開明的な眼には感心する。「進歩」とは古いものをみな捨ててしまって新しいものだけで出来るのではなく、古くからあるものから「美」を研ぎ出してつくりだすのだと、「知の開明」には国によってそれぞれの「源由」があるのだと、そう彼らは理解していたのだ。

『米欧回覧実記』は、明治四年（一八七一）明治維新スタート時期、その政権の中枢を担う人物のおよそ半数近く（岩倉具視、木戸孝允、大久保利通、伊藤博文らである）が明治創成期の二年あるいは三年をかけて日本を空けてまで米国、ヨーロッパを旅した記録である。当時の日本の開明的、それを越え先端的な見方、考え方が示されている。日本に残った主要人物は西郷隆盛、板垣退助、大隈重信、江藤新平、山県有朋、井上馨らである

この約二十年後であったが伊東はそのことを再び日本の美術及び建築において明解に、し

＊2　『米欧回覧実記』の内容の日本における先端性については、拙書『近代日本の建築空間—忘れられた日本の建築空間』（理工図書、一九九八）の「岩倉訪米欧使節団」「博物館建築における乖離」「『米欧回覧実記』の中の無数の視点」などの節に詳述した。

かも建築においては法隆寺という実例をもって示して見せた。

当時、伊東忠太だけがアジア、ヨーロッパの拡がりの中で形や様式の差異を感受、識別する鑑識眼を備えていた。それは広くアジア（中国、インド、トルコ）を実際に見て回り、形の混成の一つひとつを見分ける旅の結果、備わった感性である。その知の「混淆」を、今度は自らが実際に形にし、日本の中に埋め込んでいった。

この時点で通史としての日本建築史はまだ誰も書いていなかったことを指摘しておく必要がある。「日本建築史要」（京都大学の天沼俊一、昭和二年八月〈一九二七〉）がその始めであるといわれる。[*3] 日本建築に関わることとしては、日本建築について多くの発言を残したブルーノ・タウトの来日が昭和八年（一九三三）、建築家・堀口捨己が「建築における日本的なもの」という近世までの日本建築史を書いたのが昭和九年四月（一九三四）である。それらよりはるか以前の伊東の「法隆寺建築論」（明治二十六年、一八九三）である。三十年から四十年もの以前のスケールでの時間である。

工部大学校造家学科、最初の教授はジョサイア・コンドル（イギリスの建築家、ウイリアム・バージェスの弟子）である。コンドルは折衷主義の建築家であった。日本のすべての建築家、建築史家の師弟関係をたどってゆくとこのコンドルにたどりつく。つまり日本の近代建築の主流は折衷主義でスタートしている。この「折衷」を問わなければならない。

近代・現代建築においても混成や折衷を自らに問い続けなければ建築家の形をつくる設計意図は曖昧のままである。

「折衷」は日本の国家主義的イデオロギーの建築表現ともいうべき「帝冠併合式」[*4]（『思想と建築』昭和四年、一九二九、下田菊太郎）にまで突き進むのである。ヨーロッパではファ

＊3　「日本建築史」が書かれた時期などについては拙書『近代日本の建築空間』（理工図書、一九九八）第五章「日本建築に向いて」の「2 日本建築への目覚め」の中で記した。

＊4　「帝冠併合式」「帝冠式」については拙書『近代日本の建築空間』（理工図書、一九九八）の第九章「大正期・昭和期」の「帝冠式」「下田菊太郎の帝冠併合式」「冠式」「建築批評」の節、参照。

シズム、ナチズムが広がり始めた頃である。下田は形を論じている。否定されるべき内容であったが、これを建築メディアは批評せず無視し「帝冠様式」と名付けるだけという否定の仕方をする。そこに問題があった。

同じ昭和四年、構造家の論客・野田俊彦が亡くなった。この二人がメディア上で論争していればと残念でならない。この構造合理主義の野田俊彦と分離派の建築家・堀口捨己との論争は幸いなことに記録に残った。

野田俊彦の『建築非芸術論』（大正四年、一九一五）について、また野田俊彦と堀口捨己との間の論争については拙書『近代日本の建築空間』（理工図書、一九九八）の「構造派」「建築非芸術論」の節に記しているので重複は避けるが、野田はこの著の中で「建築は彫刻や絵画よりも、寧ろ汽罐や機関車に類するものである」と述べている。ル・コルビュジエが「住宅は住むための機械である」（『建築をめざして』一九二三）と記した八年前である。

文学の世界で批評の力強い可能性を始めて述べたのは森鴎外である。明治二十二年（一八八九）「しがらみ草紙の本領を論ず」で、

「此（文学における）混沌の状は、決して久しきに堪ふべきものにあらず。余等はその澄清の期の近きにあるを知る。而してそのこれを致すものは、批評の一道あるのみ」

と述べ、「混沌」とした文学界を「澄清《ちょうせい》」するには「批評の一道あるのみ」と言い切っている。

建築の世界で「批評」について記したのは伊東忠太がはじめであったろう。彼の卒論「建

築哲学」（明治二十五年、一八九二）には「評論」「批評」という言葉があらわれる。拙書『近代日本の建築空間』（理工図書、一九九八）の第九章「大正期・昭和期」の「建築批評」の節のところで述べた。伊東は鴎外の「しがらみ草紙」創刊号の言葉を読んでいたと考えられる。

「折衷主義」という様式における折衷も充分に論じられてきたとは思えない。折衷によって何をしようとしているか、形でありその意味である。

折衷はもう「様式の折衷」[*5]をはるかに越えている。様式だけのことではない。出来上がった空間の形における混成や折衷が問われてゆく必要がある。それはつくる側の形への意識のあり方を含めて問い続けられる。つきつめて言えば混成されていない建物、空間はないのである。そこでは新しい形とは何かも問われることになる。建築家論（人物論）と異なる建築作品論が面する難問でもある。

現代に我々の前に続々とあらわれる建物を見る時、既視感に襲われる。どこかで見た形ではないかと。これだけメディアが無数にあらわれ、消えてゆく中で記憶はいつも満杯で曖昧で入りどころを探すことになる。その曖昧さにまかせて形が無限につくられてゆく。批評が必要なのである。

＊5　西欧と近代日本の「折衷様式」については拙書『近代日本の建築空間』（理工図書、一九九八）の第八章「建築空間の追及」の「折衷様式が果たしたこと」の節に記している。

第七章　椅子

○イスという文化
○イスと床《ゆか》の高さ
○身体と仕切り
○モンローチェア　磯崎新
○「イスのかたち―デザインからアートへ」展

バルセロナチェア

◯イスという文化

自分の身体とぴったり合う椅子に出会わない。居心地のよいイスにまず出会うことがない。固定した形が人間を長い間満足させることはない。人は大きさ、重さ、プロポーション、肉や筋肉のつき方、動き、骨格、骨の形態〈尾骨〈尾骶骨〉という痕跡器官もある〉、内臓の位置、形など、一人ひとりみな異なる。形ばかりではない。肉体だけでなく精神、意識を伴っている。人間は肉体を持ち、時間とともに生きている。

人間は時によってイスに自分の形を合わせている。一瞬座った時でも身体をイスに合わせ、そして気に入らず姿勢を動かし、次々に身体をイスに合わせようとする。そしてそのことに疲れてしまう。「機能的」なイスはない、人間を慣らせてしまうイスがある。

人間が慣れてしまうことをそのイスが「機能的である」と呼んでしまう。イスは人間存在をのみ込む。人間の側から言えばイスに座ることで知らず知らずの内にイスにのみ込まれているのである。イスは人だけを座らせているのではないからだ。空間を含めて人をのみ込んでいる。

西欧の古い家の中にある先祖代々が使った家具はその象徴である。家をまもるため人間を型にはめたのである。代々、家を、家柄を継ぐことは、その家の中に入り形をまもることであった。家の形であり、内部にあるものの形である。イスの形はその家の空間を含んで存在していた。

内部では特にイスはそこに座って、人がそのイスという空間に入り込む、というより入り込まざるを得ない姿勢を強いている。そうした形をしている。尻を座に置きほとんど全体重をかける。身体をイスに接せざるを得ない。座ってしまうとイスの方に分がある。イスに自分の身体を任せてしまうところがある。

イスに座り、長い時間、そこから動かず居られることが、家をまもること、まもったこととつながっていく。身体がイスに合わされる。イスが伝統や形式を守ることを代替していたのである。西欧では眠っている時を別にすれば、イスに座ることと、立っていることとが常態であるからである。

古来、王の椅子は形が重視され座り心地のよいものではない。その形が見られるために置かれる。王の椅子の存在、その置かれた位置、場所が権威の象徴となる。王の椅子は王という存在そのものを象徴する。王が座さなくてもである。その形が王を象徴し認識される。

建築という家も、人を家という形の中に押し込める働きをする。そしてある場所に建ち、これはイスと異なり動かせないという特性をもっている。そのため場所に意味や理由がもたらされる。外観、内部空間が肉体的にも、五感を通しても、意識の中にも、その家の形の印象を人に植え付ける。それは機能という言葉ではくくれない意味をもつ。

人類の歴史をたどれば人間はどんな家にも住んできたともいえる。いかに小さかろうが、不便であろうが、雨が漏ろうが、災害に痛めつけられようが、住んできた。それだけ人間には許容性がある。そこでは機能的ということが意味をなさなくなる。そこに形の問題がさまざまにあらわれる。

近代建築における「均質空間」はそれらのはざまに伐り込んでくる。どのような用途、使い方をも受け入れる空間、その概念を提示したからだ。空白をものみこんで空間をつくりだす。それが「均質空間」である。機能は使う側が切り取って使うのである。空白を残すこと、空白が否応もなく残ってしまうこと、空白を含んでしまうことで均質空間は成立する。つまりそのことは一方で「機能的」ということの意味を失わせたのである。

西欧のイスの文化と異なり、日本の床に座す文化は、座す場が立って歩く場と同じ床であるため、ほとんど同一平面でつながっている床の場での立・座の文化である。大地とつながった高さを歩き、その高さの地（床）に座す。建物の内部空間では履物を脱ぎ、床を歩き、その床に座す。それは立った高さの視線と床に座した高さの視点という主要な二視点をもつ。西欧のイスでは立った高さとイスに座した高さの二視点をもつ。この差がそれぞれの文化に大きな影響を与えてきた。

西欧ではベッド（寝台）の高さも座るイスの高さに合わされる。ベッドはイスの役割をも果たす。その高さに寝て見る空間の見え方も、日本の床に布団を敷いてその上に横になり、低い視点から見る空間の見え方とは異なっている。

視線の高さの違いは文化の違いをも生み出す。

平安貴族、特に女性は室内（寝殿造）での移動は膝行《しっこう》が普通であった。低い視線からの見方、見え方で建築空間、庭空間を見ていたのである。寝殿造の中では人の前には必ずと言ってよいほど几帳が置かれた。他からの視線を避けるためである。[*1]

その几帳の仕切り（室内的仕切り）も床に座した人の高さを基準に室礼され、その高さによって室内空間が構成された。そのため几帳の高さは普通、四尺、三尺、二尺（枕、つまり寝ている顔を隠す高さ、枕几帳）と低いものであった。寝殿造の中に低い視線から見えてくる空間が形成される。

＊1　物はほとんど床に置かれた。

視線に日本と西欧との間で違う高さ、つまり床に座した高さとイスに座した高さの違いがあらわれ、視界に大きな差が形成される。それを利用してそれぞれの場所でさまざまな場づくりがなされた。場によって視線の高さを違えることは日本においても西欧においても、というより世界のどこにおいても権力によって徹底的に利用された。見ること、見られることが重視され、それが形、空間の差を生じさせた。

◯イスと床《ゆか》の高さ

日本と西洋の差をどうしようもなく感じてしまう場合がある。例えば、洋式便器というのは人間の身体の一部ではないかと思えるときがある。座して尻が便器に接する。それが便器の細い直腸のような配管を通って排出される。これを考え出した西洋人の知に感心してしまう。日本人は尻という肉体を浮かせ、大気に触れ、便器と離して用を足してきた。肉体と便器の間に空間が挟まれる。便器と人体が一体化するような文化は日本にはなかった。

西洋のイスが日常的に座るという行為を常態化し、さらに同じ座ることで排尿、排便という排泄行為とも一体化していることが、洋式便器が身体の一部と感じられ、それが西洋の一つの特質を象徴化する。

こうしたことはイスの文化からきているのだろう。日本にはイスの文化は支配者層を除けばほとんどないと言えるくらいである。おそらく、西洋人にとってイスそのものが身体の一部のように感じられてきたのではないか。なくてはならないものなのである。

テーブルもイスと切り離せない西欧の文化にとってなくてはならないものだが、イスは人が座って一体となって居続けることで、物を置くテーブルとは全く異なる存在感を主張する。テーブルに人がのることはまずない。食事、作業、読書、物書きなどをする高さである。イスとセットで使われることが多い。つまりイスに座してテーブルを使う。

日本にも机類（机、文机《ふづくえ》）はある。机については、芭蕉に「机の銘《めい》」（元禄五年）という短文がある。そこには芭蕉庵で使った机のことが書かれている。

「たくみなす几案《おしまづき》、一物三用をたすく。高さ八寸（約二十四センチ）、おもて二尺（巾約六十センチメートル）」

と、その大きさも記されてある。高さ二十四センチである。現代の文机と比べてもかなり低い。その机を芭蕉は好んだ。文中にも机がただ文を書くためだけの道具ではなく、時々で異なる存在感が示されている。「ひぢをかけて」「書をひもどいて」「筆をとりて」と「三用」の使い方を記している。

床に座して使うため机の甲板（天板）は床面と近くなる。イスに座して使われる西欧のテーブルと比べてかなり低い。それもあって日本では床面が物を置くのに広く使われてきた。机と床の高さが近いからである。高さの違いは世界の文化に大きな影響を与えた。見え方の差でもある。

床《とこ》の間《ま》も床《ゆか》の上である。仕切りがある。床の間、床柱、違い棚、書院など造作として建築化され、仕切りを形成する。その中にものが飾られる。こうした建築的造作、飾られる物を含めて「座敷飾」とも呼ぶが、飾り物だけを指すばかりでなく「座敷」とあるように空間性を含んで言われていることが特徴である。一枚、あるいは何枚かの仕切りを介し見られ、奥が深められる。

対面や接客における人間の並び、その場における配置も仕切りである。

掛け軸は、壁が利用され、長押に掛けられたり、前に押板が置かれたりするが、それも次第に（室町時代以降）囲われた床の間の中に掛けられ成立するようになる。仕切りの中である。室と物との空間性が西欧とは異なってくる。

押板、床板《とこ》、地板の上に物が置かれ、使われ、飾られてきた。床《ゆか》に座した視線（視点）の高さがその見え方を支えている。茶室での茶器に至っては畳の上に配置され使われる。普通であれば行儀のわるいこととされ、盆や膳などの上に置かれるであろうが、それでは盆や膳が額縁となり仕切りが一枚重ねられ見られてしまう。茶器が直に畳の上で見られることは器が直接、その室空間と額縁なしで対峙して鑑賞され、かつ使われることである。床《とこ》に置かれたものと見え方が変わる。

「海の正倉院」とも呼ばれる沖ノ島（福岡県宗像市）は古くから航海の無事を祈念してシルクロードからヨーロッパにつながる貴重な品々（今では遺物となる）が奉納された場所だが、それらは岩陰祭祀や露天祭祀と呼ばれるように床というより、地面（岩、土）の上に置かれていた。沖ノ島に社殿がつくられたのは江戸時代以降であり、それまで人工的な木床はつくられていない。それ以前（四、五世紀頃）は巨岩や岩の下、地面に長い期間、信じられぬほど貴重な奉納物が置かれ祀られていた。こうした物を置く、あるいは奉納する基本的な物の位置、高さ関係に注意を払う必要がある。

地面（土）は人が歩き、座り、眠る場であり、家を建てる場であり、物を置く場であった。

このことを忘れてはならない。

○身体と仕切り

日本の文化の中で身体の一部となるようにピッタリとつくられたものはなんだろう。むしろ、できるだけ身体から離して、ものをあらしめているような気がする。足袋などは例外的なものではないか。西洋でつくられ常用されてきた靴も足にぴったりと合わせられ履かれるが日本では使われなかった。草鞋《わらじ》、草履《ぞうり》、下駄など足が露出する履物が使われた。湿度が高く、蒸れることも一つの理由であったろう。

着物にしても和服は、身体にぴったりつくようにはなっていない。人体の形をそのまま外へ露出する風のものではない。

この、ものを身体から離し、そしてつなげてゆくあり方の中に、日本文化のさまざまな様態があらわれる。仕切り、仕切ることはその特徴的なあらわれである。それら仕切る物、仕切ることによって空間があらわれてきた。仕切りは空白（空洞）を、あるいは空間を間に挟む。つまり空白を含み込んで成立している。その空白は奥、奥行をも形成している。

『源氏物語』、『枕草子』には人間の身に付けるもの、着物「襲《かさね》の色目」（いわゆる十二単《ひとえ》）、薫物《たきもの》、化粧などが仕切りと意識されていることが詳細にわたって表現されている。

汗、化粧、身に付けられた薫物などはまさに身体と一体化し、沁み入っていて引き剥がすことはできないと思われがちだが、物語の高揚、体温の上昇、主体の側の感性の鋭敏化などによって匂いとして周囲に発し、感受されてくる。動く仕切りである。そうしたことが仕切りの重なりとして『源氏物語』、『枕草子』などに描かれている。身体的仕切りである。西欧とは異なった視点があらわれる。

　薫物という匂いは身体や着物に沁み入るばかりでなく、着物から発し空間に漂うことで離れた場所から知覚される動く仕切りとなり空間を構成してゆく。汗も化粧も肌に表情をつくりあげるとともに匂いを発することでは同様である。それら身体的仕切りは建築的仕切り（柱、壁、窓・出入口の建具など）や室内的仕切り（調度〈几帳《きちょう》、簾《すだれ》〉など）と空間性を重ねて、あるいは奥を重ねて全体化されてゆく。*1

○モンローチェア　磯崎新

　磯崎新の作品の中でもモンローチェア（一九七四、図66-2）は傑作のひとつと思う。それは一つにはそこにウイットとユーモアを感じとれるからである。昨今の「お笑い」の過剰はウイットとユーモアの豊穣を妨げる。

　ハイバックチェアという背中側を高くするイスは古来、権力、権威を示す形式であった。現在においても会社組織の中で平社員にはハイバックチェアは支給されない。権威の象徴であるからだ。

　磯崎はモンローチェア以前、モンロー定規を提示した。米国ハリウッドの女優マリリン・モンロー（一九二六〜六二）のヌード写真にあらわれている彼女の肉体の曲線から選んで、建築や美術の世界で使われている、いわゆる雲形定規を作製した。モンロー曲線の縮尺されたものである。

＊1　「建築的仕切り」「室内的仕切り」「身体的仕切り」については拙書『源氏物語空間読解』（鹿島出版会、二〇〇〇）、拙論・博士論文「『源氏物語』における寝殿造住宅の空間的性質に関する研究」（東北大学、二〇〇二）、『源氏物語　男君と女君の接近―寝殿造の光と闇』（河北新報社、二〇一三）、『日本建築空間史―中心と奥』（鹿島出版会、二〇一六）に概念化し詳述している。

図66-2　モンローチェア（一九七四、磯崎新）「イスのかたち」展パンフレット（国立国際美術館OSAKA）より

彼の選択眼にはいつも感心させられるが、この定規を使ってイスを制作した。それがモンローチェアである。これはハイバックチェアであって、かつその四本の足がモンローの脚線美とまったく異なる足が付けられている。後脚が短足でその部分は足元（床）に向かって先すぼまりの材で角度を振った直線に見える。それとも先端はモンローの履くハイヒールのヒール部分の抽象化であろうか。背側のモンロー曲線と直線とが出会う。

「モンロー」と名づけたことが重要である。そのイスを見た者、座った者に強いメッセージを伝える。すべてがモンロー曲線であったなら、もっと肉体美が強調されたであろう。しかしそれでは普通だ。磯崎はモンロー曲線の使い方を示したのである。

曲線定規を使って図化する時、図化されるイメージは縮尺される。どの定規もスケール（縮尺）が変わると形も変わってくる。比例は実寸とはちがう。実際の長さをもった形が現実にはあらわれてくる。

背中側がモンロー曲線でもモンロー定規と異なり実寸（実物大）であったならモンローの曲線にいだかれることになる。磯崎のことである、それくらいのことはやっているであろう。ハリウッドの女優の名前を付けられたイス（ソファ）に「メイ・ウェストの唇」（一九三六年頃）がある。シュールレアリストのサルバドール・ダリの作品だが、このソファをおくと展示された空間（部屋）が人の顔に見えてくるといわれる。実際にそう展示されたこともあった。廻りの空間を引き込んでくる。口唇の形をそのままにもつこのイスの空間性のあらわれである。人間の顔の形、顔の各部位の形、構成は強い印象を人に与える[*1]。

またそのオマージュといわれるモンローソファ「マリリン」（スタジオ65、一九七二）もあり、両者はハリウッドのセックスシンボルである二人の口唇をそのまま直接、かたどりイ

＊1　既に記したように『古事記』において天照大御神（アマテラス）、月読命（ツクヨミ）、建速須佐之男命（スサノヲ）という「三柱《みはしら》の貴き子」が成り出るのは伊邪那岐命《いざなぎのみこと》（イザナギ）の顔の左眼、右眼、鼻からである。神々の世界でも顔は特別視され、各部位には意味性がもたせられているであろう。

ス（ソファ）にしている。こうしたイスがある以上、マリリン・モンローに対しこの方法はとれない。

モンローチェアには前脚、座、貫にはモンローにない直線が使われている。正面から見ると直線性が強調され、側面から見るとモンロー曲線が強調される。

モンローチェアがマッキントッシュのハイバックチェアのイメージを思い起こさせるのは、この直線的にも見える正面側からの見え方であり、加えて座より上と座より下の高さの比が大きく違うことからきているのではなかろうか。

正面からの見え方と側面からの見え方を変えているのも、ひとつのイスの中で一つだけでなくいくつもの視線を入れている。

このモンローチェアには正面と背面からは立面図的あらわれがあり、側面からは断面図的なあらわれがある。特に正面、背面からではモンロー曲線はあらわれてこない。むしろマッキントッシュがあらわれる。普通、立面図には正面性が強くあらわれ、つまり外観の強調があらわれ、断面図には空間づくりの意図があらわれる。

このイスは動く視点で廻って見た時、立面性から空間性へと変化する。多視点、動く視線を引き寄せる。

そこには、ピカソの絵画「泣く女」シリーズにおける二次元平面（キャンバス）に描かれた顔の正面、側面などを一体化して一人の人物に描くこととの違いがあらわれる。

つまり平面に描かれる絵画と異なり、イスであること、イスがもつ空間性が表現され、そのことが強調されているのである。視点が動くにつれ大きく見え方の違いがあらわれる。イスが包含する空間性が露出する。このイスは、座ることもだが、その場合、モンロー曲線を背中で触れる興味だが、それ以上に圧倒的なのは見ることを刺激してくることである。

いずれにしてもモンロー曲線を使ったにも関わらず肉体美だけを強調するのではなく、さらにハイバックという権威主義と短足が合体し、ユーモアあふれる作品となった。基本にマリリン・モンローという肉体美のイメージがあるからこそである。

マリリン・モンロー（一九二六～六二）はピンアップのモデル時代、アンドレアス・ヴェサリウス（一五一四～六四）の解剖書（一五四三、『ファブリカ』〈人体の構造に関する七章〉）を見てポーズの工夫をしていたらしい。人間全身の骨の図である。骸骨がポーズをとっている。男達はマリリンに肉《フレッシュ》を見ていたというのに。ただしヴェサリウスには全身の筋肉の図もある。しかしこれも肉《フレッシュ》ではない。選ばれたモンロー曲線は肉《フレッシュ》の曲線である。肉体の理にかなった骨や筋肉による構成や形ではなく肉《フレッシュ》によってつくり出された形である。

骨や筋肉の解剖図はあるが肉《フレッシュ》の全身解剖図はあるのだろうか。骨や筋肉の上を覆っている肉《フレッシュ》の形である。それは人の外観（外形）という形と結びつく。人間の外観は肉体（骨、筋肉）の合理と距離を置く。このことがモンローを選ぶということの意味なのかもしれない。磯崎によってマリリン・モンローが選ばれた。形の問題である。

こうした女優は時代性もあって出てきたと思われるがもう出ないのではないか。モンロー定規にその形は残った。しかしその扱い方は難しい。磯崎が地上にあらわすためにモンローチェアで使ってしまったからだ。

すでに述べた「ヴィトルヴィウス→レオナルド・ダ・ヴィンチ→ル・コルビュジエ」に至る人間の肉体を理想化しモデュール化する時代が後ろに遠ざかり、モンローチェアはモンロー定規を含めて、新たなモデュールや比例をつくり出すという旧来の方法ではなく、モデユールを越えた、現代の造形（形をつくること）への批評となり得ている。

○「イスのかたち—デザインからアートへ」展

日時／一九七八年八月十九日〜十月十五日、場所／国立国際美術館（大阪府吹田市、現在は大阪市中之島に移転している）

（註）この文章は『建築文化』誌の依頼を受け取材したものです。『建築文化』一九七八年十月号掲載。

八月十九日（一九七八）から、大阪の国立国際美術館で「イスのかたち—デザインからアートへ—Design and Art of Modern Chairs」が始まった。この国立国際美術館は一九七〇年の万博美術館（川崎清設計）としてのオープン後、七年間の空白（途中一度中国展が開かれたことがあるが）を経て、昨年十月、一部改装して国立国際美術館としてオープンした。以後、①『日本の美その色と形』、②『青い眼、黒い眼』（エコール・ド・パリ）、③『地獄絵』（福沢一郎の世界）④『マヤの美』（拓本）と今度で五回目の企画であるという。国立国際美術館（傍点筆者、以下同）ということで、主に日本の美術と世界の美術との交流という視点を企画の中心に据えてゆきたいというのが館側の話であった。今回の『イスのかたち』展は「今回はじめてのデザインに関する当館の展覧会」（パンフレットより）ということである。

大阪に住んでいると、ちょっとした美術展というと京都や神戸までゆかねばならず、不便このうえない。この美術館が出来て少しでも便利になるなら喜ぶべきことなのだが、場所が千里の万博公園内にあって、電車、バスと乗り継いで広大な万博公園の中を歩かされ、やっとたどりつくといった具合でもあるし、今後の運営がなかなか大変であろう。実際には万博公園内は整備され始めているのだが、私の頭にはいまだ万博跡地といったイメージがぬぐいきれない。

会場は一階から四階にわたっており、四階から見てくる順序で、総数一五〇点のイスが配置されている。館側の説明では四階から下りるにつれてアート色が濃くなるということであったが、驚いたことは、まずミース・ファン・デル・ローエの「現在でももっとも美しい椅子」(川添登『モダン・デザインの展開』)といわれる〈バルセロナチェア〉(一九二九、第七章扉写真)[*1]で始まり、最後が磯崎新の〈モンローチェア〉で終わるという構成である。まさか〈バルセロナチェア〉がデザインで、〈モンローチェア〉がアートであるというわけでもないのだろうが、「デザインからアートへ」というサブタイトルと「Design and Art of Modern Chairs」という英文サブタイトルの間の混乱、曖昧さが会場にもち込まれることになる。この混乱がわれわれに、どのイスが『デザイン』であり、どのイスが『アート』であるかの区別を強いられているかのような疲労感を引き起こす。この疲労を実際的に救ってくれるのは、会場の中に設けられた展示品兼座ってもよいイス群である。座ってもよいイスのほとんどが既成品である。しかし一方で、賢明なる企画者は『デザインかアートか』という観察者に強いた選択をメインタイトルである『イスのかたち』というテーマで覆い隠してしまう。

座ることを許されないイスも数多く並べられているが、ここでは、たとえば岡本太郎

*1 「イスのかたち」展パンフレット(国立国際美術館 OSAKA)より

の〈座ることを拒否する椅子〉もあまり精彩がない。他の『座ることを拒否する』というnamingがないイスたちも暗に座ることを拒絶している。しかし腰かけられる形はしている。決して座ることのできないイスというものはなかった。わずかにそれがルーカス・サマラスの素描「イスの変化」の中に見られるのと、倉俣史朗の〈光の椅子〉くらいであろうか。

極度に座りにくいイスには、コードがコンセントに差し込まれていたなら、馬場建三の〈ホットシート（電気椅子）〉がある。しかしコードが差し込まれていなかったなら、それは安楽椅子に変わる。それと向井良吉の〈勝利者の椅子〉。「勝利者」という言葉が引き起こすイメージと「イス」という機能を引き起こす言葉と作品自体の形やテクスチュアの極度に苦痛を与えそうな感覚が、この作品の関係を示している。

だが切断された鋼管を放っておいても、剣山《けんざん》を並べておいても、イスの展示場では、それは名前がなくてもイスである。イスを集めてイスの展示をするのと、イスの展示ゆえに何を出そうかというのでは話が違う。『イスのかたち』でなく、『イスのイメージ』をもっと展開させてくれるものがあってもよかった。

しかし、この展覧会はバウハウス以後のイスをよく集めてあり、この百五十点の中から見る人にさまざまな読み取りを可能にさせてくれる。

イス達は「僕達にとって観客こそイスである」と言っているかのようでもある。

この展示を家具商の展示と同列に見立てて、いま計画している住宅に置く家具をどれにしようかと立花通り（大阪の家具屋街）をうろうろするように、この百五十点の間をうろうろすることも可能だが、ただ値段のついていないのが、そうしたときには実際的ではないだろう。出品イスの多くが、市場で家具カタログにプライスリストのあるものである。

だが、内外百五十点のイスの展示というのは壮観で、自分にとって興味のあるイスのリストづくりにも都合がよいし、実物を一堂に見られ、ものによっては座れるというよさもある。リートフェルトの〈ジグザグチェア〉に発する形態をヴェルナー・パントンの〈Sチェア〉、葉祥栄の〈Zチェア〉と実際に追っていったり、世界に二脚しかないうちの一脚だという〈メイ・ウェストの唇〉（サルバドール・ダリ）の、うす汚れたショッキングピンクが、真っ赤な〈マリリン〉（スタジオ65）の唇と並べられ室の角に押しやられ〈マリリン〉が〈メイ・ウェストの唇〉をどこまで越えたのかと思うのも、大衆情報化時代のマリリン・モンローを写したモンローソファのディテールと今日性に人びとは引きつけられるのかと思うのも勝手だ。

また、福田繁雄の〈トランク椅子〉や〈キャンディ椅子〉は『イス』という naming があるにもかかわらず、どうにでもしてくれとそこらにほっぽり出した楽しさがある。これはカバン屋におけばカバンになり、お菓子屋におけばキャンディになる。これと同じことが、デ・パスの〈ジョー〉という野球のグラブの形をしたソファやベルガーのボクシンググラブのソファにも言える。

もちろんこの百五十点の中に近代以降の『イス』のすべてがぬり込められているわけではない。ヴァン・デ・ヴェルデ、マッキントッシュ、ガウディ、ジムスン、ヴォイジー、フランク・ロイド・ライトは置かれていない。複製のリートフェルトが置かれていて、やはり複製が生産されているマッキントッシュやガウディの椅子が置かれていない理由も判らぬことの一つである。

マッキントッシュがくれば、この展示の最後を飾る磯崎の〈モンローチェア〉が引きたたなくなるとでもいうのだろうか。ハイバックチェアはその「高い背は見る者に座る人の〈高さ＝権威〉を伝えようとする役割をもっている」（出品作品解説より）とされているが、磯崎のこのハイバックチェアには「ストッパージュ」といった手法、そして「マリリン・モンロー」という名前から受ける彼女の肉体の美しさ、曲線美と、この〈モンローチェア〉の短い足のくねった形のユーモラスさへの落差が、ハイバックチェアの属性である「権威の象徴」を払拭しえているのではなかろうか。そして、ここに、〈モンローチェア〉に、磯崎がハイバックシートという形式をかりた理由がありそうだ。

ライトのイスがないということも「もし家の内部とその椅子が完全に調和するならば、そのとき我々は独自の文化を達成したということのかなり重要なあらわれを得たことになる」（ライト）という有機的視点を『イスのかたち』展では、つまりイスそのもののかたちだけから見い出すことはむずかしい。

また、たとえば磯崎がエットーレ・ソットサスに見た「表と裏の仕事、インダストリアル・デザインとアート・ワークという二つの系列の仕事を発表することで、意味と無意味、有用と無用といった対立する概念の相互間に横たわる亀裂」（『建築の解体』磯崎新）、この「亀裂」を『イスのかたち』展で見ることはできない。ここにはソットサスの「表の仕事」、つまりオリヴェッティの仕事しか展示されていないし、ましてやそこから「ヴェトナムで戦禍に追われ逃げていく若者達の写真をみるかぎり、美しさなんて考えることはできやしない」という、ソットサスの言葉をほんのかけらでも見付け出すことなどできはしない。

そして、このソットサスに大きな影響を受けたアーキズームの、この展覧会のイントロを飾るミースの〈バルセロナチェア〉へのオマージュといわれる「ミース（椅子）」もないし、

「ガゼボ」のイラストレーションもない。

さて、この展覧会の出品作品解説書にはバウハウス以後のイスについての「イスのデザイン」（宮島久雄）という一文があり、主に工業材料の使用に視点をおいた「椅子の歴史」が書かれている。「イスのかたち」の動きを補足しながら以下にこの展覧会の概括を試みる。

もちろん、このイス展の中にアルヴァ・アールト、ブルーノ・マットソン、ケーレ・クリント〈サファリ〉、モーゲンス・コッホ〈折りたたみイスMK－16〉、そしてハンス・ヴェグナーの〈古典椅子〉とか〈ザ・チェア〉とも言われるアームチェアに北欧の自然材料を使った傾向を見てゆくこともできるのだが。

そのフォルムの構成からデ・スティルの造形思考をそのまま表現したといわれるリートフェルトの〈レッド・ブルー・チェア〉（一九一八ごろ）と、そのデ・スティル的影響を受けたマルセル・ブロイヤーの〈ヴァシリー〉（一九二六）、スチールパイプを使用した初めてのイスで、スタッキングが工夫されている。「スチールの登場により、構造の単純化と、造形上の可能性の飛躍により、我々は椅子を床から離陸させることができたのであり、それは床と座面との間に新しい空間を獲得することとな」った（松本哲夫『ＳＤ』一九六七年十二月号）。そこからまず生まれたのがカンティレバー方式によるスチールパイプイスでマルト・スタム、マルセル・ブロイヤー〈チェスカ〉、それらを洗練させたミース・ファン・デル・ローエの〈ミスターダイニングチェア〉が有名である。このスチールカンティレバーのイスを木に置き換えたのが、リートフェルトの〈ジグザグチェア〉（一九三四）である。〈ジグザグチェア〉はヴェルナー・パントンの成型合板と、成型プラスチックの二つの〈スタッキングチェアＳ〉を生む。

その他のスチールパイプイスでは、ル・コルビュジエの〈アームチェアKL-1〉と〈カウボーイチェア〉（一九二九）がある。

スチール薄板を使ったものではミースの〈バルセロナチェア〉（一九二九）、ケアホルムの〈ラウンジチェア22〉があるが、ミースはまた、スチール薄板を使ったカンティレバーイス〈ブルノ〉もデザインしている。

次に成型合板によるイスでは、アルヴァ・アールトによる〈アームチェア41〉、イームズの最初の作といわれるスチールパイプの支持材にプレスした合板の座と背を別々にとりつけた〈ダイニングチェア LCM-OW〉（〈イームズチェア〉）、ブルーノ・マットソンの積層材によるラウンジチェア、アールネ・ヤコブセンの成型合板による〈ダイニングチェアFAO13〉、上述のヴェルナー・パントンの成型合板のジグザグチェア〈スタッキングチェアS〉、ジョエ・コロンボの〈アームチェア4801／5〉、ダーエ＝オヴァーレの〈ラミネックス〉。

そして成型プラスチックという材料はアメリカでエーロ・サーリネンとイームズの作品群（一九四〇年以後）を生み、それがチャールズ・ポロックのイス、形のうえではハリー・ベルトイアの〈スチールロッドイス〉、ワーレン・プラットナーの〈スチールワイヤーイス〉へと変遷する。一九五〇年代あたりまでが「バウハウスが組みたてた素材と機能構成の論理」（『建築の解体』磯崎新）にほぼ則った歴史が展開する。その五〇年代の末、デンマークのアールネ・ヤコブセンが硬質発泡樹脂という当時、時代の先端をゆく材料を使って〈エッグチェア〉、〈スワンチェア〉を発表する。それがオリヴィエ・ムルグの〈ジン〉、〈ブルム〉やピエール・ポーランのスチールパイプの骨組をフォームラバーで包んだ表も裏もないイスへと「脱機能主義的な傾向」（宮島久雄）を押し進める。

一方、イタリアでもすでにミラノ派の中枢、ジオ・ポンティの〈Super Legend Chair〉（一九五一）やフランコ・アルビーニの〈ルイザ〉があり、それが一九六〇年代に突入すると「イタリアン・ライン」、「イタリアン・ルック」、「イタリアン・モダーン」などと呼ばれる「脱機能主義的な傾向」（宮島久雄）を強め、『domus《ドムス》』を媒体として、ジョエ・コロンボ〈エルダ1005〉、ガエターノ・ページェの〈UP5〉、ソットサスのオリベッティの仕事、形が座り方によって自由に変わるピエロ・ガッティの〈サッコ〉、そしてヴェネツィア派の巨匠カルロ・スカルパの息子夫妻、アフラナトビア・スカルパの〈チプレア〉と、〈サッコ〉を針金で縛りあげたような〈ソリアナ〉と進んでゆく。

そして近年の、イスへのデザイナーやアーティストの係わり方の中に「オブジェクトとしてのイス」（磯崎新）の領域をかいま見ることも可能かもしれない。オブジェクトに関しては『建築の解体』の中に磯崎の分析が見られるが、この展覧会のパンフレットも磯崎新の「椅子という暗喩」でそのコメントは締めくくられる。ここで紙数がつきた。最後に、これを書いている間にチャールズ・イームズ逝去（一九七八年八月二十一日）の報を聞いた。

補遺　追憶（一九五〇年代と六〇年代）

○珈琲と紅茶　その一

小学校の頃から朝食は紅茶にトーストだった。紅茶の葉がなくなりかけると、横浜関内にある船会社に勤めていた父が、「頒けていただいた」と、マニラ封筒《envelope》に入れたバラのセイロンからの茶葉を、大事そうにかかえて帰ってきたのを覚えている。母はそれを以前、日本茶が入っていた茶筒に移しかえ、茶匙ですくって毎朝、紅茶をたててくれた。

私は地方の大学に行き、独り住まいが始まり朝食を摂らなくなった。それもあるが紅茶は小学校からのトーストといっしょで授業の時間割のように規則正しく堅苦しく感じられたからだ。

喫茶店で、ひとり本を読み、またそこで友人と議論するようになった。そのとき、飲み物がコーヒーに変わった。

紅茶とコーヒーの香りは、時間や時代を想い起こさせる。紅茶には高校までの時間が、コーヒーには大学での時間が濃縮される。

街を歩いている時漂ってくるにおいにも時間が切り離せない。嗅覚には身体の中に入り込み、しみ入ってくる感覚がある。それだけに身体とつながった時間が感じとられる。

香りは場所の記憶とも結びついている。コーヒーと出会った場所が想い出され、そのとき一緒に喫した知人、友人達の顔が浮かぶ。

透明感がありカップの底が見える紅茶に較べ、濃いブラウン色のコーヒーにはカップの中に何かがあるかのような不思議さがあった。想像力をかき立てられる気がした。

コーヒーに遮られ、カップの底の見えないことが、濃い液体に何かわからないものが溶け込んでそこにあるかのような錯覚を覚える。

だから喫茶店で一人の時、いつもカップの底に、ほんのわずかだがコーヒーを残し、席を立つ。見えない器の底に何かが溶けてあるかもしれないと自分に言い聞かせ、テーブルの上にそのまま置いて店を出る。背後に器とコーヒーの存在が追いかけてくるような、そんな気がした。

○珈琲と紅茶　その二

コーヒーは器がないとその形は存在しない。コーヒーに限らず液体は、すべて器の中に入れないと形が決まらない。

コーヒーカップの中のコーヒーは存在の一つのあり方である。

ただしそれはコーヒーカップの内側の形である。それが液体であるコーヒーの外形となる。

コーヒーカップは外側から見透かすことができない。肉眼ではコーヒーの中は濃いブラウン色に隠されて何も見えない。正確な形はコーヒーカップの外形から想像するしかない。

しかし、のみ終わると眼の前にカップの内側の形があらわれる。コーヒーで満たされたカップと、のみ干されたカップの違いがあらわれる。

紅茶にはもっとカチンとしたストレートな感覚、味覚がある。

のむ前から、紅色であっても透明感があり透けて器の底までが見える。器の内側の形が見える。それは紅茶の形である。コーヒーにはそうした見えるコーヒーの形はない。

紅茶はのむと透明な液体がのどを通って落下してゆくのが見えるかのようだ。そしていつのまにか身体のなか全体に沁み入り消えていってしまう、そんな気がする。

私の珈琲と紅茶にはこうした違いがある。

最終章

○現代の試行—ミース・ファン・デル・ローエ

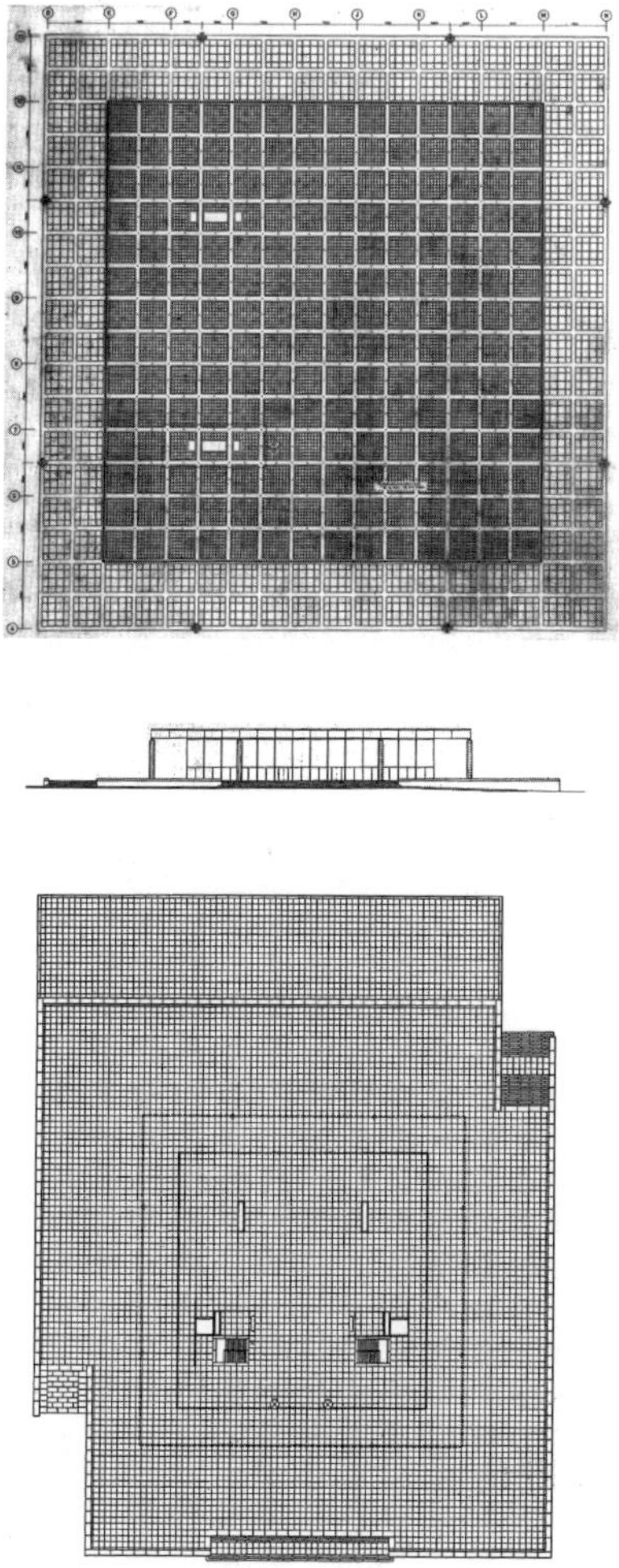

ベルリン国立ギャラリー

○現代の試行—ミース・ファン・デル・ローエ

建築空間という存在とそこに住むこと、それを使うこととは厳格に言えば、離反している。建築空間は使われているところと使われていないところを常に存在させる。機能性は遠ざかり、空白がしのびよる。建築空間の存在性と機能性を同一次元で語ることには無理がある。

ル・コルビュジエ（一八八七〜一九六五）は「ピロティ」pilotisという概念で柱が並んで空白を囲いとる志向性を示し、ミース・ファン・デル・ローエ[*1]（一八八六〜一九六九）はこの空白に「ユニバーサル・スペース」universal space[*2]（日本では「均質空間」と訳されている）という概念で応じようとしたのではないだろうか。それは共に空白を囲いとることに関わっている。

イリノイ工科大学（IIT）のキャンパス・プラン（一九四二〜四六?、図67-1）ではシカゴ南部の平坦な矩形の敷地の中に矩形の個々の建物が距離をおいて、つまり離れて建っている。空き間を介して散らばっている。建物と建物の間は地面（地）という空白空間となる。時間をかけ、棟を一つひとつ分けて建設を重ねながら全体が形成されていった。全体が起伏のない平坦な敷地であることが、配置やミースの継続してつくられてゆく建築造形意図の変化を一つの敷地の中ではっきりと示してゆけた。

それは日本の仏教伝来以後あらわれる古代平地寺院の伽藍配置（回廊内）に見える空白を含みながら仏教理念が定着されているのにも一見似ている。古代平地伽藍は平面的には矩形

＊1　ミース・ファン・デル・ローエについては拙書『西洋建築空間史—西洋の壁面構成』（鹿島出版会、二〇〇七）、及び拙書『続西洋建築空間史—壁から柱へ』（鹿島出版会、二〇〇九）参照。

＊2　クリア・スパン構造、clear span building, universal-space building, long span single volume, the big single volume なども呼ばれる。

に囲んだ回廊の中に矩形平面の建物（堂）が配置される。両者に建築単体が散らばり、境内（回廊内）、あるいはキャンパス内が構成されている形姿を見る。

しかし寺院の伽藍配置は途中の姿ではない。究極的に求められた宗教理念が最初から顕現、配置（位置関係）されている。その配置が変わることはない。ミースのキャンパス配置とは時間において基本に違いがある。ミースの計画が回廊や築地塀で囲われることはなかった。一部コートハウス[*3]などを除けばいつも外部（都市、周囲）に向けても内に向けても開いていた。

一方、日本の古代寺院平地伽藍配置は回廊で囲うことで他から切り離し、そこに異域をつくり出すことが意図されている。まったく異なる意図が示される。

ＩＩＴキャンパスは最初から、ミースが計画にタッチしていた。シカゴの街中にあり周辺の土地を長期にわたって買収しながら施工されていった。広い平坦な敷地の中に時間が経つにつれ、年が経つにつれ、長い間に渡って少しずつ敷地が建物で埋められてゆく。広い敷地に空白を残しながら建てられていった。しかも一方で土地買収があり敷地が拡がり、市の道路も敷地を分断していた。

平たく、道路の格子割に拡がったシカゴの街区、同じ平たい面に広がる八ブロックにこの大学キャンパス構内が植えつけられてゆく。最初の建物（鉱物・金属研究棟、一九四二〜四三）のグリッド割（二十四フィート）が徹底されるのではなく、建てられてゆく建物（図書館・事務棟〈十二フィート＋α〉一九四四、クラウンホール〈十フィート〉一九五六）のグリッド割が工夫され異なってゆき、また街の街路のグリッド割を受け入れ、それらの眼に見えないグリッド割が敷地内（キャンパス構内）に放射して拡がり、屋外で交わりズレが生

図67-1　イリノイ工科大学（ＩＩＴ）のキャンパス・プラン（一九二五〜二六）ミース・ファン・デル・ローエ
『ミース・ファン・デル・ローエ』D・スペース、平野哲行訳、鹿島出版会、一九八八

＊3　このドイツ時代のコートハウス・プロジェクト連作（一九三一〜三八）もコートと住居部分の間は全面ガラスの開放形であり、かつ都市の中で孤立してゆくより都市住宅として連結、集合してゆき都市へのつながりが志向されている。

じ、各棟の周囲に空隙（空白）を生み出してゆく。建物はいつも低層の直方体であった。

その後、ミースはニューヨーク・マンハッタン島のグリッド割道路の一つの格子（四分の三ブロック）の中にシーグラム・ビル（一九五四～五八、図67-2、図67-3）という超高層ビル（高さ約一五七メートル）を植え込み、その前面にプラザ（前庭）というフラットな空白を置いた。新たなる都市空間を生み出す。それは建物が「ない」という空白空間である。それまでマンハッタン島[*4]は道路幅、隣地などによる斜線制限のセットバックで建物形態が決められ、敷地全体を建物が占めることがほとんどであった（図67-2）。そこを空け、空白を都市に持ち込んだ。

そのプラザ（前庭）にはシンケルが好んで配した見えない風を感知する装置（噴水、帆、水面、旗、草木など）である旗竿が非対称の位置に一本立てられている。プラザには風を感知する噴水のあるプールが、これは左・右対称に前面道路（パーク・アベニュー[*5]の五十二丁目と五十三丁目の間）に接した端部両コーナーに配置された。風と光が感じとられる。風がない時は噴水の音がプラザの水平な床を、空気を裂いて伝わってくる。音も眼には見えない。これら聴く空間があらわれる。樹木も高層部分の南・北に配置され、風に揺れ音に加わる。これらが視覚によるばかりでなくプラザに空白の存在を知らしめている。

バルセロナ・パビリオン（一九二九）前面にも正面左・右に旗竿があった。プールも二面あり対象的な性格のプール、つまり風と明るい光を感じ取る広めの前面プールと中庭風に囲われ、その水上の女性像（ゲオルグ・コルベの彫刻）が水面の己が姿にじっと見入って立つ鏡面を保持する小プールとである。[*6]

シンケルのドローイングにはしばしば水面が描かれ、そこに写るものがその場の状況を

＊4　マンハッタン島自体がその中心にセントラル・パークという巨大な空白（土）をのみこんでいる。拙書『ペーパーバック読み考―レーモンド・チャンドラーからポール・オースターまで―』（新風書房、一九九五）の「BREAK《ひとやすみ》 ニューヨーク」参照。斜線制限による形態は日本でも氾濫している。建物外形の斜めの線、階段状の建物の頂点を結ぶ線は、法規制による線（斜線制限）であることが多い。法規制という視線で都市を眺めると、いかに都市形態が法に縛られているか、何が都市の形態を決めてきたのかの変遷が見えてくる。法規制からいかに距離をおくかも形の「新しさ」の指標になりつつある現状である。

＊5　このパークアベニュー（パーク街）を南に下ると、すぐ突き当たりにミースと同じドイツ出身、同じバウハウスの校長であったワルター・グロピウスが設計した八角形平面のパンナムビル（一九六三、高さ約二四六メートル、現メットライフビル）がパークアベニューの見通しの視界を塞ぐ。両ビル（両者）で街の景観に対する考え方の差も露出している。このパンナムビルを含めた周辺の地下、地上には、考えられる

映し出す。さらに画面の樹々も、葉も、風にざわめき揺れそうに、あるいはそこで揺れている（図67－4）。

シンケルはそのドローイングによって視界の中にある、つまりドローイングの枠の中の空白の存在を描いた。都市、建築、空間の中に空白が存在していること、画面の中の何も描かれていない空白を、風と音を画面の中に表現することで描いたのである。空間の中に実在物（建物など）があるばかりではなく空白がその全面、全空間を覆っていることを描いた。

IITキャンパスには直交座標による矩形平面の直方体が建ち並び、斜行する建物も円形の建物もない。建物同士が交接するものもない。空白を拡げながら、空白が時間とともに埋

ありったけの都市機能が詰まっていると言ったら言い過ぎになるが巨大なグランド・セントラル駅というコンプレックスが拡がっている。

＊6　風とシンケルについては拙書『西洋建築空間史—西洋の壁面構成』（鹿島出版会、二〇〇七）の第四章「近代・現代」の「シンケル小論—風とシンケル」の項、参照。バルセロナ・パビリオンについても同拙書「シンケル小論—風とシンケル」及び「鹿苑寺金閣とバルセロナ・パビリオン」の項、参照。

図67－2　シーグラム・ビル（一九五四～五八）（『評伝 ミース・ファン・デル・ローエ』フランツ・シュルツ、澤村明訳、鹿島出版会、二〇〇六）
廻りの斜線制限によってセットバックした建物と大きな違いがある。都市の土の上に空白空間を生み出している。

図67－3　シーグラムビル・プラザより見る。
パーク・アベニュー向こう側のレバーハウス（SOM設計）は低層部を敷地全体に建物が占める。敷地に対する扱いが全く異なる。

められてゆくキャンパス配置は、空白を含んだ理念と関わっている。

ミースのキャンパスには近代建築が標榜してきた建物空間の相互貫入が表現されているのではない。個々の建築形態である直方体が空き間を介して配置されているのである。矩形のキャンパス・プラン（全体配置図）の中に矩形平面が配される。空白から見れば空白が埋められてゆく形が進んでいることになる。しかも土地買収という空白が拡がり、全体が拡がりながら計画が進んでゆく。ミースは空白化という方法で時間の経過とともにこのキャンパス計画を進めていったのではないだろうか。空白を含みながら全体化が計られてゆく。

建築空間の世界で時代を動かしたミース、そしてグロピウス（一八八三〜一九六九）、両者は共にドイツからアメリカに亡命した。そのことが、アメリカばかりでなく世界の建築空間に大きな影響を及ぼしてゆく。

想像するばかりだが、ミースはドイツからアメリカに渡り、そこにアメリカ大陸の広大さを見たのではないだろうか。ヨーロッパ大陸とは性質の異なるアメリカ大陸（中西部、イリノイ州、シカゴ、ミシガン湖、ニューヨーク）、それはウィスコンシン州に生まれ育ち、隣のイリノイ州シカゴで仕事を始めたアメリカ人、フランク・ロイド・ライトの見るアメリカの大地（中西部、プレーリー）とも異なるが、ミースのユニバーサル・スペースも高層ビルもそのアメリカ大陸の大地から現実にあらわれる。ミースのドイツでの高層ビルの計画案である「フリードリッヒ街のオフィス・ビル案」（一九二一、図67-5）も「ガラス・スカイスクレーパー計画案」（一九二二、図67-6）も敷地いっぱいに建物が占め、敷地全体を使って建物が造形化されている。シーグラム・ビルのプラザのようなオープンスペース（空白、プラザ）はまだ考えられていない。しかも計画案にとどまった。ミースの高層建築を実際に受

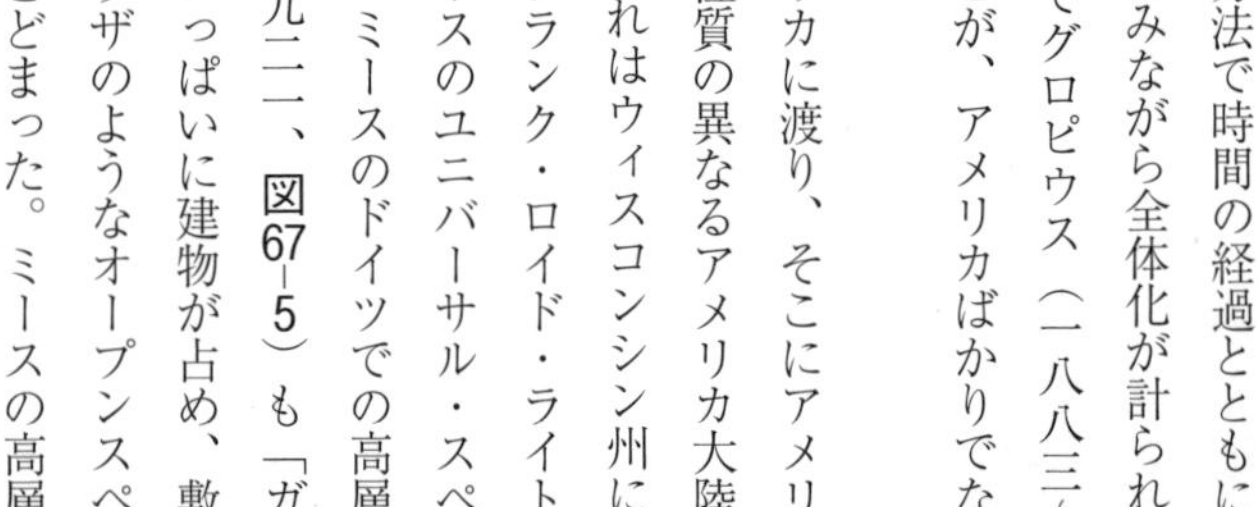

図67-4　シンケル　シャルロッテンホーフ宮「宮廷庭師の家」の中庭側
KF SCHINKEL SAMMLVNG ARCHITEKTONISCHER ENTWVRFES Princeton Architectural Press New York 1989

け入れ、実現させたのはアメリカの大地であった。

アメリカでの初期の仕事であるイリノイ工科大学（ＩＩＴ）キャンパス・プラン（図67–1）でも建物と地面との地と図が主張されている。各建物の間に地面という空白をはさんで建てられ、つながってゆく。敷地内の個々の建物位置のズレが空白を生み出し、さらには個々の建物平面格子のグリッド割がグリッドであっても大きさが異なり、キャンパス内に新しい建物が建つたびにそれらの眼に見えない格子割が放射され、距離によって影響力を変化させ、ぶつかり合って空白を生み出す。様々な大きさの見えない格子が敷地全体に拡がってゆく。

ミースはドイツでのバウハウス最後の校長であったが、最初のバウハウス校長であるグロピウスのドイツでの代表的な仕事の一つにデッサウ・バウハウス校舎（一九二五～二六、

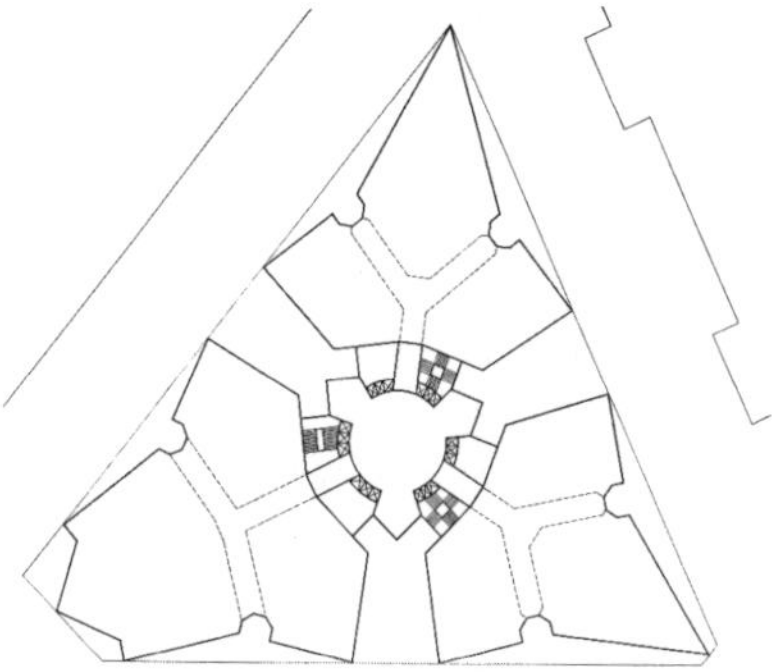

図67–5「フリードリッヒ街のオフィス・ビル案」平面図（一九二一）（フランツ・シュルツ『評伝ミース・ファン・デル・ローエ』澤村明 訳、鹿島出版会、一九八七）

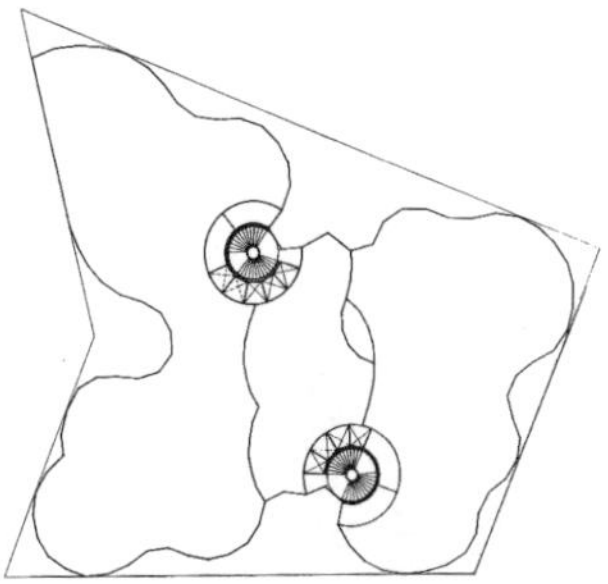

図67–6「ガラス・スカイスクレーパー計画案」平面図（一九二二）（フランツ・シュルツ『評伝ミース・ファン・デル・ローエ』澤村明 訳、鹿島出版会、一九八七）

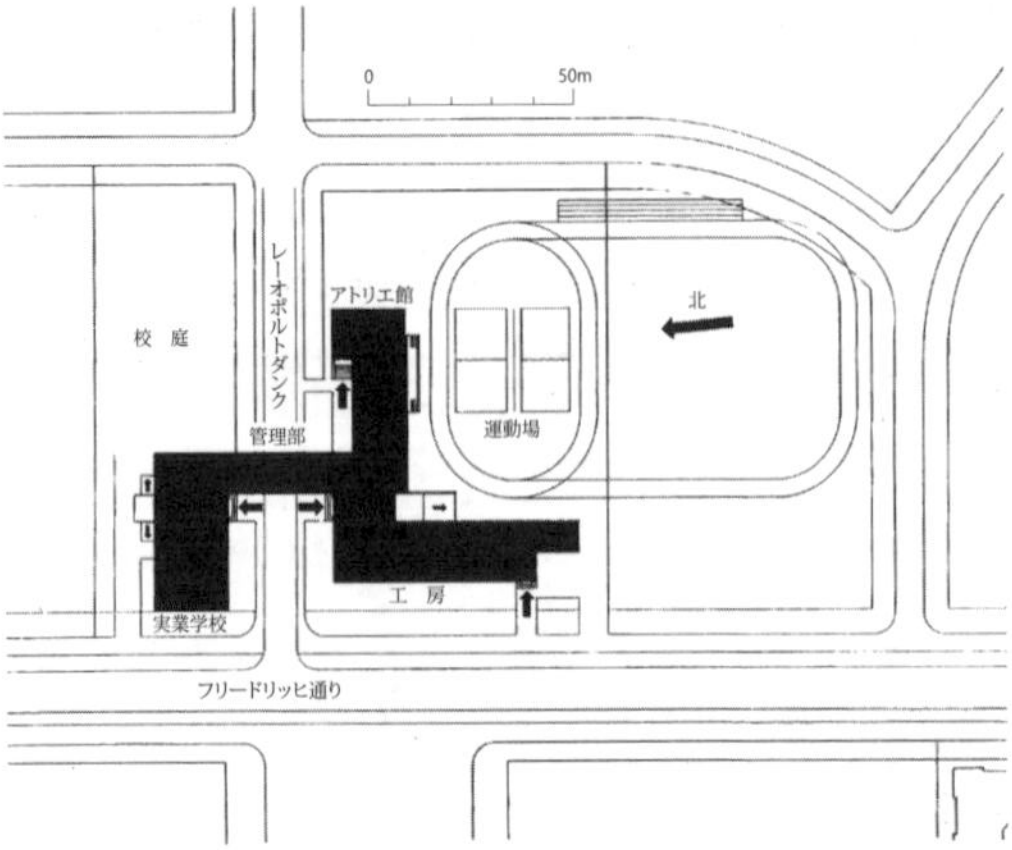

図68　デッサウのバウハウス校舎（一九二六、グロピウス）全体配置図（グロピウス『バウハウス叢書12・デッサウのバウハウス建築』利光巧訳、中央公論美術出版、一九九五）移動空間である自動車が相互貫入した建物空間をくぐっている姿が見えている。

図68）がある。やはり建築物であるとともにキャンパス計画である。

広いイリノイ工科大学のキャンパスと規模も異なるが、建物配置は建物どうしをつないで一つの建物とし動線の機能性を重視する構成の仕方であった。それは建物が道路上（空中）を飛んでまで校舎をつなげている。写真にあるように自動車が建物下をくぐり抜けてゆく。建物と道路が立体交差する。その空間の相互貫入が、内・外を通じた平面構成、動線、動く視線にも対応しその空間性を感取できた。それを外観にも内部空間にも見せた。

この場所はイリノイ工科大学キャンパスと同じく平坦な敷地であるが、そこに立体的に交差する空間をあえてつくるのには空間の相互貫入と言った意図性が強く働いているのを見る。二人の建築家が平地の学校キャンパスという共通の敷地条件の中で別々の空間意図を表明している。

バウハウスでは建物にもキャンパスにも相互貫入という視点が表明されている。ミースとはまったく異なる空間構成である。いわば平面ばかりでなく空間的、あるいは立体的な地と図とを相互に貫入させた形をとっている。ミースのイリノイ工科大学キャンパス内の個々に矩形の建物が離れて配置されてゆくのとは空間構成がまったく異なっている。

ミースによる一つひとつの極限まで高められたコーナーディテール、隅々のディテールが納まった直方体の空間には、何も置かれていない時、研ぎ澄まされた古典的美しさがある。さらにそれを超え空虚感をすら感じる。

それはここに含まれた何も置かれていない空白を含んだ空間からきているのではなかろうか。内部を使う機能から考えられた大きさではない。人間が使う機能の大きさ、ヒューマンスケールからくるのでもない。それをはるかに超えた空白を含んだスケールである。それが「ユニバーサル・スペース」universal space が目指したことではなかったか。ミースの多くの一室空間[*7]には人が使う機能的に充実した感覚を受け取るより、空白を含んだスケールを感じさせる。

ミースにはバルセロナチェア（一九二九、第七章扉写真）というイスの存在もある。あの大きさはどこからくるのだろうか。ミースの身体が大きかった説、ミースが葉巻をくゆらす腕の幅が入っているとの説、いろいろあるが説得力がない。そこには人間、だれが座っても、よそから見ると似合わないのである。

＊7　ミースはさらに巨大な空間を計画していた。「マンハイム国立劇場」（一九五二〜五三）「シカゴ・コンベンションホール」（一九五三〜五四）である。後者は二百十九メートル四方、室内高さ三十メートルの無柱空間である。機能では捉えきることのできない空白を含んだ巨大空間 Space である。残念ながら実現していない。「一室空間」は本章＊2に記したようにクリア・スパンなどと呼ばれる。

それは空白を含んだ広さであったのではないか。バルセロナチェアは誰もいない空間にそれだけ置かれている時、それゆえ、誰も座っていない時、その廻りを取り込んだ空間性を発揮している。それは空白を取り込んだイスというより、イスという存在は空白を取り込まずに存在し得ない存在であることを提示している。人間が座るイスというよりも、人間が座っても許されるイスとして配置されている。バルセロナチェアが囲いとっている空白とミースの内部空間が囲いとっている空白とが呼応しあってそこに存在している。

ミースの空間に立ち会う時、spaciousという言葉が浮かんでくる。ベルリンの新国立ギャラリー（一九六二〜六八、図69）は、無限とも思われる広大な空白を含んだシンプルな直方体に仕切られた一個の空間として地上にあらわれている。[*7] 展示物や人間の大きさに較べ、この地上に立つ、たった一つの遠く高く広い内部空間（五〇・四メートル四方、高さ八・四メートル）に立ち会う時、空間の端正さを感じるとともに、広大さを超えた空虚感をすら感じ取ることができる。それはパンテオン（ローマ、図32-5）に内包されたたった一つの球形の巨大な内部空間を見上げた時、人間存在として感じ取る充実感の対極にある。

このギャラリーは、理念が実現され建築空間としてそこにあるが、見る者の存在に空白という無限の中にたたずむ人間の孤独をすら感じさせる。

深夜、ひとり満天の星空を見上げた時感ずる孤独感に通底するところがある。そこには、ただ星屑が全天空を覆う巨大なSpaceがある。

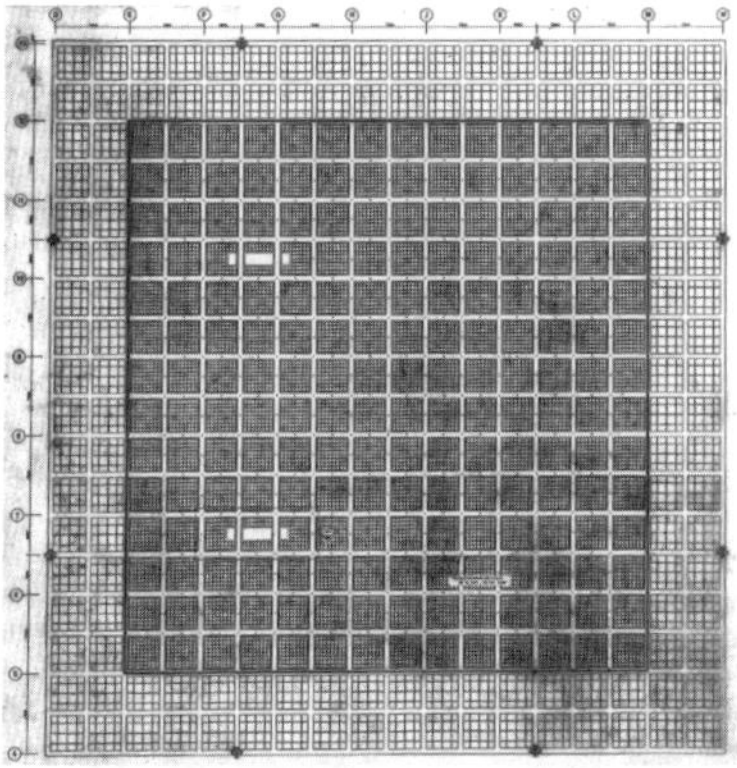

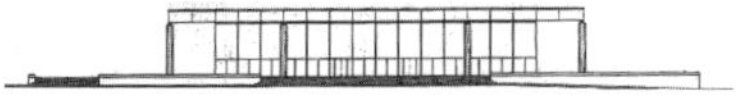

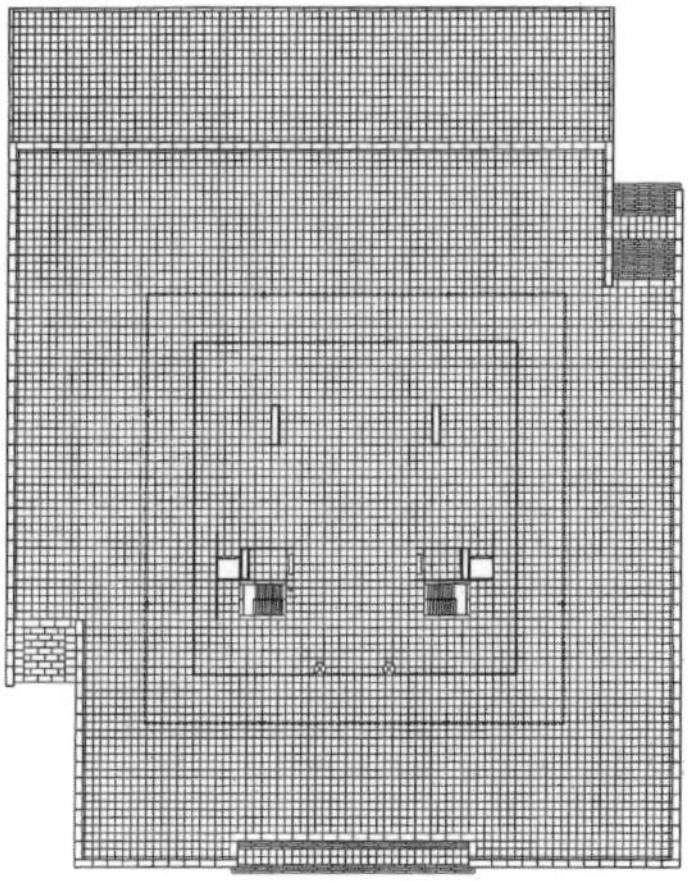

図69　ベルリン新国立ギャラリー（一九六二～六八、ミース・ファン・デル・ローエ）、平面図、立面図（Peter Carter『Mies van der Rohe at work』Phaidon Press Limited 1999）
ベルリン新国立ギャラリー（一九六二～六八）、天井伏図、コーナー見上げ、外観
『Mies in America』edited by Phyllis Lambert Whitney Museum of American Art, New York Harry N. Abrams, Inc. Publishers 2001
コーナー見上げ（写真筆者）

あとがき

空間という形を探ってゆくと現実に形《かたち》、空間として存在させにくいものについて記すことになった。

空白という形、闇という形、奥という形、無限という形、平行性と無限、無と有（あることとないことの形）、外に向ける形と内に向ける形の間に挟まれた空白（空隙）、山という形、浮遊という形などである。形の混成、意味の重畳化も無限とつながっている。現実にあらわれる空間において、眼に見えない線、眼に見えない面、眼に見えない空間も形を形成している。

神社の内部空間には何もない。光すら入れられていない。が、それを神社建築が囲い取り外観に形をもってその場に存在させている。

さまざまな方法、手法を介してそれらは現実に存在化されようとしている。その意図が見えてくる。それをさらに探ってゆく必要がある。

形は言葉を発しない。特に空白の形はその存在を見付け出し概念化することがむずかしい。

建築、庭などの形、空間をたどってゆくと、どうしても空白にぶつかる。それらは現在、説明がつかないとしても、そこにある。そのあること、存在を問うてゆかなければならない。その形は存在の形、「ない」という存在の形であるからだ。

本書を出版するにあたり、鹿島出版会の橋口聖一氏、菅澤剛氏、安昌子氏に大変お手数をおかけした。ここに記して感謝の意を表したい。

安原盛彦

二〇一九年 十二月

参考文献・引用文献・拙論

○全章にわたって各項の下欄に記した＊印部分と図版部分に表記。

○拙書については著者略歴内に表記。その他拙書、拙論については以下。

(1) 単著『矢島藩本荘蔵宿調査報告書』二〇〇五、発行・由利本荘市教育委員会

(2) 共著『秋田県の近代和風建築―秋田県近代和風建築総合調査報告書「由利高原鉄道駅舎・鮎川駅、黒沢駅、西滝沢駅」「鮎川小学校」「西滝沢小学校」「小坂醸造店」「マルイチ醤油・味噌醸造元」「両関第二工場」「高久酒造酒蔵茶室（白井晟一設計）」「奥田邸（白井晟一設計）」』二〇〇四、発行・秋田県教育委員会（秋田県文化財調査報告書第３８２集）

○拙論

(1) 博士論文「『源氏物語』における寝殿造住宅の空間的性質に関する研究」（東北大学、二〇〇一）

(2) 拙論「Characterization of Space around Japanese Traditional Buildings.Part 1. The Case of Horyuji Temple」（FORMA, Vol.12, No.1, pp. 65-70. 1997）

(3) 拙論「Characterization of Space around Japanese Traditional Buildings. Part 2. The Physical and Psychological Effects of View of Eaves」（ FORMA, Vol.12, No.1, pp. 71-74. 1997）

(4) 拙論「Space of SHINDEN Residential Complex（SHINDEN-ZUKURI）Part 1 Lighting from the side」（FORMA Vol.16, No.4, pp.367-374. 2001）

(5) 拙論「Characterization of Space around Japanese traditional buildings: "Visible Music" on the approach to Horyuji Temple, Saiin（West Compound）」（2007）Repairs and Maintenance of Heritage Architecture X, pp. 53-60, STREMAH X（2007）STREMAH 2007 Wessex Institute

(6) 拙論「Characterization of space around Japanese traditional buildings: Transitions of layout plan and meaning of space of darkness inside wooden temples」（2009）Repairs and Maintenance of Heritage Architecture XI STREMAH XI（2009）STREMAH 2009 Wessex Institute

安原盛彦　Yasuhara Morihiko

〈著者略歴〉

一九四五年生まれる。東北大学工学部建築学科卒業、同大学院建築学専攻修了。「『源氏物語』における寝殿造住宅の空間的性質に関する研究」で工学博士（東北大学）。東北大学工学部建築学科非常勤講師（一九九二〜九七）、秋田県立大学教授（一九九九〜二〇一二）を経て空間史研究室主宰。専門は空間史。一級建築士80109。

〈著書〉

・『ペーパーバック読み考―レーモンド・チャンドラーからポール・オースターまで―』（新風書房、一九九五）
・『日本の建築空間』（新風書房、一九九六、〈社〉日本図書館協会選定図書）
・『近代日本の建築空間―忘れられた日本の建築空間』（理工図書、一九九八）
・『源氏物語空間読解』（鹿島出版会、二〇〇〇）
・『建築概論、第三章「日本建築の空間史」』（共著、学芸出版社、二〇〇三）
・『地方をデザインする―地方からの発想―』（秋田魁新報社、二〇〇三）
・『白井晟一空間読解―形式への違犯』（学芸出版社、二〇〇五）
・『矢島藩本荘蔵宿調査報告書』単著（発行・由利本荘市教育委員会、二〇〇五）
・『奥の細道・芭蕉を解く―その心匠と空間の謎―』（鹿島出版会、二〇〇六）
・『西洋建築空間史―西洋の壁面構成』（鹿島出版会、二〇〇七）
・『続西洋建築空間史―壁から柱へ』（鹿島出版会、二〇〇九）
・『空間に向いて―建築空間から空間史へ―』（アドスリー・丸善、二〇一〇）
・『芭蕉発句を読み解く―その空間性と五感』（秋田魁新報社、二〇一二）
・『源氏物語　男君と女君の接近―寝殿造の光と闇―』（河北新報社、二〇一三）
・『日本建築空間史―中心と奥』（鹿島出版会、二〇一六）

続　日本建築空間史―空白その形と空間
History of Architectural Space in Japan, Second Series
—The Void, its Shapes and Spaces

発　行　二〇二〇年七月一五日

著　者　安原盛彦《やすはらもりひこ》
発行者　坪内文生
発行所　鹿島出版会
〒一〇四-〇〇二八　東京都中央区八重洲二―五―一四
電話　〇三―六二〇二―五二〇〇
振替　〇〇一六〇―二―一八〇八八三

組　版　秋耕社
印刷・製本　三美印刷

ISBN978-4-306-04680-1　C3052　Printed in Japan
本書の内容に関するご意見・ご感想は左記までお寄せください。
http://www.kajima-publishing.co.jp
E-mail:info@kajima-publishing.co.jp